INTOLERANCIA
A LO FEMENINO

INTOLERANCIA
A LO FEMENINO

NOHEMÍ REYES

DORIS BERLIN

COMPILADORAS

XV Aniversario COWAP (1998-2013)

COWAP

Asociación
Psicoanalítica
Mexicana A.C.

Architecthum
PLUS

Primera Edición 2014

©ARCHITECTHUM PLUS S.C.
Díaz de León 122-2
Aguascalientes, Aguascalientes
México CP 20000
libros@architecthum.edu.mx

ISBN 978-607-9137-18-2

Diseño de portada:
Arq. Héctor Polanco Bracho

Contenido

PARTE I
Intolerancia a lo femenino

PARTE II
Violencia de género y relaciones de poder

PARTE VI
Transmisión transgeneracional y violencia familiar

Autores

Adrián Barreiro. Licenciado en Psicología. Sexólogo Clínico de la Universidad Favaloro, Buenos Aires. Colaborador docente en la Sociedad Argentina de Medicina Reproductiva y miembro del Centro Argentino de Psicología y Reproducción-CAPSIR. Especialista en clínica de adultos y en problemáticas de género y de orientación sexual. Colaborador y consultor para la Federación Argentina LGBT en temáticas de diversidad sexual en ambientes de trabajo. E mail: drianfbarreiro@hotmail.com

Alejandra Vertzner Marucco. Licenciada en Psicología. Miembro titular en función didacta de la Asociación Psicoanalítica Argentina. Enlace APA-COWAP de 2007 a 2012. Directora de la Comisión de Publicaciones de la APA y profesora responsable, junto con la Dra. Leticia Glocer Fiorini, de un curso del Programa de Actualización de la carrera de Psicología, dictado conjuntamente por la Universidad de Buenos Aires y la APA. E mail: maruccoale@gmail.com

Aurora Romano Mussali. Psicoanalista y magister en psicoterapia general de la Asociación Psicoanalítica Mexicana. Entrenamiento en Investigación Psicoanalítica en Yale Child Study Center. Especialidad en Psicoterapia Mamá-Bebé en el Grupo Internacional de Estudios de la Parentalidad. *Email: aurorafasja @prodigy.net.mx*

Catalina Harrsch Bolado. Especialista de posgrado en Psicoterapia y Doctora en Psicología de la Universidad Iberoamericana, México. Psicoanalista del Círculo Psicoanalítico Mexicano. Curso en Terapia Familiar del Mental Research Institute de Palo Alto, California. Cursos en Psicopatología del Bebé, en la Facultad de Medicina de Bobigny y la Société Psychanalytique de París, Francia. Coordinadora de la Licenciatura en Psicología y Coordinadora de Investigación del Departamento de Psicología de la Universidad Iberoamericana. Exprofesora de la Facultad de Psicología de la Universidad Autónoma de Querétaro y Miembro Honorario del Colegio de Psicología de Querétaro. Autora del libro *El Psicólogo, ¿Qué hace?* (1983) y del libro *Identidad del Psicólogo* (2005). E mail: *charrsch3@prodygy.net.mx*

Cecilia Teodora Rodríguez. Magister y miembro titular con función didacta de la Asociación Psicoanalítica de Guadalajara y miembro titular de la Asociación Psicoanalítica Mexicana. Miembro de IPA y FEPAL. Colaboradora docente de la maestría en Psicoterapia Psicoanalítica y de la Formación en Psicoanálisis de dicha asociación. E mail: rgzcecilia@hotmail.com

Constanza C. Duhalde. Diploma universitario en Psicopatología del Bebé, Universidad de París XIII DEA. Maestría en Psicología Clínica Psicoanalítica, Universidad de Paris V. Doctora e Investigadora en la Facultad de Psicología, Universidad de Buenos Aires. Premio FEPAL 2008: Psicoanálisis y comunidad "Concebir la posición analítica en un grupo de pacientes con problemas en la procreación. Encuentro en la comunidad". Co-autora de la serie de libros infantiles *Así fue como llegaste*. Exasesora de *Concebir* y miembro del Centro Argentino de Psicología y Reproducción-CAPSIR. Colaboradora docente en la Sociedad Argentina de Medicina Reproductiva. E mail: constanzaduhalde@gmail.com

Doris Berlin. Magister en Psicología Clínica en la Universidad de Bar-Ilan, Israel. Psicoanalista titular y Directora Científica de la Sociedad Psicoanalítica de Caracas. Miembro de IPA y FEPAL. Profesora de Psicología Clínica en la Universidad Central de Venezuela. Co-Chair para Latinoamérica del Comité de Mujeres y Psicoanálisis, 2009-2013. Publicaciones sobre el tema de género y psicoanálisis en la revista *Trópicos* y en diversas publicaciones de COWAP. E mail: doris.berlin@gmail.com

Estela V. Welldon. Médica psiquiatra de la Universidad de Cuyo, Mendoza, Argentina con post entrenamiento en la Escuela Menninger de Psiquiatría, en Topeka, Kansas, Estados Unidos. Psicoanalista y psiquiatra asesora honoraria de psicoterapia en las clínicas Tavistock y Portman, del NHS en Londres. Fundadora y presidenta honoraria vitalicia de la International Association for Forensic Psychotherapy. Miembro de la British

Confederation of Psychotherapists / British Association of Psychotherapy y otras organizaciones nacionales e internacionales donde se desempeña también como docente. Miembro del Royal College of Psychiatrists y asesora experta en criminología y perversiones sexuales. Honorary Doctor of Science de la Oxford Brookes University por sus aportes en el campo de la psicoterapia forense (1997). Publicaciones: *Madre, Virgen, Puta, La idealización y denigración de la maternidad* (1988) (traducido a 13 idiomas); *Sadomasoquismo* (2002) (traducido a varios idiomas) y *Playing with Dynamite: A Personal Approach to the Psychoanalytic Understanding of Perversions, Violence, and Criminality* (2011). Editora principal de *A Practical Guide to Forensic Psychotherapy* (1997). E mail: estela@ evwelldon.com

Joséphine-Astrid Quallenberg. Magister. Médico psiquiatra, paidopsiquiatra, terapeuta por el arte y psicoanalista. Miembro de la Sociedad Canadiense de Psicoanálisis. Practica desde hace 30 años en Montreal, Quebec, Canadá. Ha guardado un estrecho lazo con México y COWAP. Miembro de la Asociación Psicoanalítica Mexicana y de la Asociación Psicoanalítica Internacional. Ha escrito múltiples artículos sobre lo femenino. E mail: freudxxi2003 @gmail.com

Juan Vives Rocabert. Médico psiquiatra de la Universidad Nacional Autónoma de México. Psicoanalista de la Asociación Psicoanalítica Mexicana y psicoterapeuta de grupo, familia y pareja de la Asociación Mexicana de Psicoterapia Analítica de Grupo. Fue Presidente y Director del Instituto de la APM, exsecretario de FEPAL y exdirector asociado de ILAP. Ha publicado más de 150 trabajos psicoanalíticos, 60 capítulos de libros y 180 artículos en periódicos diversos. Sus últimos dos libros son: *Lo irreparable y otros ensayos psicoanalíticos* (2013) y *La muerte y su pulsión* (2013). E mail: juanvives@prodigy.net.mx

Julia Lauzon. Médico psiquiatra de la Facultad de Medicina de la Universidad Nacional de Cuyo, Mendoza, Argentina. Miembro fundador de la Sociedad Psicoanalítica de Mendoza, Argentina. Miembro titular y tesorera del directorio de la Asociación Psicoanalítica Chilena. Delegada ante COWAP-IPA por la Asociación Psicoanalítica Chilena y Coordinadora de la Comisión de Trabajo de Sexualidad y Género de FEPAL. E mail: jlauzonm@gmail.com

Laura Mejorada de la Mora. Psicóloga. Maestría en Psicoterapia Psicoanalítica. Miembro titular en función didacta de la Asociación Psicoanalítica de Guadalajara, México. Miembro de IPA y FEPAL. Secretaria de la Asociación Psicoanalítica de Guadalajara y fue miembro enlace de COWAP los años 2009-2013. E mail: mejoradalaura@hotmail. com

Marcela Sánchez-Darvasi. Licenciada en Psicología de la Universidad Católica de Chile. Maestría en Letras Modernas de la Universidad Iberoamericana de México. Psicoanalista didacta de la Asociación Psicoanalítica Mexicana. Curso de psicoterapia de parejas y familias en Montreal, Canadá. Secretaria del Instituto de la Asociación Psicoanalítica Mexicana. E mail: masanchezdarvasi@gmail.com

Margot Shrem. Psicóloga de la Universidad Católica Andrés Bello de Venezuela y especialidad en Psicología Clínica en la Universidad Central de Venezuela. Psicoanalista didacta de la Sociedad Psicoanalítica de Caracas. Formó parte de la Directiva del Instituto, dirigió el Servicio de Atención Psicoanalítica de la misma Sociedad. Miembro de IPA y FEPAL. Docente y coordinadora de la clínica en la Especialidad de Psicología Clínica de la Universidad Central de Venezuela. Supervisora didacta del Instituto Latinoamericano de Psicoanálisis (ILAP) y docente de diversos postgrados de Psicología Clínica y Psiquiatría en Caracas y México. Ha presentado trabajos científicos en Congresos nacionales e internacionales y publicado artículos en *Trópicos,* revista venezolana de Psicoanálisis. E mail: margotshrem@gmail.com

María Amparo De la Vega Morell. Psicóloga de la Universidad Anáhuac (México). Maestría en Psicoterapia Psicoanalítica individual y de grupos, de la Asociación Mexicana de Psicoterapia Analítica de Grupos, AMPAG. Maestría en Psicoterapia Familiar y de Pareja del Centro de Investigaciones Sociales, CRISOL y en Orientación y Desarrollo Humano de la Universidad Iberoamericana. Diplomado en Feminismo, Ciudadanía y Democracia en el Centro de Investigaciones Interdisciplinarias en Ciencias y Humanidades de la Universidad Nacional Autónoma de México. Maestría en Educación Somática del Método Feldenkrais, Facultad de Medicina de la Universidad de Colima. Fundadora y directora del Centro Hékate, Espacio de Formación y Transformación A.C. E mail: maryamparodelavega@gmail.com

María Isabel Rodríguez Lamarque. Maestra en Psicología de la Universidad Iberoamericana, pasante del Doctorado en Psicología Clínica, Universidad Nacional Autónoma de México y Universidad Iberoamericana. Exdirectora del Departamento de Psicología de la Universidad de Las Américas (México DF). Profesora en el Doctorado en Psicoterapia del Centro de Estudios de Postgrado de la Asociación Psicoanalítica Mexicana. E mail: beberoli38@yahoo.co.mx

María Rosa Díaz Cobo. Licenciada en Psicología Clínica de la Universidad Iberoamericana. Maestría y Diploma de Psicólogo Clínico (tercer grado) de la Universidad París VII, Sorbona Nueva, Francia. Psicoanalista de la APM, FEPAL e IPA. Cofundadora y socia activa de AMERPI (Estudio del retardo y la psicosis infantil), fundadora y docente del grupo CONETZIM (Observación de Bebés). Publicaciones en México, Francia y Rumania. E mail: mariarosa_soull@hotmail.com

María Teresa Del Bosque Mellado. Licenciada en Psicología de la Universidad Iberoamericana, México. Maestría en Psicoterapia Psicoanalítica de la Asociación Psicoanalítica Mexicana y Psicoanalista titular de la misma asociación. Miembro de IPA y FEPAL. Docente de la Maestría en Psicoterapia General de APM. Coordinadora interina de la Maestría en Psicoterapia General. E mail: teredelbosque@yahoo.com.mx

María Teresa Lartigue. Doctora en Investigación Psicológica, Universidad Iberoamericana México. Psicoanalista didacta y vitalicia del Instituto de Psicoanálisis de la Asociación Psicoanalítica Mexicana, con especialización en psicoanálisis de niños y adolescentes del mismo instituto. Miembro de la Asociación Psicoanalítica Internacional desde 1989. Exdirectora del Departamento de Psicología UIA. Expresidente APM y exdirectora del Instituto de Psicoanálisis. Cochair de COWAP para Latinoamérica 2005-2009. Editora permanente de *Cuadernos de Psicoanálisis*. E mail: lartiguet@gmail.com

Miguel Kolteniuk. Médico psiquiatra. Maestría en Filosofía, Universidad Autónoma de México. Psicoanalista didacta y vitalicio de la Asociación Psicoanalítica Mexicana. Desde hace 25 años ha participado en labores de investigación y docencia en el instituto de la Asociación. E mail: mkolteniukk@gmail.com

Miriam Tawil. Miembro efectivo de la Sociedad Brasilera de Psicoanálisis de São Paulo, filial de la Asociación Internacional de Psicoanálisis. Miembro de FEPAL y coordinadora del Comité COWAP: Comité Género y Psicoanálisis en São Paulo. Publicó el libro *Mundo Fashion- Modelos y bastidores* (1995) Edt. Rideel. E mail: tawilmiriam@gmail.com

Nohemí Reyes Partida. Doctora en Psicología de la Universidad Autónoma de México. Analista, docente y supervisora del Instituto de la APM con especialidad en Psicoanálisis de Niños y Adolescentes. Miembro de la Asociación Psicoanalítica Mexicana, la IPA y FEPAL. Excoordinadora del Comité de Admisión del Instituto de Psicoanálisis de APM. Exmiembro del Comité de Educación de FEPAL. Coordinadora del Comité de Enseñanza del Instituto de APM. Enlace por México del Comité de Mujeres y Psicoanálisis (COWAP) de la IPA. Fundadora y coordinadora del Curso de observación de bebés, Método Esther Bick en México. Coautora del libro: *Violencia social, sexualidad y creatividad* (1999) y Compiladora del Libro *Observación de bebés* (2000), México. E mail: nohemipolanco@hotmail.com

Olga Varela Tello. Maestría en Psicoterapia psicoanalítica de la Asociación Psicoanalítica de Guadalajara. Miembro didacta de la Asociación Psicoanalítica de Guadalajara y miembro de IPA y FEPAL. Expresidenta de la Asociación Psicoanalítica de Guadalajara y Directora del Instituto de la Asociación Psicoanalítica de Guadalajara. Directora de Extensión y Difusión del ILAP (Instituto Latinoamericano de Psicoanálisis) por IPA y FEPAL. E mail: olgavarela@hotmail.com

Patricia Alkolombre. Psicóloga Clínica y Psicoanalista. Miembro Titular de la Asociación Psicoanalítica Argentina y de la Asociación Escuela Argentina de Psicoterapia para Graduados. Miembro enlace de la Asociación Psicoanalítica Argentina ante COWAP. Coordinadora del Capítulo: Psicoanálisis e Interdisciplina en Ginecología, Obstetricia y Esterilidad, de la APA. Autora del libro *Deseo de hijo. Pasión de hijo. Esterilidad y técnicas reproductivas a la luz del psicoanálisis*, [2012 (2008)]: Edt. Letra Viva.

Autora y compiladora del libro *Travesías del cuerpo femenino. Un recorrido psicoanalítico en torno a temas de ginecología y obstetricia* (2011): Edt. Letra Viva. Este libro fue declarado de Interés en Cultura y Salud por la Legislatura de la Ciudad de Buenos Aires (Expt. 2391-D-2011). Coautora de trabajos en libros y revistas nacionales e internacionales. E mail: patricia. alkolombre@gmail.com

Patricia Dávila Zárate. Maestría y doctorado en Psicoterapia de la Asociación Psicoanalítica Mexicana. Maestría en Terapia Familiar del Instituto de la Familia (IFAC). Curso de Neurociencias por la Sociedade Psicanalitica de Río de Janeiro (SPRJ). Líneas de investigación: depresión y trastornos de personalidad en mujeres embarazadas. E mail: pedaza@ hotmail.com

Raquel Tawil Klein. Licenciada en Psicología Clínica por la Universidad Iberoamericana, México. Maestría y doctorado en Psicoterapia Psicoanalítica de la Universidad Intercontinental. Psicoanalista didacta de la Asociación Psicoanalítica Mexicana, Coordinadora interina de la Maestría en Psicoterapia General y Miembro del Comité de Promoción y Grado de la APM. Miembro de enlace de COWAP, 2005-2009 y miembro de IPA y FEPAL. Compiladora del libro: *Masculinidad, Una mirada desde el Psicoanálisis* (2009). Docente en la Maestría en Terapia General, la Maestría en niños y adolescentes y en el Instituto de Psicoanálisis de la Asociación Psicoanalítica Mexicana. E mail: rtaw@yahoo.com

Ruth Axelrod. Doctorado en Psicología. Analista, docente y supervisora de Instituto de APM. Miembro de la Asociación Psicoanalítica Mexicana, la IPA y FEPAL. Representante de COWAP en Norteamérica. Miembro del Board de la IPA. Email: drruthax@hotmail.com

Silvia Jadur. Licenciada en Psicología por la Universidad Nacional de Córdoba, Argentina. Maestría en Organización y Auditoría de Servicios de Salud Mental-Universidad de Buenos Aires, Escuela de Salud Pública. Miembro de la Asociación Psicoanalítica Argentina. Coordinadora del Capítulo de Psicología de la Sociedad Argentina de Medicina Reproductiva. Premio FEPAL 2008: Psicoanálisis y comunidad "Concebir la posición analítica en un grupo de pacientes con problemas en la procreación.

Encuentro en la comunidad". Coautora de los libros infantiles *Así fue como llegaste*. Fundadora y excoordinadora del equipo de Asesoras psicológicas de *Concebir*. Directora del Centro Argentino de Psicología y Reproducción, CAPSIR. Asistencia psicológica en Reproducción Humana. E mail: sjadur@uolsinectis.com.ar

Viviana Wainstein. Licenciada en Psicología y miembro de la Asociación Escuela Argentina de Psicoterapia para Graduados. Especialista en Reproducción Humana de la Sociedad Argentina de Medicina Reproductiva. Premio FEPAL 2008: Psicoanálisis y comunidad "Concebir la posición analítica en un grupo de pacientes con problemas en la procreación. Encuentro en la comunidad." Exasesora de *Concebir*, grupo de apoyo para personas con trastornos en la reproducción y miembro del Centro Argentino de Psicología y Reproducción, CAPSIR. Docente en la Facultad de Psicología y en la Diplomatura en Psicología de la Salud, Universidad de Belgrano. Sexóloga clínica de la Universidad Favaloro, Buenos Aires. E Mail: viviwainstein@hotmail.com

Palabras preliminares

Este libro es el producto de una selección de trabajos del X Diálogo Intergeneracional entre Hombres y Mujeres, celebrado en Ciudad de México en abril de 2013, titulado "Intolerancia a lo femenino", evento en el cual nos reunimos analistas provenientes de México, Perú, Chile, Brasil, Uruguay, Venezuela, Inglaterra y Canadá para trabajar sobre las causas y manifestaciones de este problema, como son, por ejemplo, la intolerancia a lo femenino y la familia, las relaciones de poder y la violencia de género, la intolerancia a lo femenino en personajes del arte y la literatura, y la intolerancia a lo femenino en el varón. Contenidos todos muy ricos que nos convocaron y a partir de los cuales se sembró una discusión muy fructífera.

A lo largo del evento pudimos observar una entusiasta participación de psicoanalistas, profesionales de la salud y de las ciencias sociales, lo que reflejó, una vez más, que el Comité de Mujeres y Psicoanálisis C.O.W.A.P es un espacio vivo dentro de la Asociación Internacional de Psicoanálisis (IPA) en el cual el psicoanálisis y los aspectos sociales se cruzan en un diálogo fecundo y sus esfuerzos tienen un alcance que rebasa la teoría y la práctica clínica.

Quisiera agradecer a la Asociación Psicoanalítica Mexicana, APM, quien fue nuestra anfitriona, a la Asociación Internacional de Psicoanálisis que favoreció el encuentro, a Nohemí Reyes de Polanco, quien diligentemente preparó y coordinó la organización local del evento, así como al comité de APM que la ayudó. Además, de modo muy afectuoso, quiero agradecer a todos los participantes del diálogo que, a través de sus trabajos, aportaron sus esfuerzos para reflexionar concienzudamente sobre un tema que sigue siendo nodal en la clínica de todos los tiempos.

Doris Berlin
Co-Chair por América Latina del Comité de Mujeres y Psicoanálisis
de la Asociación Psicoanalítica Internacional (2009-2013)

Introducción

Esta publicación es el resultado del X Diálogo Intergeneracional entre hombres y mujeres sobre el tema *Intolerancia a lo femenino*, auspiciado por la Asociación Psicoanalítica Mexicana y el Comité de Psicoanálisis y Mujeres (COWAP) de la IPA, celebrado en la ciudad de México en marzo de 2013. Es importante destacar que a este encuentro acudieron psicoanalistas de varias regiones de Latinoamérica y de distintos puntos del país. Todos ellos discutieron creativamente y con rigor científico aspectos relacionados con la *intolerancia a lo femenino* en diferentes contextos sociales e históricos y sus raíces inconscientes desde el punto de vista psicoanalítico.

Agradecemos al Dr. Marco Antonio Dupont V, presidente de la Asociación Psicoanalítica Mexicana, su firme y decidido apoyo para la realización de este Diálogo. A todos los miembros de COWAP de los países de Latinoamérica, quienes con su entusiasmo, creatividad, solidaridad y compromiso, característicos del grupo, aceptaron la invitación de participar, traer sus reflexiones para debatirlas en este foro, así como al comité organizador y a todos aquellos que conformaron la estructura central y decisiva para crear ese andamiaje que derivó en la construcción del diálogo, gracias.

Vale la pena anotar que el Comité de COWAP fue creado con la finalidad de proveer un esquema referencial a las investigaciones y los estudios de género. Con el paso del tiempo amplió sus intereses de estudio y desde 2001 extendió la investigación y las relaciones intergenéricas dentro de los sistemas sexo-género para indagar las complejas relaciones que existen en estas categorías de sexo, las implicaciones que tienen para la praxis psicoanalítica y las influencias culturales e históricas que han permitido las diversas construcciones de masculinidad y feminidad.

Intolerancia a lo femenino es el título del volumen bajo el cual se agrupan los textos que aquí se presentan. Contiene múltiples motivaciones, enfoques, preferencias e intereses de algunos miembros del grupo y de otras personas interesadas en lo que una vez fue un proyecto.

Podemos decir que vivimos en un siglo donde el tema de *la intolerancia a lo femenino* es de reciente interés, observación, investigación, prevención y abordaje terapéutico; sin embargo y contrariamente a lo estimado, las patologías asociadas al respecto se han incrementado notablemente. Consecuentemente, en el área del psicoanálisis, el estudio, la clasificación de las múltiples expresiones del fenómeno, la indagación clínica y la publicación de trabajos, datan de poco tiempo atrás.

Es importante reconocer varios aspectos que actuaron como motivación para la organización del Diálogo y la consecuente publicación de este libro. Entre ellos fue el hecho de profundizar sobre las distintas aristas de este tema, dirigir una mirada y un recorrido teórico-clínico al respecto; explorar los avances y actualizar en la medida de lo posible, el panorama actual. Al mismo tiempo, influyó de manera sustancial la alternativa de contribuir y engrosar las publicaciones en este Comité de COWAP y exponer algunas propuestas sobre *la intolerancia a lo femenino*. Existieron otras motivaciones para lograr este trabajo hoy concluido, como la comprensión y sensibilidad ante la realidad social y psicológica del siglo XXI.

Es importante hacer mención que se puso especial cuidado en tratar algunos tópicos vinculados a nuestra disciplina, como la subjetividad, las relaciones intersubjetivas, la psicohistoria, la constitución del sujeto, la violencia intrafamiliar, el femicidio, las representaciones sociales, la violencia de género y las relaciones de poder, sólo por citar algunas.

Este documento es un esfuerzo por mantener nuestra disciplina interesada e inserta en las nuevas problemáticas que presentan algunas personas; una respuesta a la subjetividad contemporánea y una forma de valorar las nuevas expresiones psicopatológicas, sociales y culturales.

El libro presenta aproximaciones a diversos planteamientos de análisis y estudio. Varios artículos se acercan al tema a través de la experiencia, otros a partir de conceptualizaciones teóricas, unos más, desde ambas rutas, sea cual fuera el recorrido se irá haciendo más camino al andar.

Capítulo I. Intolerancia a lo femenino

En esta primera parte del libro, el artículo titulado "*Intolerancia a lo femenino, reflexiones personales en torno a sus causas y vías de elaboración*", Doris Berlín revisa la marca que ha dejado el patriarcado en el ideal del yo de la mujer, a través de tres ejemplos: la religión, el sufragio femenino y la tardía exclusión de la mujer en los estudios superiores. Para la autora, en psicoanálisis, concebir lo femenino como posición de vulnerabilidad, pasividad y debilidad posibilita entender el problema tanto en hombres como en mujeres así como de manera intergeneracional. Plantea el interés que han tenido las mujeres en el psicoanálisis, entre otras causas, como producto de la necesidad de tramitar las exigencias del ideal del yo.

Más adelante y a partir de un marco teórico, Miguel Kolteniuk en su ensayo denominado *"La misoginia originaria"* explica que ésta se encuentra presente en el inconsciente de todas las personas al haber nacido de una mujer, y por lo tanto, es parte del desarrollo normal del individuo al ser el producto de los micro o macro traumas que se han acumulado en la psique a raíz de la separación de las madres y de las frustraciones. Desde su planteamiento, esta misoginia originaria es la que ocasiona que sea tan común el rechazo o la devaluación de la mujer tanto en los hombres como en las mujeres, y es la que promueve todas las formas de intolerancia a lo femenino que se observan en lo que el autor llama, "las diferentes formas de misoginia secundaria".

En el siguiente ensayo, *"La intolerancia a lo femenino. Desde una perspectiva de género"*, Nohemí Reyes investiga y analiza, a partir del material analítico, los factores intersubjetivos que intervienen en la implantación de una subjetividad femenina temprana, así como la dinámica y las expresiones de la *intolerancia a lo femenino* en lo psíquico, corporal y los efectos en las introyecciones tempranas, identificaciones en el yo y la construcción de la feminidad. Describe la génesis y dinámica de la *intolerancia a lo femenino* a partir de la interpretación de un caso clínico. A lo largo de este recorrido del ensayo aporta términos como "Intolerancia a lo femenino" "maternidad intolerante" y "transferencia desidealizada materna".

Capítulo II. Violencia de género y relaciones de poder

Este segundo capítulo también incluye diversos trabajos, autores y temas. Para empezar: Silvia Jadur, Constanza Duhalde, Viviana Wainstein y Adrián Barreiro escriben sobre *"Intolerancia a lo femenino: dolor, género, comunidad y cultura"*. Realizan una detenida revisión de las diferentes formas en que puede enmascararse la violencia familiar y de género en algunas culturas. A lo largo de su exposición plantean que estas violencias, físicas o psíquicas son síntomas de una cultura que se modifica lentamente, pero que sigue manteniendo un orden conservador patriarcal. Cuestionan la tendencia marcada a aplicar el despliegue de las lógicas binarias genéricas y sus conflictos para tratar la violencia familiar y de género; proponen que hay conductas donde siempre hay una víctima y un victimario que constituyen la violencia invisible, y este modelo debe ser cuestionado y revisado permanentemente. Para ellos, la responsabilidad compartida, la solidaridad, el empoderamiento, son los instrumentos disponibles para transformar los modelos existentes.

El siguiente espacio contiene el trabajo de Julia Lauzon *"Violencia de género desde las representaciones culturales chilenas. Breve comunicación sobre victimarios. Femicidio, mujeres quemadas"*. Este artículo está fundamentado en el contexto de la violencia de género y aborda el femicidio a partir del estudio del victimario. Desde las "Representaciones sociales culturales chilenas" rastrean los elementos trasmitidos transgeneracionalmente como la trama de valores, símbolos, conductas e instituciones, los cuales constituyen el concepto estratégico para entender dicha violencia extrema. A partir de una visión psicoanalítica y desde un enfoque multidisciplinario, investigan la propia cultura regional para plantear algunas hipótesis. El análisis de los hechos de varones chilenos que incendiaron a sus mujeres los lleva a sostener que en el trasfondo de inmolar a una mujer hay una sobrevaloración del "macho", quien para relacionarse con el mundo femenino tiene la fuerza para herir, humillar, violar, quemar o matar. Reseñan de manera contundente lo sórdido que puede llegar a ser la inequidad de los sexos y la violencia de género.

"El femicidio hoy. Lo familiar, lo ominoso, lo siniestro", es encarado por Alejandra Vertzner, quien ubica al femicidio dentro de la violencia de género. Posterior a una revisión de escritos previos que han sistematizado el concepto y el estudio de este tipo de *intolerancia a lo femenino* enfatiza que no puede generalizarse la pertenencia de los victimarios a una determinada cultura patriarcal o machista para violentar emocionalmente y atentar contra la vida de una mujer; en este contexto teórico sugiere el análisis de casos particulares. Resalta el carácter ominoso y siniestro del femicidio cuando la víctima y el victimario conforman una pareja, porque encierra la destrucción del objeto amado. Finalmente, invita a seguir estudiando y escribiendo sobre estas alianzas mortíferas y esas ambiciones orgásticas de poder que trascienden los sexos y géneros.

Un trabajo también de perspectiva novedosa es *" Pornografía es mujer. Por qué el desprecio a la mujer y el respeto al hombre"* en donde Estela

Welldon comunica dos hallazgos fundamentales. El primero relacionado con un núcleo depresivo encapsulado que presentan los pacientes perversos y los que han practicado actos delictivos al haber sido víctimas de la violencia materna, al que la autora llama perversión femenina en la maternidad. Menciona que, en ocasiones, el acto delictivo se realiza con la finalidad de ser mirado o reconocido socialmente, aunque sea de una manera fugaz. El segundo hallazgo lo asocia con la envidia al embarazo y con el "ataque" a la mujer embarazada que se representa de manera inconsciente en todo lo que tiene que ver con la industria pornográfica. Subraya: con la pornografía se denigra el cuerpo de la mujer porque se ataca el hecho de que pudiera quedar embarazada; y niega así los fines reproductivos de la sexualidad.

Capítulo III. La intolerancia a lo femenino en el arte

El tema de la *intolerancia a lo femenino* y el arte se encuentran desplegados en este capítulo III. Se presentan algunos trabajos en torno a personajes o situaciones vinculadas al arte. Para iniciar el capítulo, Patricia Alkolombre, en *"Intolerancia a lo femenino y la capacidad creativa en la vida de Edith Piaf"*, se ocupa de referir la psicohistoria y las vicisitudes de esta talentosa y exitosa cantante francesa, haciendo un énfasis en sus fallas ambientales favorecidas por una madre incapaz de proporcionar una matriz psicológica sustentadora que le permitiera transitar por un desarrollo psicológico óptimo. Desde una firme postura psicoanalítica, Alkolombre explica aquellos factores que rescataron y lanzaron al éxito a la cantante, y que la convirtieron en el "gorrión francés" por excelencia. Dichos factores estuvieron representados por su talento innato y por su tendencia a sublimar sus conflictos, omitiendo incluso la represión.

La búsqueda del amor y la nostalgia del amor perdido funcionan como incentivadores en la obra poética de Pablo Neruda, así lo manifiesta Marcela Sánchez en su trabajo intitulado *"Imágenes de lo femenino en la obra de Pablo Neruda"*. Recorre también la psicohistoria del poeta para embarcarse en la aventura de una aplicación del psicoanálisis, de la misma forma como lo hizo Freud con Leonardo da Vinci. Para Sánchez Darvasi, el hecho de que el autor de *"Cien sonetos de amor"* fuera huérfano desde temprana edad marcó una huella imborrable y traumática que determinó su vida. Sugiere, como origen de su creatividad en la poesía, el impulso a metaforizar y a cubrir con palabras el vacío favorecido por ser un niño huérfano, arrancado del pecho materno. Propone que en su obra todo converge y emana de la figura femenina en virtud de que sueña permanentemente con esa mujer a la que alude en una gran parte de sus poemas. A manera de conclusión postula que la melancolía, la ausencia, la tristeza gris y desolación se asoman y dan vida a la poesía de este gran poeta.

Basado en una investigación muy amplia y análisis sistemático, Juan Vives en su ensayo sobre *"Sor Juana Inés de la Cruz: Una mujer intolerable"*, narra los pormenores, y las persecuciones que sufría la mujer en el siglo XVI, así como la manera en la que una poeta destacada, única, como lo fue Sor Juana Inés de la Cruz, se enfrentó a la discriminación y al rechazo de su época, desafiando al e*status quo* con lo que, finalmente, logró el reconocimiento de su brillante y extensa obra literaria, la cual también abrazó muchos otros ámbitos del conocimiento, pero igualmente la marcó como una mujer intolerable para la época. Vives finaliza su escrito sustentando que hay una pulsión de saber en esta innovadora mujer, la cual se desarrolla de forma independiente de la pulsión sexual y que desde su perspectiva, merecería un estudio detallado en publicaciones futuras.

En este X Diálogo de COWAP se propone un cine debate sobre la película de Haneke muy premiada, *"La pianista"*. Ruth Axelrod, presenta un comentario de la película, *e*xpresa que el cine, por su innegable cualidad de espejo social, ha servido como una herramienta de trabajo del psicoanálisis, que a su vez interactúa con el fenómeno fílmico como una forma de llegar a comprender los contenidos. Desde su punto de vista, la "incomodidad" que el Director plantea en la película encuentra su origen en las imágenes de los actos sexuales, las cuales se mantienen prácticamente todo el tiempo fuera de pantalla. Axelord refiere cómo la protagonista, a pesar de sublimar sus pulsiones a través de ser una pianista destacada, presenta un componente sádico al infligir dolor en otros, pero también a ella misma así como una adhesión patológica con la madre.

En segundo término, en un comentario psicoanalítico del largometraje, Julia Lauzon incursiona profunda y seriamente en complejas situaciones que a través de escenas conmovedoras de auto agresión, además de comportamientos sexuales explícitos sadomasoquistas la conducen a detectar indicadores del polimorfismo perverso infantil y alteraciones del desarrollo de la psicosexualidad de la protagonista. Los antecedentes alcanzan manifestaciones como la pornografía, el fetichismo y la escoptofilia. Esta autora describe los alcances de la personalidad narcisista perversa de Erika y sus expresiones: en una escalada violenta logra dañar sin consideración a personas cercanas como sus alumnos o su enamorado. O bien, a través del lenguaje de acción despectivo y a veces violento que oscila con momentos de soledad y carencia afectiva, nos introduce en conflictos tempranos del binomio madre-hija que se reeditan en los diálogos que intenta con su pareja camino a la tragedia final.

Capítulo IV. Sexualidad y género

Y así llegamos al capítulo IV donde se ubica el ensayo de Margot Shrem, *"El table dance desde dos perspectivas de género*: un *actor y un espectador"*. En este artículo se plasma y describe la alternancia de roles entre un exhibicionista y un *voyeur*, así como los contrastes y las semejanzas en el psiquismo de una mujer bailarina que trabaja en centros nocturnos y el hombre que tiende a frecuentarlos. Shrem investiga el exhibicionismo, la ropa, el contenido del baile, el uso perverso de los estereotipos sociales en relación a la femineidad en las bailarinas, así como el voyeurismo en el varón. Después de una exposición argumentada, expone sus conclusiones: la dupla aspira asumir un supuesto poder, valiéndose de los estereotipos sociales de género, como un intento para tratar los traumas infantiles.

Otro enfoque más en este capítulo de Intolerancia a lo femenino y la violencia de género lo presenta Joséphine Quallenberg en *"Cuerpo, Género y Cultura"*. La autora sostiene que en la época contemporánea ha existido un viraje en la cosmovisión de mundo con respecto al orden psicosexual y simbólico. A través del texto explora los cambios de manejo, expresiones sexuales y género, que nos colocan en la necesidad como analistas de una modificación en la visión de mundo. Estos movimientos radicales en el entorno social y cultural la conducen a reflexionar y proponer una necesidad de cambio radical de la realidad actual del psicoanálisis, si se le compara con los tiempos de Freud. A lo largo de ésta exposición, Quallenberg argumenta que los psicoanalistas nos confrontamos con una plasticidad y estiramiento en el espacio transicional que nos expone a un cambio continuo de psicosexualidades y poli/multi/géneros que puede generar la ilusión de vivir la omnipotente y/o intolerable ausencia de sentido.

Otra mirada del subtema se delinea más adelante. En el texto, *"Colette Soler y la incidencia social de la sexualidad femenina en la actualidad"*, Olga Varela expone y trata tópicos de interés dominante y de actualidad como son la sexualidad, los afectos y la mujer. Explora los orígenes y consecuencias de la angustia en este siglo, y concluye que se mueven según los discursos; por lo tanto, el discurso contemporáneo es negador de la angustia. Resalta la idea del afecto como un elemento revelador del inconsciente que alcanza el estatuto de testigo epistémico, elevando los afectos enigmáticos a signos del inconsciente real. A partir de la diferencia que hace Lacan del deseo de la mujer y la histeria, la autora desde una lectura contemporánea de la sexualidad, sostiene la siguiente tesis: la mujer, se aleja de la histérica, porque al aceptar la castración puede gozar su sexualidad desde su individualidad, ya que tiene un ser que la sostiene.

Capítulo V. Las representaciones sociales y la intolerancia a lo femenino

En el quinto apartado de este libro, se incluye el trabajo de María Amparo De la Vega *"La angustia de ser cada mujer. Resignificando lo femenino en grupo"*, en este texto hace referencia a un trabajo terapéutico grupal con mujeres del siglo XXI y reseña los deseos manifiestos de estos personajes, desde el discurso consciente y el mandato social establecidos, los cuales terminan enfrentándose a sus ideales culturales ya aprendidos, por lo que el reconocimiento de sus propios deseos ya sea maternidad, matrimonio, o divorcio generan una gran angustia y la sensación de tener que emprender una lucha importante para lograrlos. Retoma y aplica en la experiencia analítica de grupo el concepto sobre la identificación femenina (materna) el cual se establece sobre la base del amor y la crítica que no implica destrucción sino deconstrucción y hace posible el cambio en la integración de la identificación femenina.

Toca el turno a un trabajo en coautoría de Teresa Lartigue, Catalina Harrsch, Ma. Isabel Rodríguez y Patricia Dávila denominado *"Intolerancia a lo femenino: Génesis y mantenimiento de estados depresivos en la gestación"*. Se trata de una minuciosa propuesta de investigación sobre depresión y género, con mujeres cuyo común denominador es la depresión y una historia de maltrato familiar. La experiencia las lleva a sostener diversos planteamientos: algunas mujeres testigos de violencia conyugal y del maltrato del padre a la madre terminan por tramitar una cicatriz invisible que se inscribe en el psiquismo femenino, llegando a formar "una realidad extrema traumática". Para estas investigadoras la estructuración de dicha cicatriz se encuentra estrechamente enlazada con aquella llamada "estereotipos negativos de género" que se inscriben en los sistemas sexo-género; además organizan las creencias, rigen y norman tanto para los hombres como para las mujeres en los cuales se inscriben las relaciones de dominación masculina y subordinación femenina, el machismo, la misoginia y la violencia contra las niñas y mujeres.

Unas hojas más adelante, Cecilia Rodríguez reseña su artículo titulado *"Medusa y Coatlicue. La representación de los terrores arcaicos"*. Aborda, desde lo simbólico, el repudio a la mujer, al cuerpo sin pene, como una forma de *intolerancia a lo femenino*. Estudia las figuras de Medusa y Coatlicue; extrapola las características y significados de estas representaciones míticas a la viñeta clínica de una mujer, quien acepta su falta de pene, pero niega la falta con desplazamientos. La autora destaca los aspectos relacionados con la vivencia del cuerpo, la construcción de una identidad, el impacto transferencial de angustias no simbolizadas y arcaicas en el registro contratransferencial. Como corolario de la experiencia, resalta la necesidad del analista de hacer a un lado los referentes para vivir de lleno la experiencia transferencial.

En *"Temor a la mujer"*, Raquel Tawil emprende un recorrido sobre los diferentes mitos en torno al fenómeno; señala que éstos surgen de nuestros propios temores y demonios internos ocultos. De manera preponderante trata el temor hacia la mujer por el hombre e incluye un análisis desde diversas perspectivas. Enfatiza categóricamente el rol que la mujer ha jugado en algunos momentos históricos, así como su lugar en algunas religiones de modo latente de tal manera que, en la relegación y devaluación de la mujer, permanece oculto un temor a esta figura. Realiza un análisis psicoanalítico sobre el lugar que la madre pre-edípica y el temor a la castración contienen en el varón y finaliza el artículo con algunas consideraciones sobre la mujer en la postmodernidad y su impacto en el ejercicio del modelo tradicional de masculinidad.

Capítulo VI. Transmisión intergeneracional y violencia familiar

En el capítulo VI se insertan los trabajos asociados a otra variante de *intolerancia a lo femenino*, es decir, la violencia familiar y los mandatos transgeneracionales. Un trabajo de raigambre teórico-clínico *"Las imagos maternas en la clínica de la intolerancia a lo femenino"* de Teresa Del Bosque, rastrea las repercusiones de la introyección de imagos maternas generadoras de patología, en varones y mujeres. En este contexto refiere algunas manifestaciones clínicas de mujeres con *una intolerancia a lo femenino* hacia sus hijas y los efectos en éstas sobre su subjetividad femenina, introyecciones tempranas, identificaciones en el yo, la identificación con lo femenino. En el tratamiento de este tipo de mujeres propone, como parte de la técnica, la necesidad de elaborar los aspectos ambivalentes hacia las madres en la transferencia, así como interpretar los afectos dolorosos y negativos para incidir en las nuevas introyecciones de las imagos maternas en mujeres.

En la exposición que lleva por título *"Elena: la carga emocional del maltrato familiar a las mujeres a través de tres generaciones"*, María Rosa Díaz expone el tema del abuso y maltrato emocional de los padres hacia las hijas, desde las relaciones transgeneracionales de las mujeres y su impacto en la construcción de la feminidad. Ejemplifica y resalta los significados de la repetición activa de lo sufrido pasivamente por algunas mujeres, en los vínculos patológicos posteriores con sus hijas. De acuerdo a su experiencia analítica con estas hijas expuestas al maltrato transgeneracioal por mujeres de la familia, el cambio de condición de víctimas, de estas niñas-mujeres, puede ser factible si ellas así lo eligen durante la experiencia vivencial de un proceso terapéutico.

Otro estudio, en este contexto, es el que presenta Catalina Harrsch en *"Lo Femenino en la anorexia"*. En este ensayo, registra y analiza las comunicaciones inconscientes adversas a lo femenino en la primera infancia, su derivación en una sintomatología psicosomática como la anorexia; lo mismo que el interjuego que mantiene en la subjetividad femenina y la transmisión transgeneracional. Para darle mayor sentido y énfasis al trabajo, Harrsch ilustra con material clínico las vicisitudes del proceso y las transformaciones que operaron durante el tratamiento, a propósito de la interpretación y elaboración de los significados inconscientes.

Otra variante y perspectiva sobre este apartado y para ilustrar la intolerancia a lo femenino y la violencia de género, Laura Mejorada expone el trabajo *"La pasividad y tolerancia de la mujer ante el maltrato"*. Reseña una viñeta de caso de una mujer con una historia de maltrato paterno, quien es, a la vez, testigo de la violencia y maltrato del padre sobre la madre, cuyos antecedentes operan como una marca, una cicatriz traumática imborrable. A lo largo de dicha experiencia clínica se analizan los efectos de las separaciones intolerantes, las angustias catastróficas ante la pérdida del objeto y el alejamiento de la órbita simbiótica. Para concluir expresa: en estas mujeres, con tolerancia al maltrato, existe una compulsión mortífera a la repetición sin salida, por el hechizo que produce la fantasía de completud de entregarse al otro.

Otra forma de violencia familiar y mandato transgeneracional es comunicada por Aurora Romano, en *"Fantasías filicidas inconscientes observadas en tres casos de psicoterapia madre-bebé"*. En este texto se ponderan los efectos de las fantasías y conductas agresivas maternas sobre el psiquismo de los hijos, la severidad del súper yo y la psicopatología futura de un infante. De acuerdo con su experiencia clínica, la ambivalencia normal de la parentalidad se encuentra desequilibrada cuando no hay una neutralización suficiente de la destructividad y agresión materna, lo que facilita trastornos en los pequeños. Este documento refiere con detalle, la especificidad y los principios del cambio tanto en los niños como en las madres, posterior a la intervención madre-bebé.

El artículo *"Amuleto, objeto autista, objeto transicional. Una coma y tres puntos"* de Miriam Tawil se fundamenta en las teorizaciones Winnicotianas de transferencia, el papel que juega el diván, el horario, la relación del analista y el entorno facilitador para la recreación del espacio analítico. Reitera el papel que mantiene el analista como objeto transicional para el logro de la separación en una mujer con tendencia a la fusión, una patología depresiva importante con ideas suicidas, transferencia erotizada, uso de amuletos y pensamiento mágico. En este artículo se ilustra la experiencia de tratamiento y el curso del proceso en donde la paciente transitó de la dependencia a los objetos, a la salida de la órbita adhesiva, a la renuncia a la omnipotencia y a la internalización de la capacidad de estar a solas.

A lo largo de la lectura de todos estos trabajos, el lector se percatará de la amplitud, profundidad y complejidad de significaciones alrededor de *la intolerancia a lo femenino*. Se espera que el resultado de esta compilación, agrupación de ideas y la elaboración teórica-técnica de psicoanalistas especializados y otros pensadores que aceptaron escribir acerca del tema de amplio espectro, poco estudiado, pero de tanta actualidad, contribuya a estimular espacios de reflexión y conocimiento, enriquezca la visión clínica y el acervo psicoanalítico; el lector tiene la palabra.

Nohemí Reyes
Ciudad de México, 16 de Abril de 2014

PARTE I

INTOLERANCIA
A LO FEMENINO

Intolerancia a lo femenino. Reflexiones personales en torno a sus causas y vías de elaboración

Doris Berlin

El término intolerancia a lo femenino evoca múltiples asociaciones que van desde el acoso y la violencia a la mujer, hasta el femicidio y, en el otro extremo, formas sutiles de crítica o de exclusión y desigualdad de oportunidades. Resulta para mí un reto entender el concepto desde el punto de vista de los efectos que ha traído el patriarcado, de los cuales aún nos quedan huellas importantes, a la par de tomar en cuenta los problemas actuales, los de la así llamada posmodernidad, que más bien hablan de una debilidad, tanto en la presencia física como en la función del padre. Sería imposible abarcar todos los términos de modo que, en esta presentación, me propongo solamente expresar algunos de los significados que el concepto de la intolerancia a lo femenino evoca en mí. Mis reflexiones se centran alrededor de la relación del cuerpo de la mujer y su subjetividad, y la herencia cultural que ha recibido; además cómo se entiende el concepto de intolerancia a lo femenino en la teoría y en la clínica y algunas ideas acerca del interés de la mujer por el Psicoanálisis.

Sabemos que desde la perspectiva de género, la sexualidad es un producto de las características biológicas, la identificación de género y la elección de objeto. En su posición subjetiva una mujer puede variar en estos dos últimos aspectos, pero desde el punto de vista relacional, el cuerpo de la mujer, así como el del varón, tienen una materialidad innegable. Este señalamiento lo hago porque, en los últimos tiempos algunas variables relacionadas con el ser madre parecen haberse deslindado del cuerpo de la mujer por ejemplo, la posibilidad de concebir hijos queda delegada a la fertilización asistida, así también la función de cuidado de los hijos la están asumiendo un poco más los varones. A la par, algunas corrientes psicoanalíticas subrayan la posición subjetiva en cuanto a la sexualidad y, minimizan el aspecto del género. Algunos de los trabajos que se presentan en este encuentro sobre violencia y maltrato nos hablan del efecto que el cuerpo sexuado produce sobre el otro, independientemente de si su posición subjetiva es masculina o femenina.

Puede ser interesante hablar, aunque sea muy brevemente, de lo que se llama patriarcado para poder entender como ha influido en la representación que la mujer tiene de sí misma. A fin de ilustrar esta idea, seleccioné desde la religión, la política y la academia tres ejemplos que me parecen ilustrativos para entender los efectos que se han producido en el ideal del yo de las mujeres y los cuales observamos hasta el presente:

- La representación de la mujer en las tres religiones más importantes.
- Lo reciente del sufragio femenino como para dar una idea de lo nueva que es la existencia de la mujer como ciudadana.
- La tardía inclusión de la mujer en los espacios académicos.

En las tres religiones principales, judía, cristiana y musulmana, a través de sus enseñanzas y prohibiciones se ha moldeado una impronta que la mujer tiene de sí misma y que trasciende la praxis religiosa. Para esas tres religiones, la mujer es la que aglutina a la familia y a los hijos y, por ende, pesan sobre ella restricciones sexuales con el mandato a confinarse en el ámbito familiar, a fin de poder cumplir con esas mismas obligaciones.

Dentro de esas religiones se considera que la lujuria es el gran pecado de la humanidad, el cual produce daños en el cuerpo y en el alma y la propuesta de su solución es la reclusión de la mujer. La responsabilidad por la caída en el pecado se proyecta sobre la mujer, es ella quien cautiva y domina al hombre, haciéndolo víctima de su deseo y logrando que pierda la razón.

Viéndolo de este modo, hay una propuesta sobre cuáles son las virtudes aconsejables para el comportamiento de las mujeres: la dulzura, la sensatez, la discreción. Tomo un ejemplo citado por el historiador venezolano Elías Pino Iturrieta (1993):

> …/"la dulzura es el arma más poderosa de las mujeres... Una lágrima y una caricia alcanzan más que reconvenciones e injurias. La terquedad, la violencia y la resistencia de la mujer, puede producir mucho mal y bien ninguno. Jamás la mujer ha empeorado su causa con el silencio… lejos de imponer, según la tendencia que todos tenemos su modo de pensar a cuanto la rodea, ella sabrá contener equitativamente sus gustos y sus inclinaciones personales…"[1] /p 57

1 Crónica Eclesiástica de Venezuela, Número 30, Caracas 3 de Octubre de 1855, citado en Pino Iturrieta 1993: "Ventaneras y Castas, Diabólicas y Honestas"

Dentro del judaísmo, la mujer puede ser abominable y ejercer un influjo peligroso al apartar al hombre del camino de la ley; es siempre responsabilidad de la mujer que el hombre caiga en la tentación de dejarse seducir. El papel de la mujer es valorado, pero en la medida que se dedique a la maternidad, se ocupe de la familia y la educación de los hijos. En el Talmud, hay disposiciones sobre la mujer como propiedad del esposo, reproductora y herramienta de trabajo, siendo considerada objeto de derecho, más nunca, un sujeto con identidad propia.

Se habla entonces de dos extremos de mujeres, la que pone a los hijos en el camino de la religión y en la ley del padre y otra, la que busca el placer inmediato, es sensual y provocativa y, por ende, aleja al hombre de su objetivo en la vida que es la búsqueda de trascendencia. En todos los textos bíblicos figura o el endiosamiento de la mujer que cumple con esas características o, un discurso descalificador y rechazante que la describe vana, envidiosa y mal intencionada.

Ese fenómeno maniqueista, por el cual la mujer se ha visto a través de iconos extremos como madre o como bruja, ha tenido expresiones dramáticas a lo largo de la historia. Ejemplo de ello ha sido la caza y quema de brujas, fenómeno que ha sido estudiado por numerosos historiadores, antropólogos y también psicoanalistas.

Perrot, historiadora (2009), se refiere a la caza de brujas en los siglos XII y XIII y relata que las mujeres solas o viudas estaban excluidas de la vida religiosa, así como de la posibilidad de proseguir estudios laicos (ciencia, filosofía y arte). Estos antecedentes dieron pie a que mujeres que se dedicaban al cuidado de los enfermos, así como al estudio de la filosofía y de la literatura, se agruparan alrededor de movimientos de mujeres cristianas llamadas las Beguinas. Estas mujeres, dedicadas a labores distintas a la maternidad y la familia, fueron mal vistas por la Iglesia, perseguidas y quemadas.

Heineman, (2000) en una exploración psicoanalítica acerca del asesinato de mujeres y de la brujería, plantea que las mujeres quemadas eran quienes tenían un carácter enérgico y a quienes se les había proferido una acusación injusta y, por consiguiente, se temía que protestaran, de modo que la acusación se hacía frecuentemente por su carácter beligerante, y la quema se hacía entonces, preventivamente. Otro argumento en la caza de brujas del siglo XII es el maniqueísmo, producto de la extrema pobreza que está relacionada con situaciones persecutorias que conllevan a la idealización y denigración de la mujer como Virgen, Santa o Bruja.

¿Cuán lejos de estos fenómenos estamos hoy? En diciembre de 2012, en la India, seis estudiantes violaron a una estudiante de medicina en un autobús y causaron su muerte poco después. El hecho es uno de los muchos que le ocurren no solo a mujeres sino a homosexuales o transexuales que no se conforman a las expectativas de género. No lo traigo como denuncia de un hecho violento en sí, sino para compartir, quizás, el impacto que me produjeron los comentarios que aparecieron en twitter después del suceso. Que se lo tenía merecido por salir con una indumentaria no tradicional y provocativa; que en una mujer no son horas para salir de noche en transporte público, sino para estar en su casa; que como consecuencia obtuvo lo merecido, etc. Es decir, persiste en el imaginario colectivo la idea de que el papel de la mujer está en la casa y si ella no lo admite así, bien merece todo castigo. Ahora no las queman por brujas, pero igual las castigan por ser diferentes a lo esperado.

Dentro de lo que vengo relatando como los efectos del patriarcado, y a lo que me voy a referir muy someramente, es a la tardía inclusión de la mujer como ciudadana política, mostrando un cuadro que permite ver rápidamente cuando las mujeres fueron aceptadas como votantes en las elecciones de los países latinoamericanos. En Venezuela, solamente a partir de 1947, en México en 1953. Únicamente a partir del siglo XX acceden las mujeres al sufragio (producto de años de luchas de las mujeres), porque se consideraba que ellas debían estar en su casa, cuidando el hogar, la familia y los hijos, y no tenían criterio para elegir quien debía gobernar.

Un tercer punto dentro de este recorrido silvestre por los problemas que trajo el patriarcado, fue la lentitud de la inclusión de las mujeres en el mundo académico. En la Universidad de Harvard, por decir un icono en Estados Unidos, hasta el año 1967 las mujeres no podían utilizar la biblioteca para estudiar dentro del pregrado. Las becas para mujeres solo se obtuvieron en Harvard a partir de 1971; antes de esa fecha, se argumentaba que era dinero perdido porque las alumnas terminarían dedicándose a la casa y a los hijos. Esta lentitud en los beneficios académicos para las mujeres, contrasta con el hecho de que, desde 1923, ya existían medidas para combatir la discriminación racial (Nussbaum, 2001).

Lo femenino así como lo masculino, se transmite a través de las relaciones con los padres y los otros de la cultura, que posteriormente van a conformar el ideal del yo. Este ideal contiene identificaciones colectivas que se transmiten de generación en generación. Las identificaciones orientan la representación del

País	Año
Ecuador	1929
Brasil	1932
Uruguay	1932
Cuba	1934
R. Dominicana	1942
Guatemala	1945
Panamá	1946
Argentina	1947
Venezuela	1947
Costa Rica	1949
Chile	1949
El Salvador	1950
Haití	1950
Bolivia	1952
México	1953
Colombia	1954
Honduras	1955
Perú	1955
Nicaragua	1955
Paraguay	1961

(Valdez y Gomariz 1995)
Nota: No sólo el sufragio se consiguió tarde en América Latina. Por ejemplo, en Estados Unidos fue en 1920, en España, en 1931 y en Francia, en 1944.

sí mismo y generan pautas internas de comportamiento y valores a los cuales ceñirse para que el sujeto se sienta protegido y querido.

Lo que he querido explicar a través de estas situaciones desde la religión, la política y la academia es la invisibilidad que ha tenido la mujer y que hay un femenino, si no devaluado al menos excluido en la cultura que se aprende, se introyecta en las interrelaciones con los demás y, aunque la mujer durante la modernidad ha tenido muchos desarrollos tangibles, las expectativas depositadas en su ideal la siguen afectando tal y como lo podemos observar en la clínica. Es decir, la salida de la mujer al mundo público del trabajo, estudios, política, etc., hoy en día es una realidad, pero en la clínica vemos que esos desarrollos no corresponden necesariamente con una evolución paralela de la identidad femenina.

Una paciente, joven artista de 23 años, consulta por las dificultades en convivir con su madre bipolar y por conductas bulímicas. Está en una época donde parece abrirse numerosas oportunidades para ella, en el terreno de la actuación y del canto. Compone música, toca, canta baila y actúa; parece que todo esto lo hace muy bien. Compuso ella misma su segundo disco del cual prepara una presentación en multimedia y tiene dudas acerca de los videos y las fotos que se tomó. Le parecen a ella sensuales y provocativos y no sabe si lo considerarán pornográfico y la juzgarán. Sin embargo, ella no piensa que las imágenes son pornográficas, siente que el disco es producto de haber encontrado su sexualidad como mujer, el resultado de un proceso personal. ¿Cómo entender esta pregunta de la paciente? ¿Se trata de un conflicto con un deseo exhibicionista? ¿Una ambigüedad con los límites porque nunca ha tenido la oportunidad de aprenderlos teniendo una madre bipolar? ¿Se trata de una problemática sólo intrapsíquica o inciden también valores culturales acerca de cuál es el papel esperado para la mujer?

De la misma manera, la cuestión del cobro por el trabajo, que en muchas ocasiones es significativamente más bajo en la mujer, ¿cómo lo tenemos que interpretar? ¿Cómo un problema en la autoestima o, más bien, como una identificación con una actitud de servicio al prójimo donde el cobro de honorarios acordes, tiene, a veces, el significado de prostitución? (Coria, 1986)

Pasaré ahora a revisar qué nos dice la teoría psicoanalítica sobre la intolerancia a lo femenino. Siguiendo a Freud, tanto hombres como mujeres presentan intolerancia a lo femenino o rehusamiento a la feminidad, descrito como la roca de la castración o el obstáculo más profundo al avance del proceso psicoanalítico, en el hombre, el apartarse de una posición femenina de amor y entrega al padre y, en la mujer también, el no aceptar su condición de mujer y anhelar una posición masculina, lo cual definió Freud como envidia del pene.

Desarrollos posteriores en Psicoanálisis proponen otros factores que explican el rehusamiento a la feminidad en la mujer, otros elementos distintos a la envidia del pene, aunque siguen siendo basados en la biología; por ejemplo: Desde Horney (1926), quien formuló el miedo a la penetración. Klein (1932) introdujo el miedo a la retaliación por parte de la madre y también el rechazo a los aspectos nutricios de ésta. Bernstein (1990) habla de la ansiedad a que los genitales femeninos sean dañados.

Otros desarrollos hablan de las dificultades de la mujer en aceptar su feminidad por aspectos que van más allá de lo solamente biológico, por ejemplo: los aportes de Dio Bleichmar (1985), que plantean que la niña aprende de la madre a ser pasiva y dependiente como modo de seducir al hombre a través de su gracia y su belleza, proyectando en él la responsabilidad por su agresión y su erotismo. Serían realidades históricas y culturales las que subyacen en las dificultades en aceptar el ser mujer.

Según Birksteen Breed (1995), se rechaza la identificación con la madre quien, a través de sus aspectos continentes, puede experimentarse deprimida. El deseo del falo en la mujer, puede ser una defensa ante la vulnerabilidad, sentimientos de inadecuación y sentimiento de falta. ¿Cómo vemos la manifestación de la intolerancia a la femineidad en la clínica de las mujeres?

En el trato discriminatorio, rechazo y hasta intentos de aborto hacia los hijos nacidos hembras, porque se teme que sean maltratadas, abusadas, que no sean bonitas, no se casen o sean dejadas por los hombres, repitiéndose entonces, intergeneracionalmente, de madres a hijas una noción vulnerable y devaluada de ser mujer.

En mujeres que se involucran en relaciones con varias personas para evitar sentir la fragilidad de depender emocionalmente de una persona que les puede hacer daño.A través de la preocupación por el peso, la obsesión por las dietas, el sometimiento a cirugías plásticas repetidas que manifiestan la necesidad de aferrarse a un ideal fálico de belleza y de eterna juventud.

En las perversiones femeninas como las anorexias, las bulimias, la cleptomanía, el cortarse etc., en las cuales, paradójicamente, usando una mascarada que exagera los atributos de género femenino se oculta el deseo de eliminar toda debilidad (Kaplan 1994).

Un motivo de queja que aparece frecuentemente en clínica son las relaciones madre-hija, motivo de decepción de la una hacia la otra. La madre dirige hacia la hija todas las expectativas de que ella se convierta en su madre idealizada, solicitando amor y exclusividad, siendo incapaz de satisfacerse con nada de lo que la hija hace. Este patrón de falta de reconocimiento genera rechazo y apartamiento, dificultándose la identificación con la madre. O también, genera que la hija desarrolle una posición de abnegación y victimización, a través de la cual, es capaz de aceptar situaciones de maltrato y desconsideración con tal de obtener el amor o reconocimiento de la persona amada. Se perpetúa así a lo largo de la relación madre-hija un imaginario fálico que es la causa del sometimiento.

Las críticas y descalificaciones entre mujeres como producto de este ideal fálico pertenecen al orden de la violencia invisible o menos identificable que la violencia del hombre hacia la mujer, sin embargo tienen efectos importantes en la psique de las mujeres.

Hay analistas que sostienen que la mujer contribuye activamente en sostener la situación de maltrato. Quizás este fenómeno tiene que ser visto desde varias aristas. Existe el goce en la entrega pasiva, goce llamado femenino, que lo presentan hombres y mujeres. Así también, la predisposición a idealizar el amor la cual lleva a la mujer a someterse a situaciones que, muchas veces, rayan en el maltrato. Contribuye a ello el que las mujeres estén en situación de dependencia económica del varón. También de dependencia afectiva, crónicamente carenciada y con temor a ser abandonada; el que haya menos vías de gratificación para las mujeres, además del amor y la familia.

Lo femenino es una posición y, en ese sentido, hay un femenino de hombres y mujeres

Desligar la feminidad de lo corporal nos permite abrir el abanico de la intolerancia a lo femenino, tanto en hombres como en mujeres, en lo transgeneracional entre mujeres e hijas o en las relaciones de poder entre hombres y mujeres. Se identifica con masculino el goce fálico, el goce que tiene una localización física, pulsional y, con el goce femenino el disfrute en la entrega, el ser el objeto de deseo de otro; ambos goces son posibles en cuerpos masculinos o femeninos, así como que se encuentren ambos en un mismo sujeto.

En la etapa posterior al nacimiento hay un aspecto femenino que es característico en ambos sexos. Se observa que, cuando el bebé está en extrema dependencia y vulnerabilidad, es gozado por los padres pasivamente. Piera Aulagnier describió ese estadio, en el cual se comienzan a tejer los primeros vínculos intersubjetivos, a partir del momento en el cual el bebé es envuelto por la mirada, las palabras y las caricias del otro significativo. Éste es el aspecto de lo femenino al que se teme volver, al que se refiere Freud en su texto de 1937, *Análisis Terminable e Interminable*. En ambos sexos, de distinta manera, hay un escape de la debilidad y una búsqueda de sentirse fuerte.

Las expresiones de la intolerancia a lo femenino se pueden observar en los siguientes procesos de la clínica del varón:

La identificación del hijo con una figura fálica masculina, de modo reactivo, en los casos en los cuales se observa una ausencia del padre y para que le sea más fácil separarse de la madre.

Desde el punto de vista del varón la descalificación que recibe el hombre penetrado es llamativa, bien sea hetero u homosexual; se considera que es una agresión a la virilidad, la pérdida de la hombría hasta el punto que ser varón se define como ser impenetrable (Sáez 2010). Ser varón es el rechazo a estar en posición pasiva, así como objetar los atributos asociados con lo femenino, la vulnerabilidad, la entrega, porque estos rasgos se asocian con debilidad. El rechazo a lo femenino en el sí mismo del varón es la base del rechazo a lo femenino en la mujer. Se rechaza de la mujer aquello que es vivido como débil. Masculino es, entonces, la aspiración de poder, de fuerza, de actividad y conquista.

La impenetrabilidad del varón se define, no solo como actitud sexual, sino como rasgo caracterial. El miedo a la penetración se ha entendido como temor a la homosexualidad, pero es también necesidad de mantener la cohesión de género masculino. Es la penetrabilidad de la mente lo que explica el sentimiento de género, la sexualidad, la actitud hacia el amor y las relaciones interpersonales, así como cuál es la mayor o menor disposición al tratamiento psicoanalítico (Elise, 2001).

¿Cómo entender el concepto de intolerancia a lo femenino ante las nuevas manifestaciones clínicas de la posmodernidad?

En la aparente apertura a la expresión de la bisexualidad, travestismo, transexualidades, en las relaciones reales o en las virtuales.

En la salida a la expresión de la bisexualidad dentro de parejas establecidas, en la experiencia de tríos o los grupos de *swingers*, donde la apertura no es el problema sino la falta de simbolización o comprensión que las personas tengan de su comportamiento y, donde a pesar de la aparente liberalidad continúa la intolerancia hacia las diversidades.

Este tema es nuevo en la discusión psicoanalítica, en estos momentos hay más preguntas que respuestas. Los cambios en los comportamientos van más rápido que nuestra capacidad de comprenderlos teóricamente.

Mujeres y Psicoanálisis

Una reflexión que me interesa compartir trata sobre el interés que las mujeres han tenido en el Psicoanálisis. Justamente, dentro de la tradición por la cual las mujeres han sido en gran parte madres, dedicadas a cuidar a otros, las herramientas que le confiere el Psicoanálisis en subjetivarse, es decir, en saber quiénes son y que desean, son invaluables. Aunque se ha dicho que el Psicoanálisis, al venir de una tradición patriarcal lo que genera es el enmarcamiento de la mujer dentro del papel de esposa y madre, por otra parte, la escucha privilegiada al inconsciente individual permite encontrar los caminos individuales de la sexualidad, escogencias que van más allá de la maternidad, así como explorar otros proyectos alternativos.

Las mujeres también consultan por la represión de la agresividad, de la pulsión de dominio, lo cual las hace proclives a un comportamiento de sometimiento y a sentimientos de culpa. Frecuentemente son responsables no solo de los hijos, sino de las necesidades emocionales de los esposos y de los adultos mayores de la familia. Sucede muchas veces que, a lo largo de la vida, se va agravando la situación de carga afectiva de la mujer con mucha menor posibilidad de obtener vínculos que le den apoyo a ella.

La búsqueda de la fusión con la madre ideal, siempre insatisfecha, la somete internamente a una gran exigencia y actitud perfeccionista, así también está sometida a presiones de sus hijos y de sus maridos. Los varones, igualmente, buscan una madre ideal y fuerte, presentando así un repudio de lo femenino y una incapacidad de nutrir ellos, y se les dificulta reconocer a la compañera y estar atentos a las necesidades de ésta.

La mujer queda atrapada en un ideal de madre que quiso en primer lugar tener y luego ser ella misma, porque además los otros también se lo piden, de modo que ella deberá elaborar en el tratamiento psicoanalítico la pérdida de ese ideal de súper mujer y supermadre, dadora maravillosa, para poder acceder a otras identidades más gozosas. El hombre también deberá elaborar esa pérdida del ideal de la madre que todo lo puede y no necesita nada, para poder desplegar actitudes de solidaridad.

Hasta ahora lo desarrollado aquí y lo que corresponde también al grueso de los trabajos presentados en este evento, se relaciona con una concepción negativa de lo femenino, como falta y como vacío. Pero es bueno dejar sentado que existen desarrollos psicoanalíticos muy interesantes que trabajan lo femenino en positivo. Cecilia Sinai (2000), al referirse, ya no al cuerpo sino a una subjetividad femenina, dice que lo femenino es un modelo de pensamiento, un tercer ojo que no está inscrito en el sistema de valores vigente: Hacer lugar en vez de empujar.

Dentro de nosotros, en COWAP, Haudenschild (2010) ha seguido el desarrollo de pacientes niñas a mujeres y reporta una noción favorable tanto en el registro de los órganos sexuales como en su identidad femenina. Alizade (2008), fundadora de COWAP, nos ha dejado, entre otros, muchos aportes de su obra, un concepto llamado el *simbolizar en femenino*, una propuesta en la cual me voy a detener para finalizar, no solo como homenaje a ella, sino porque como idea me parece original e interesante. Pienso que representa una propuesta sobre la elaboración de las características sexuales de la mujer y también, una elaboración del sentimiento de falta. Aparece completamente desarrollada en una segunda versión corregida de su libro *La sensualidad femenina*, en un post scriptum del año 2008.

Las mujeres están habitadas por lo que ella llama un universo fluidifical (leche, sangre menstrual, secreciones vaginales, líquido amniótico) y por posibilidades receptivas que tienen características inasibles. Lo fluidifical y en especial la sangre produce temor y rechazo, es una marca dolorosa, evoca agresión y el tener que enfrentarse con ello promueve crecimiento. Así mismo, el cuerpo de la mujer transita por pérdidas que constantemente tiene que enfrentar, no solo la separación del bebé sino la del pene, la de sus fluidos erógenos. Como producto de esa biología arraigada en lo fluidifical y la pérdida, el simbolismo femenino no va por el orden fálico sino por lo que Mariam llamó el orden nádico.

Si lo fálico tiene que ver con lo visible y lo luminoso, lo nádico tiene que ver con lo invisible y perecedero. Con lo liviano y lo transitorio. El trabajo sobre lo femenino permite elaborar las angustias de muerte, de separación y el misterio de lo desconocido. Este trabajo va a permitir transformar el narcisismo secundario en un narcisismo terciario, que favorecerá el desarrollo de un vínculo empático y solidario. El narcisismo ya no lo asume el yo sino es trasladado a la comunidad y a la cultura.

A partir de un trabajo madurativo, donde se elabora la impotencia universal, se afirma el simple ser en lugar del tener. Las consecuencias psíquicas del trabajo de simbolizar en femenino son la posibilidad de disfrutar lo insignificante, una mayor sabiduría y aceptación de la muerte.

El trabajo elaborativo de simbolizar en femenino no es exclusivo de las mujeres, se observa en la vida psíquica de muchos hombres. Paradójicamente, en las personas con patologías preedípicas fuertes, donde hay una fragilidad del yo y una imagen materna acaparadora, se hace difícil la presencia de un tercero que va a permitir simbolizar en femenino.

Resumiendo entonces, justamente por estar enraizada en ese universo fluidifical, en la continencia puede la mujer realizar un trabajo madurativo donde ella dice NO al orden fálico. Se afirma entonces ante el dolor, hace uso de otros valores, lo transitorio, lo perecedero, delegando su narcisismo secundario a un narcisismo terciario, lo cual le permite una actitud de solidaridad y un mayor disfrute de su propia vida.

Aunque por los momentos es aún difícil teorizar sobre los cambios que están sucediendo en la actualidad, la esperanza sigue abierta. Las mujeres y los hombres seguimos haciendo teoría y resignificaciones sobre el ideal del yo.

Referencias Bibliográficas

Alizade, A.M. (2008). *La sensualidad femenina*. España: Amorrortu.

Bernstein, D. (1990). Female Genital Anxieties, Conflicts and Typical Mastery Modes" *International Journal of Psychoanalysis* 71: 151-165.

Bleichmar, E. D. (1985). *El feminismo espontáneo de la histeria. Estudios de los trastornos narcisistas de la feminidad.* Madrid: Adotraf.

Birkstein Breen, D. (1996). Unconscious representation of femininity. *Journal of American Psychoanalytical Association.* 44: 119-132.

Coria, C. (1986). *El sexo oculto del dinero. Formas de la dependencia femenina*. México: Paidós.

Elise, D. (2001). Unlawful Entry: Male fears of Psychic Penetration. *Psychoanalytic Dialogues.* 11: 499-531.

Haudenschild, T. R. (2010). "El continente verde. La constitución de la feminidad. Un caso clínico". *Trópicos.* Revista de Psicoanálisis de la Sociedad Psicoanalítica de Caracas. Año XVIII, Vol 1. 2010

Horney, K. (1926). The flight from womanhood. En *Feminine Psychology*, ed. H. Kelman. London: Routledge&Kegan Paul. 1967.

Kaplan, L. J. (1994). *Perversiones femeninas. Las tentaciones de Emma Bovary*. Buenos Aires: Paidós.

Klein, M. (1932). The effects of the early-anxiety situations on the sexual development of the girl. En *The Psychoanalysis of Children*. London: Hogarth Press.1980.

Nussbaum, M. (2001). *El cultivo de la humanidad. Una defensa clásica de la reforma de la educación liberal*. Santiago de Chile: Andrés Bello.

Perrot, M. (2008). *Mi historia de las Mujeres*. Buenos Aires: Fondo de Cultura Económica. 2009

Sáez, J. (2010). "Analidad y políticas del sexo". En *Diversidad Sexual*. Libro de APA compilado por Beatriz Zelcer. Buenos Aires: Lugar.

Segal, N. (2001). Witches: A Psychoanalytical Explanation of the killing of women by Evelyn Heineman, traducida por Donald Kiraly. *Psychoanalysis and History* 3: 109-117. London and New York: Free Association Books, pp. 163, 2000.

Sinay Millonschik, C. (2000). "Cien años de Soledad". En *Escenarios Femeninos Diálogos y Controversias...* Coordinadora Alcira Mariam Alizade. Buenos Aires: Lumen. 2000

Valdez, T. y Gomariz, T. (1995). Mujeres Latinoamericanas en cifras. Tomo comparativo. Santiago de Chile: Flacso, Instituto de la Mujer en España.

La misoginia originaria

Miguel Kolteniuk

La misoginia es un fenómeno universal, transhistórico, multipresente, siniestro, y a la vez, tan cercano, que resulta imposible hablar de ella (nótese, es mujer), sin sentirse profundamente involucrado.

La misoginia ha sido estudiada durante todas las épocas y de todas las maneras posibles, y por ello, su literatura resulta inabarcable. Por esta razón, me voy a limitar en este trabajo a proponer un abordaje metapsicológico que intente explicar por qué la misoginia aparece como inerradicable. A pesar de todos los esfuerzos y avances de la civilización, siempre logra retornar de lo reprimido a través de las formas más inesperadas e indeseables.

Más bien, si uno observa cuidadosamente, la misoginia nos rodea tanto estruendosa como inadvertidamente, desde los feminicidios de los países árabes y Ciudad Juárez, hasta los rituales religiosos patriarcales más sutiles, desde los usos y costumbres burgueses hasta los indígenas; de norte a sur y de Oriente a Occidente. Así lo demuestran también las luchas feministas y los grupos de derechos humanos, ¿existe acaso una formación reactiva más elocuente que el día de las madres, o el día internacional de la mujer? ¿Alguien podría enumerar la infinidad de chistes que se han hecho sobre el tema, incluyendo los que las mujeres han hecho en venganza?

Este es el argumento que deseo consignar: si la misoginia aparece como multiforme e inerradicable es porque se trata de un síntoma secundario que debe tener una raíz más honda, anclada en los estratos más profundos del inconsciente, es decir, debe existir un núcleo formado por la precipitación del conjunto de experiencias traumáticas más arcaicas en relación con la imago materna que voy a denominar **LA MISOGINIA ORIGINARIA**, y que es la responsable de la permanencia de las manifestaciones de la **MISOGINIA SECUNDARIA,** que es la que ha sido objeto de estudio multidisciplinario.

Del mismo modo que Freud (1914) habló de un narcisismo primario y de un masoquismo primario (1924), creo que es lícito hablar de una misoginia primaria, que yo prefiero llamar *Originaria,* en virtud de su persistencia, su naturaleza arcaica, su indisolubilidad y su poder incoercible.

La misoginia originaria es un núcleo traumático arcaico constituido por la inscripción representacional (en el sistema de huellas mnémicas), del precipitado de las experiencias traumáticas que todo sujeto se ve obligado a sufrir en la relación de fusión-desgarro-seducción-desencuentro-plenitud-abandono-recuperación ilusoria-celos y caída, con ese objeto fascinante y terrible que es *La Madre Arcaica,* (conocida desde Homero y Hesíodo hasta Woody Allen) y descrita por Freud (1950) en la carta 52 a Fliess como *"aquel otro prehistórico inolvidable a quien ninguno posterior iguala ya".* (p. 280).

Este núcleo traumático representacional es de naturaleza compleja, se encuentra estratificado en distintas capas de acuerdo a su nivel de primitivismo arqueológico y a su grado de simbolización, es decir, posee inscripciones presimbólicas de experiencias primigenias, a nivel de huellas no verbalizables como los pictogramas de Aulagnier (1975) o los elementos beta de Bion (1962). Pero también se va enriqueciendo con las experiencias traumáticas posteriores que se van generando por las múltiples vicisitudes del tránsito por la ruptura del narcisismo y las frustraciones del complejo de Edipo, que, se supone, conducen a la adquisición del principio de realidad.

Se trata de una escritura traumática dotada de fuerza y sentido que se va retranscribiendo y resignificando en la medida en que se incorporan nuevas experiencias traumáticas provenientes de la relación con la imago materna, que con el tiempo, va dejando de ser arcaica y se va convirtiendo en edípica, con las complicaciones y ambivalencias que esto conlleva, (nada menos que el problema de la castración).

Este núcleo traumático escriturado inicialmente en la díada se convierte en triádico debido a la contribución traumatógena del padre edípico con sus propias disposiciones filicidas y su misoginia originaria. De esta manera, podemos distinguir únicamente por propósitos descriptivos, los dos componentes traumáticos que constituyen el núcleo de la misoginia originaria: el componente diádico o (discutiblemente llamado) preedípico, y el componente triádico o edípico. Ambos componentes se resignifican entre sí, se recombinan y se intertextualizan potencializando así su acción patogénica. De este núcleo van a brotar las diversas manifestaciones de la misoginia secundaria, conocidas por todos nosotros.

La instauración de la misoginia Originaria.

Al describir desde diferentes puntos de vista las vicisitudes del desarrollo del sujeto, todos los autores intentan establecer una línea de demarcación flexible y borrosa entre los resultados más o menos "normales" y los más o menos "patológicos", con todo lo discutible que pueda resultar esta demarcación. Así lo podemos constatar en Freud, Melanie Klein, Winnicott, Bion, Aulagnier, Laplanche, y Anzieu, por citar a algunos de los más importantes.

Por ejemplo, dice Mariam Alizade (1992) "El recorte necesario de una envoltura para sí, vale decir, el desprendimiento del objeto primario, constituye una especie de segundo nacimiento para la psique mirando hacia la exogamia. Este corte diferenciador abre el camino a la autonomía y a la individuación...Es importante destacar que ciertos desgarros se averan necesarios...pues, aún cuando aportan sufrimiento permiten la ruptura, el desgarro de la rigidez de una envoltura asfixiante, y el tránsito hacia la constitución de una suerte de 'tejido de regeneración psíquico'..." (p. 35). Este sería un resultado feliz.

Pero más adelante, señala: "Los desgarros patológicos pueden categorizarse desde los primeros desencuentros. Se puede leer en ellos la fantasía contraria a la que Freud expusiera en 1914: en vez de 'His Majesty the baby', he aquí 'His Enemy the baby'. El bebé como enemigo vehiculiza los impulsos filicidas... el *infans* será destronado del magnífico sitial del narcisismo y los conflictos arcaicos visitarán la superficie de su yo corporal. Los desgarros que habrá de padecer intensificarán la fuerza negativa de los fantasmas originarios condenando al sujeto a revivir exclusiones dolorosas, castraciones y seducciones traumáticas." (p. 36).

Por su parte, Piera Aulagnier (1975) afirma: "nos proponemos separar, por un lado, una *violencia primaria,* que designa lo que en el campo psíquico se impone desde el exterior a expensas de una primera violación de un espacio y de una actividad que obedece a leyes heterogéneas al Yo; por el otro, una *violencia secundaria,* que se abre camino apoyándose en su predecesora, de la que representa un exceso por lo general perjudicial y nunca necesario para el funcionamiento del Yo, pese a la proliferación y a la difusión que demuestra". (p. 34). Para la autora, la violencia primaria engendra el crecimiento y la salud, mientras que la violencia secundaria, es causa de enfermedad y alienación.

El problema de este tipo de demarcaciones entre los procesos normales y patológicos del desarrollo es que oscurece nuestra cuestión fundamental, que consiste en señalar las consecuencias traumáticas de dichos procesos, sean éstos normales o patológicos. Es más, lo que me interesa destacar es que son precisamente los "daños colaterales" del "fuego amigo" del desarrollo normal los que van a instaurar el núcleo central de la misoginia originaria. La pérdida obligada del pecho, la destrucción de la omnipotencia infantil, la prohibición del cuerpo materno después de su seducción desmesurada, la irrupción del padre con su amenaza de castración y la exclusión de la escena primaria con la traición materna, se nos dice, "es por nuestro bien, nos hará crecer".

Lo que no se nos dice es que el precio que pagamos por alcanzar tantos "logros" es la instauración de la misoginia originaria en el inconsciente, a consecuencia del precipitado traumatógeno de estas pérdidas inevitables e irreparables, impuestas por la cultura. El odio, el resentimiento, la necesidad de venganza y la sensación de ultraje injustificado por este cúmulo de vejaciones maternas quedarán grabadas para siempre en la memoria inconsciente, como un cuerpo extraño, tal como Freud describiera al *Trauma* en sus Estudios sobre la Histeria (1893-1895). Sólo falta agregar que el precipitado traumático derivado de los procesos patológicos descritos por Alizade y Aulagnier, sólo sirven para aumentar la malignidad y la dimensión patógena de la misoginia originaria, al grado de producir las manifestaciones más siniestras de la misoginia secundaria, pero su instauración, es fruto del desarrollo "normal".

Los destinos de la misoginia originaria

Como se desprende de lo anterior, la misoginia originaria no es privativa del hombre, sino también de la mujer. Ambos sexos son sometidos al mismo desgarramiento culturizador. Incluso, sostienen algunas opiniones, la misoginia femenina es aún más feroz que la masculina. "Dos mujeres juntas, ni difuntas", reza el dicho popular.

Dice Lucía Martino de Paschero (2000) "En la pregnancia del vínculo primario es muy determinante el odio del objeto madre al *infans*-femenino; sea un odio por la femineidad de la hija (no es varón), sea por odio especular a sí misma (castrada), sea por el parto-separación biológica y psíquica, que amenaza la endeblez narcisista (recordemos las psicosis de puerperio), este odio, que es anterior al nacimiento del *infans* femenino, coloca a la bebé-mujer en el más profundo e irresoluble desamparo." (p. 79).

Al parecer, la misoginia originaria en la mujer es más compleja que en el varón y presenta más vicisitudes dinámicas y clínicas, por ejemplo, cuando desde el centro del maternaje, la misoginia femenina es capaz de trazar -como señaló Lucía Martino de Paschero- el destino infortunado de una hija y de las mujeres en general, garantizando así, la reinstauración y perdurabilidad de la misoginia originaria. Tal vez esta es la razón de que sea más fácilmente advertida por las psicoanalistas mujeres, que por los psicoanalistas varones, (Melanie Klein, por ejemplo). Sin embargo, según se desprende de lo anterior, la misoginia originaria termina siendo instaurada en ambos sexos por el inconsciente de la madre.

Una vez establecidos los surcos de la desilusión progresiva practicada por la madre "suficientemente mala" que harán posible la implantación de los significantes enigmáticos de la "decepción originaria" en el inconsciente, la misoginia originaria tendrá como destino la represión, tanto en el hombre como en la mujer.

Aquí es donde resulta pertinente la diferencia entre los procesos del desarrollo normal y patológico, descritos por los distintos autores. Si el desarrollo es "normal", el núcleo inconsciente de la misoginia originaria producirá derivados que podrán ser procesados a través de la idealización, la formación reactiva, la neutralización libidinal y la identificación con la "indefensión originaria femenina", como algunos de los recursos "sanos", que hagan posible su manejo civilizado, además de los múltiples canales sublimatorios que ofrece la cultura para tales propósitos.

Si, por el contrario, el desarrollo avanza por cauces patológicos, el aumento del odio, el rechazo, el abandono, y demás derivados de la pulsión de muerte, van a incrementar la virulencia y la malignidad de la misoginia originaria y va a surgir el conglomerado de síntomas de gravedad múltiple que se manifiestan en las distintas patologías que constituyen la misoginia secundaria, que abarcan desde la neurosis, la perversión, la psicosis, la psicopatía, hasta el feminicidio globalizado.

Para terminar, el objetivo central de este trabajo no ha sido únicamente postular la misoginia originaria como precipitado del desarrollo "normal" del sujeto, sino también denunciar la "misoginia normopática", que es el resultado de la "normalización culturalizada" de la misoginia secundaria, a través de la institucionalización silenciosa de las prácticas ideológicas y sociales en las que la devaluación y el sometimiento de la mujer se dan por sentadas.

En síntesis, he querido postular el núcleo traumático inconsciente de la misoginia originaria porque creo que ha sido soslayado en la investigación psicoanalítica. Me parece que para los principales autores, se ha convertido en un punto ciego, comenzando por Freud, cuya obra está llena de observaciones y postulados provenientes de su misoginia originaria, tal como ya ha sido ampliamente comentado. Pero más importante aún es no descuidar la misoginia normopática que, desde las prácticas ideológicas y sociales, alimenta silenciosamente la misoginia originaria, cerrándose así el círculo vicioso de su perdurabilidad. Esto es lo que la ha convertido en inerradicable, transhistórica y profundamente peligrosa.

Referencias Bibliográficas

Alizade, M.A. (1992). *La Sensualidad Femenina.* Amorrotu: Buenos Aires. 1992.
Aulagnier-Catoriadis, P. (1975). La violencia de la interpretación. Amorrotu: Buenos Aires, 2001.
Bion, W. (1962). *Aprendiendo de la Experiencia.* Paidos: Barcelona, 1997.
Freud, S. (1893-1895). *Estudios sobre la Histeria.* O.C. Buenos Aires: Amorrotu, 1976.
_____ (1914). *Introducción al Narcisismo.* O.C. Vol. 14. Ibid.
_____ (1924). *El problema Económico del Masoquismo.* O.C. Vol 19. Ibid.
_____(1950). Fragmentos de la correspondencia con Fliess. O.C. Vol. 1. Ibid.
Martino de Paschero, L. (2000). Aportes sobre el Superyó Femenino, en Alizade, A.M. *Escenarios Femeninos. Diálogos y controversias.* Buenos Aires: Lumen, 2000.

Intolerancia a lo femenino.
Desde una perspectiva de género.

Nohemí Reyes

Introducción

La realidad es cambiante y dinámica, las situaciones de la sociedad son un ejemplo de ello, así como sus nuevos requerimientos y atenciones en todos los niveles. Actualmente, la consulta de mujeres por conflictos en torno a la feminidad e intolerancia a lo femenino se vuelve cada vez más frecuente. Este tipo de demandas en el plano de la atención clínica se vinculan con los ideales en relación a la feminidad o con el deseo; sin embargo, generalmente en la intrasubjetividad de algunas mujeres domina el rechazo mínimo o magnificado de la identidad femenina que, a la larga, produce una desestabilización susceptible de generar efectos como síntomas.

Éste es el punto de partida y exposición, en el seno de este Diálogo de COWAP sobre *"la intolerancia a lo femenino"*. El objetivo del presente trabajo es analizar e investigar a partir del material analítico de una mujer, los factores intersubjetivos que intervinieron en la implantación de una subjetividad femenina temprana, así como la dinámica y las expresiones de la intolerancia a lo femenino en lo psíquico, corporal y relacional. La perspectiva de análisis es fundamental; el punto de vista y el criterio de una mujer para abordar y analizar esta temática encierra un universo importante de aspectos contenidos en lo intrasubjetivo.

Para tener un antecedente de contexto y fundamento clínico, a continuación se realiza una revisión sucinta de algunos trabajos precedentes con respecto a la feminidad e intolerancia a lo femenino.

Iniciaré esta exposición con el concepto de **intolerancia** de Luhman (1994), quien asegura "se puede referir como la aversión o rechazo a todo lo que proceda del entorno o de algún sistema" (p. 67). Por su parte, Heise, Pitanguy y German (1994), establecen que la intolerancia a lo femenino es todo acto de fuerza física o verbal, coerción o privación amenazadora para la vida, dirigida al individuo mujer y niña, que cause daño físico o psicológico, humillación o privación arbitraria de la realidad y que perpetúe la subordinación femenina.

En los albores del Psicoanálisis, el estudio de la feminidad germinó desde la teoría desarrollada por Freud (1933), al observar indistintamente en hombres y mujeres la intolerancia a lo femenino o a la feminidad. A partir de este planteamiento y visión de estudio, se describe como "la roca de la castración" y uno de los obstáculos más francos para al avance del proceso psicoanalítico. En cuanto al rubro y perspectiva de la mujer, corresponde a la no aceptación de su condición de género femenino y al anhelo de una posición masculina -envidia del pene-. En el hombre, la enlaza al apartamiento de una posición de amor y entrega al padre.

Este documento fue un parteaguas dentro del psicoanálisis en el desarrollo del tema que nos ocupa, ya que, posterior a esta publicación, se suscitó una serie de avances en los tratamientos a mujeres y niñas, en la investigación sobre la femineidad y en la observación longitudinal del desarrollo en pequeñas; de tal forma que, tanto la praxis como la teoría se robustecieron y modificaron, y ello derivó en publicaciones múltiples e importantes.

Es momento de destacar una aportación interesante que nos ofrece Glocer (2001), "en los primeros momentos, en un antes del acceso a la diferencia de los sexos –en el sentido del deseo y de la elección de objeto– las identificaciones imaginarias masculinas o femeninas, coexisten con un femenino primordial, arcaico, ligado a la figura de la madre todopoderosa y omnipotente". En su dinámica expositiva asegura que "lo femenino primordial tiene que ver con experiencias primarias, pre-especulares, de características cenestésicas, sensoriales, que marcan lo traumático, no representable de estas primeras vivencias en la relación madre-hijo" (p. 49).

Siguiendo con la misma línea de la perspectiva de la intersubjetividad, Aslan (2001), en su artículo sobre la feminidad primaria, explica que "los factores que participan en la conformación de la feminidad y la masculinidad son diversos y de diferente orden; anatómicos, fisiológicos, intrasubjetivos, intersubjetivos y sociales. Desde el punto de vista intrasubjetivo, a partir del intercambio con sus objetos primarios se van produciendo las primeras relaciones objetales e identificaciones primarias estructurantes del yo" (p. 90). A lo largo de su exposición, reconoce que las identificaciones de feminidad son las primeras constituyentes del yo y, a partir de éstas, surgen los elementos primarios de la mismidad del sujeto femenino, así como del masculino. Además se transmite a través de las relaciones con el otro y posteriormente van a constituir el ideal yo.

En relación con el hecho constatado en las experiencias de observación y del enfoque intersubjetivo de la implantación de significados en la subjetividad de los niños/as, Dio Bleichmar (1997) concibe la existencia de una feminidad inicial de la niña, y afirma: "el fundamento y origen se traslada al otro y a su organización como fuente de la feminidad de la niña y, no parte de su propio cuerpo, ni está fundado en el conocimiento de sus genitales". A partir de este planteamiento delinea una teoría intersubjetiva en la construcción de la feminidad y expone "posteriores al nacimiento se dan las fantasías de género de la madre sobre la hija, las fantasías del padre, las experiencias infantiles, los modelos adultos, tanto de feminidad positiva como negativa; los modelos de feminidad vigentes en el entorno de la niña. Todos estos factores se entrecruzarán con los aspectos libidinales y afectivos que gobiernan la intersubjetividad de las relaciones de la niña con sus padres que participan en la constitución de un yo-género femenino de la niña" (p.186).

Se debe reconocer que cada trabajo o reflexión ha permitido aumentar el conocimiento sobre el tema; ha enfatizado la construcción intersubjetiva para delimitar el concepto de la femineidad y mantiene la intersubjetividad en el centro del problema, es decir, la construcción con el otro.

Los ejes temáticos que se relacionan con la intolerancia a lo femenino, y las múltiples publicaciones sobre las más variadas expresiones pueden ir, por ejemplo, desde la misoginia, el rechazo inicial de los padres al género femenino de una hija, el feminicidio, las diferencias en las oportunidades de trabajo, el *bullying*[1] y la trata de mujeres, entre otros temas. Ante este panorama, si se realiza un análisis detallado se puede concluir que una constante en estos trabajos es que proponen y establecen al psicoanálisis como una tendencia para abordar esta problemática, a partir de una manera previa; sobresale esta mención y acierto.

Estas aportaciones nos invitan a la reflexión profunda. A partir de ello concluyo que *la intolerancia a lo femenino* es un rechazo de aquello que no es aceptable del otro, o de la propia identidad y que se refiere a lo femenino. El acto puede ser psicológico, físico, verbal. Desde luego, el proceso de rechazo a lo femenino en una mujer, marca una sustancial diferencia, indica un repudio a sí misma, pero especialmente a lo que está en relación con

---

1 *Es un anglicismo que no forma parte del diccionario de la Real Academia Española (RAE), pero cuya utilización es cada vez más habitual en nuestro idioma. El concepto refiere al acoso escolar y a toda forma de maltrato físico, verbal o psicológico que se produce entre escolares, de forma reiterada y a lo largo del tiempo.*

el objeto de identificación primario que mantiene una identidad similar. A partir de este planteamiento, independientemente de que la intolerancia a lo femenino se derive hacia lo otro femenino o a la propia subjetividad femenina, se visualiza como un conflicto interno que se gesta, introyecta, genera identificaciones, síntomas y se actúa. Además, a largo plazo opera como una forma característica repetitiva de ser y genera síntomas.

Con una intención expositiva, se ilustrará con una viñeta clínica de una mujer, la gradual instalación de los trastornos en la intrasubjetividad femenina e intolerancia a lo femenino y sus múltiples manifestaciones en la psique, en el cuerpo, con la madre y con la propia hija, a partir del desarrollo teórico, desde el punto de vista de Berlin (2002) en una patología predominante de género.

Los ejemplos de vida permiten enlazar la teoría y la práctica; son un espejo que nos facilita contemplar lo que se describe, narra y permanece manifiesto, latente o se transfiere, a partir de las vivencias, y lo que se comunica; son colores y pinceladas que nos consienten comprender la historia y los síntomas.

En esta ocasión, la viñeta a ejemplificar es de una mujer joven, profesional y extranjera, quien se autorrefirió a tratamiento por un repudio e intolerancia a su madre. Desde el principio del análisis manifestó un rechazo inconsciente a su propia feminidad, una intolerancia de mujer a mujer, así como un trastorno de vínculo e intolerancia a su propia hija. Simultáneamente, en la medida que avanzó el proceso terapéutico, se hizo explícita su hostilidad irresoluble con la madre, así como una crítica y desprecio permanente a todo lo que ésta representa y simboliza. Las palabras son un reflejo del sentimiento y fantasías. Cuando se refiere a su madre lo expresa de la siguiente manera "tiene menos de cero en la cabeza".

El contexto de antecedentes siempre favorece la interpretación y el análisis. A continuación presento información al respecto: la familia se desintegró por divorcio de los padres después de 4 años de convivencia. La madre de Martha[2] refleja una personalidad infantil y severos rasgos masoquistas, con marcadas dificultades para actuar su rol como madre y mujer. Siempre hizo sentir a los hijos que cuidarlos era "una desgracia y horror". La recuerda manifestando en tono de queja: "tengo que cuidarlos, tengo que hacerme cargo de ustedes".

Ante esta situación de descuido y desatención materna, desde muy pequeña se "autocuidó, se responsabilizó de la llave de su casa, de

---

2 *Nombre con que se identifica a la paciente a lo largo de este trabajo.*

sus cosas, de la escuela, de ella misma. En este contexto, recuerda a la madre como una figura indispuesta, ausente, quejumbrosa, no disponible e inaccesible a la cual la rebasaban las funciones maternas. La relación madre-hija transcurría entre la intolerancia y el odio. Evocando el recuerdo expresa que su infancia fue un "horror" dado la incompetencia materna y la irresponsabilidad paterna.

En cuanto a la figura paterna, en sus relatos la refiere como pasiva, distante, alcohólica, infiel, que nunca le transmitió confianza o seguridad, pero sí una actitud de falta de compromiso con la familia; situación que la llevó a estructurar un marcado resentimiento hacia él. Así transcurrieron los años y, en la etapa de la adolescencia, tomó una resolución importante: "borrarlo de mi vida porque no me servía para nada". Rompió con él todo lazo y a partir de su primer embarazo (24 años) hizo consciente su franca aversión a su madre, aunque prevalecía con anterioridad una abierta hostilidad, resentimiento y denigración a su persona.

Una historia de intolerancia a lo femenino

Haciendo un recuento de la historia, durante la pubertad, aquello relacionado con su feminidad y su cuerpo eran percibidos con dolor y aversión. Desde la menarca a los 12 años, la menstruación se asociaba a trastornos como irregularidad en sus ciclos, cefaleas, sangrados abundantes y prolongados (hasta dos o tres semanas): inflamación de extremidades, prácticamente los primeros cinco días padecía dolores intensos que la inmovilizaban, haciendo que sus antecedentes en este aspecto de su vida se significaran "dolorosos". Al respecto, comenta fue "un lastre e inconveniencia". Su condición femenina no aceptada continuó con manifestaciones en lo corporal y ginecológico; durante el desarrollo de su segunda gestación, el percibir la transformación de su cuerpo fue motivo de repudio, no registró deseo de embarazo.

Martha no se percató de su segundo embarazo, sino hasta él quinto mes de gestación porque presentó una cefalea, la cual se prolongó durante 6 meses; el dolor resultó intolerable al grado que se angustió porque sentía que iba a "enloquecer". Por todas estas situaciones adversas recuerda este período como "un horror, un infierno, por todo lo que viví". Finalmente decidió practicarse una histerectomía "para ver si así acababa con mis problemas".

Podemos inferir que los conflictos en torno a su identidad femenina e intolerancia a lo femenino ya introyectados, facilitaron el desarrollo de síntomas al acceder a la maternidad y a la crianza. A los pocos días de nacida su hija, la pequeña derivó el rechazo inconsciente y la perturbación en el vínculo con la madre mediante un trastorno de llanto temprano. Al momento del análisis -cuando la niña tenía 4 años- su madre relata, no sin un malestar profundo y evidente, su actitud hacia ella "desde que amanece, otro día más con Julia"[3]. Camina a su cuarto para despertarla piensa: ¡Qué horror ya va a empezar otro día con ella!; le irrita su voz, sus actitudes, sus solicitudes, pero especialmente su llanto. Afirma: "no la tolero" y cuando habla de la pequeña se refiere como "el error de diciembre".

Una identidad femenina puesta a prueba

Este caso de estudio nos lleva a sostener que la atribución de sexo ofrecida por los padres a Martha coincidió con la anatomía; sin embargo, después de su nacimiento, la determinación sexo-género estuvo matizada por las relaciones intersubjetivas con ellos. Un análisis de este aspecto apunta los siguientes datos.

Ante esta configuración se puede sintetizar que los modelos adultos de la feminidad frágil de la madre, su poca capacidad para recepcionar y transformar las demandas de los hijos, asumir y ejercer un papel proveedor, contener y brindar cuidado, así como la convergencia en Martha con los aspectos libidinales y afectivos que gobernaron la intersubjetividad de sus relaciones cuando niña; mantuvieron un efecto fecundante en la constitución de su subjetividad femenina.

Igualmente, en el material clínico se advierte, de manera notoria, la ausencia de placer y poca satisfacción en la identidad femenina materna. Este modelo de feminidad vulnerable provocó en Martha sentimientos de frustración, carencia, decepción, rechazo y resentimiento. De manera complementaria a esta feminidad en falta, se sumó la actuación de un padre emocionalmente distante y que mantuvo la misma posición en su función protectora de cuidado y reaseguramiento de su identidad femenina. Se puede apreciar que evitó actuar como un objeto facilitador del desprendimiento de la madre odiada. Finalmente, estas relaciones intersubjetivas fueron una parte determinante en la construcción de su yo de género femenino.

Se puede establecer como conclusión que al transmitirse desde la madre biológica la no aceptación de lo femenino y una feminidad fallida, estos aspectos operaran como elementos fundantes en la subjetividad femenina de esta mujer. Una vez incorporadas las identificaciones primarias y las del rol

---

3 *En lo sucesivo, así llamaremos a la hija de esta mujer.*

relacional materno, ambas se pueden renovar a lo largo del ciclo vital. Sin embargo, con los antecedentes de estas específicas relaciones intersubjetivas, Martha terminó identificándose con ella como otro igual, no desde lo ideal, sino desde lo negativo de lo femenino, incorporando las identificaciones de este modelo en su propio yo, configurando un yo-género femenino en negativo. Podemos asegurar que se identificó con esa identidad femenina en falta y con el rechazo a lo femenino, inconscientemente transmitido desde la relación intersubjetiva. Así entonces, para evitar la temida pérdida del amor del objeto se aisló, acrecentó el odio hacia él, aunque se apartó de éste, terminó introyectándolo como un objeto indigno de imitación. Dicho distanciamiento se fue incrementando, de tal forma que no se sintió apoyada intrapsíquicamente por su madre.

En esta viñeta clínica, otros aspectos que reforzaron la identificación en negativo con lo femenino y que interfirieron con la idealización fundamental de lo femenino fue la falta de investidura narcisista desde la madre, y por el otro lado, la hostilidad no neutralizada, el odio y rechazo a su persona, así como los conflictos preedípicos prolongados e irresolubles, desde la paciente. Consecuentemente, la idealización de la madre se tornó cada día más difícil; sin ella, el deseo de ser femenina se fue aminorando. En este contexto, la poca confianza en la permanencia de su amor y de su disponibilidad psíquica generó altibajos en la relación; no se sostuvo, por el contrario adquirió un carácter agresivo, de desprecio, aversión e intolerancia hacia dicha figura y lo femenino. De esta forma, terminó identificándose con este tipo de ideal materno en negativo.

También vale la pena destacar que, desde el vértice paterno, los objetos parciales de éste no facilitaron el desprendimiento de los aspectos negativos de la madre; tampoco actuó como objeto facilitador en su desarrollo como niña, ni la alentó a identificarse con su ideal del yo femenino. En términos generales, evadió ofrecerse como objeto de amor edípico; por el contrario, agravó el proceso porque incentivó rabia y hostilidad en Martha. En este escenario, el fracaso en la resolución edípica se transformó en un aspecto central, que coadyuvó en la obstrucción para procesar lo que la sexualidad afecta a su identidad femenina. Estas relaciones intersubjetivas y la falta de apoyo a su feminidad explican la tendencia en Martha a devaluar sus aspectos de género, a no valorar su imagen corporal de manera narcisista y a la consolidación de trastornos en su feminidad.

Desde esta perspectiva, consideramos que la identidad subjetiva de género se construye a partir de la confirmación narcisista, identificaciones e interacciones primarias y edípicas con la madre y el padre. De acuerdo con el desarrollo teórico de la materia que nos ocupa, podemos considerar que en la latencia se hace patente el conflicto o se consolida la feminidad, los formatos de género femenino y la ampliación de las simbolizaciones que se refieren a la vida futura de mujer. Igualmente, se revierte sobre la sexualidad el rechazo o la aceptación del modelo que tienen investidos los progenitores. En este caso que analizamos, Martha se desidentificó con lo femenino, llevó a cabo un trabajo de la feminidad en negativo, introyectó el rechazo a la feminidad ostentada por la madre, cuyos efectos se plasmaron en su intrasubjetividad, su sexualidad, la consolidación del conflicto con la feminidad e intolerancia a lo femenino que generaron efectos en lo psíquico, en lo corporal y en lo relacional. Por lo tanto, en este caso, la intolerancia a lo femenino, es un síntoma de los conflictos inconscientes que le permiten desplazar en el otro, igual a sí misma, el odio, la hostilidad y la intolerancia.

Comúnmente, ya en la pubertad, la incidencia de la sexualidad en la subjetividad femenina se presenta en toda su extensión, se da la intensificación de género, pero en el análisis de este caso, esta joven rechazó e intentó desconectar de su cuerpo una feminidad considerada amenazante y conflictiva; entonces trató de mantener su integridad con una feminidad alterada aunque el cuerpo se le impuso.

De manera decisiva en este nuevo ciclo de vida, de cambios y experiencias se hicieron evidentes las repercusiones del conflicto con la feminidad. Si retomamos la teoría tenemos que, generalmente, la primera menstruación guarda varios significados; en primer término informa del buen funcionamiento del aparato genital, y en segundo, reedita las batallas vividas y relaciones intersubjetivas con la figura materna, -especialmente largas y accidentadas en Martha-.

Al respecto rescatamos la pluma de Alkalombre (2011), quien menciona: "La aparición de la menstruación intensifica las ansiedades e impulsos que acompañan los cambios de la pubertad. Esta marca biológica produce efectos en la vida psíquica de una mujer que generalmente tienen que ser procesados, lo mismo que los distintos conflictos y fantasías. Cada mujer tiene una relación singular con el ciclo menstrual, de acuerdo a su historia, cultura, etnia y el momento. En todos los casos habilita a la mujer para la maternidad" (p. 23).

Destaco que el ingreso de Martha a este nuevo ciclo vital se vio inaugurado por un proceso físico determinante, pues las sanciones corporales que la menstruación le provocaban frecuentemente incrementaban su ansiedad y las percibía como una señal de que todos los daños que temió recibir se hacían realidad, a partir de ese momento se intensificó el miedo como manifestación de una posición femenina parcialmente establecida.

Maternidad y crianza desde la intolerancia a lo femenino

Estas profundas ansiedades vinculadas a sus conflictos con lo femenino, volvieron a reeditarse en momentos donde la feminidad nuevamente se hacía evidente, es decir, el embarazo. Respecto a este tema, Pines (1993) ha estudiado ampliamente la forma en que algunas mujeres utilizan su sistema reproductivo, como una vía de expresión de conflictos inconscientes.

Otra teorización interesante al respecto, la establece Welldon (2008), quien se ha ocupado de investigar este tema y elaborar una coherente teoría sobre cómo las mujeres utilizan las funciones reproductivas y los órganos reproductivos para la perversión. Al respecto, anota: la mujer utiliza todo su cuerpo, pues sus órganos reproductivos-sexuales están más distribuidos. La diferencia en su psicopatología se origina en el cuerpo femenino y sus atributos psíquicos, biológicos propios, incluyendo la fecundidad con toda su gama de representaciones mentales. En las mujeres, el acto es dirigido generalmente contra sí mismas, ya sea contra sus cuerpos o contra objetos que ellas ven como sus propias creaciones, es decir, sus bebés.

Es importante reconocer que en este ciclo vital de la vida, el embarazo actualiza inconscientemente la relación con la madre e igualmente con el padre. En este sentido, al no ofrecerse, este último como objeto de amor edípico y fracasar en su papel central para la resolución del Edipo, inhibió la posibilidad en Martha de resolver una tarea más para cubrir aspectos de la construcción de la identidad femenina como es la aceptación de la maternidad, un proceso que resultó complejo y conflictivo.

A partir de este marco de explicación, podemos asegurar que las manifestaciones en el embarazo no se hicieron esperar, el no deseo de maternidad hizo eclosión derivando su problemática inconsciente no resuelta en un amplio y elocuente espectro de trastornos; en lo físico, mediante una cefalea persistente, es decir, desplazó en lo corporal un conflicto mental. En lo psíquico, para su inconsciente, la noticia de embarazo resultó tan disruptiva e intolerable que por principio instrumentó la desmentida para negar una realidad incuestionable, defensa que fracasó. Al imponerse la realidad de embarazo, sus fantasías y ansiedades se magnificaron y adquirieron una dimensión traumática que desestabilizó su psiquismo al activarse fantasías de pérdida de la integridad, angustias de aniquilamiento y miedo a la muerte psíquica durante el proceso.

Podemos asegurar que los antecedentes de su historia de relaciones intersubjetivas permeadas por el rechazo, falta de investidura, desidealización, identificación femenina en negativo e intolerancia a lo femenino cobraron su cuota, en otro momento central para el logro y actuación de su feminidad. *La maternidad intolerante*[4] estaba condenada al fracaso porque estaba vinculada a experiencias frustrantes con la madre preedípica, incapaz de asumir y ejercer un papel nutricio. Aunque desde la pubertad Martha se encontraba biológicamente preparada para la gestación, por el contrario, mentalmente mantenía una aversión pues, en identificación con lo femenino en negativo de su madre y *el no deseo de tener hijos*, ella tampoco deseaba ser madre.

Después de su segundo embarazo, en la medida que hizo evidente su no deseo de tener un hijo (Alkolombre, 2008), con sus deseos conscientes, desplazó y concentró la condición traumática materna, en el cuerpo y en la alternativa de volver a ser madre. Posterior al parto, se desidentificó con la función materna y canceló, mediante un acto quirúrgico, el futuro de volver a embarazarse sobre la base de un conflicto. Al respecto cabría un interrogante: ¿A qué teorías podríamos accesar para orientar nuestra praxis frente al no deseo de maternidad y no deseo de tener un hijo como resultado de una intolerancia a lo femenino?

Estos añejos conflictos florecieron durante la crianza, lo cual advierte y precisa que esta mujer, con franca intolerancia a lo femenino, recurrió a diversas expresiones psíquicas, a todo su cuerpo y a las diversas funciones reproductivas con un amplio espectro de representaciones sintomáticas que también actuaron en contra de la crianza de su prole y trastornos en el rol de madre. Al respecto, Green (1972) nos ha legado de manera magistral el concepto de la madre muerta para ilustrar la carencia y fallas en la función materna, en su libro sobre locuras privadas.

A partir del enfoque que nos ofrece Welldon (2008) podemos establecer que, en el caso de análisis que presentamos, el acto perverso iba dirigido no solo a su cuerpo, sino también a su pequeña hija. La experiencia de trabajo

---

4 *Serían aquellas maternidades complejas y conflictivas de algunas mujeres cuyas relaciones intersubjetivas primarias con los progenitores inhibieron la posibilidad de cubrir aspectos de la identidad femenina como la maternidad, por una identificación en negativo o intolerancia a lo femenino que, a la larga, puede contener un no deseo de hijo.*

con diadas madre-bebé me ha mostrado una evidencia clínica: algunas veces el predominio de conflictos conscientes e inconscientes puede llegar a actuarse en la crianza mediante vínculos patológicos, rechazo y hostilidad de las madres hacia sus bebés, como el caso analizado. Y así, una vez más la historia se repitió, sus trastornos de identidad femenina adquirieron vigencia y, al nacer su hija, rebrotaron los conflictos con esta madre arcaica y Martha, al igual que ella, no se pudo colocar en la condición de un amor objetal maduro, atender y criar a su hija, así como neutralizar su desprecio y odio hacia otro con una identidad semejante.

Vale la pena realizar una anotación relevante: cuando esta mujer inaugura el vínculo con su bebé y tiene que poner a prueba los jaleos con la madre preedípica y relaciones intersubjetivas, su vulnerable feminidad se tambalea y reverberan sus fallas en la aceptación y asunción de roles que le corresponden. Como una respuesta al establecimiento de un vínculo patológico con la pequeña, terminó por facilitar un trastorno de llanto en ella. Evidentemente, no logró actuar la más pura feminidad, el ciclo vital, maternar, porque desde su intolerancia a lo femenino e identificación con la feminidad en negativo, alberga dificultades para tener y criar hijos, ocuparse del mantenimiento de la vida de éstos a través de cuidados centrales y básicos para la familia, es decir, ser una mujer con preocupación maternal primaria (Winnicott, 1956).

Como corolario de esta experiencia de trabajo analítico y análisis del material podemos asegurar lo siguiente: la mujer que ilustra la viñeta rechaza aquello que no soporta, que se ha concentrado especialmente en el objeto femenino y todo aquello que lo represente incluyendo a su madre, a su hija y a la propia feminidad. En el estudio de este caso en particular, la intolerancia a lo femenino, en un primer momento, funcionó como respuesta y defensa, pero posteriormente se erigió como un síntoma.

La experiencia de análisis nos permite sostener y resaltar: los tratamientos de mujeres con estos cuadros que despliegan una intolerancia a lo femenino, en lo relacional, psíquico y lo corporal como una expresión de sus trastornos en la feminidad y relaciones intersubjetivas iniciales patológicas con sus figuras primarias cursan, con el predominio de una realidad psíquica, fantasías, ansiedades, identificaciones en negativo con lo femenino y una psicopatología consolidada que tiende a la repetición y a su transmisión en figuras en identificación con ellas. Y en consecuencia, colocan al analista en la condición de llevar a cabo un trabajo analítico que facilite la contención e integración de los mensajes enigmáticos, así como la interpretación de las *transferencias desidealizadas maternas*[5] del material hasta entonces inconsciente y no elaborado. La experiencia y el trabajo clínico de mujeres con intolerancia a lo femenino me permiten concluir que dichos mensajes inconscientes y conscientes tienen que ser descifrados y transformados desde una escucha abierta, exenta de posicionamientos de deseo, de género, prejuicios, actitudes superyoicas y contratransferencias no resueltas.

En una condición de esta naturaleza es prioritario ofrecer un espacio analítico suficientemente sustentador y facilitador para que las fantasías, deseos, ansiedades, identificaciones, relaciones transubjetivas, rol de género y conflictos en torno a su feminidad e intolerancia a lo femenino empiecen a ser procesados.

Finalmente, concluimos que la intolerancia a lo femenino es susceptible de transmisión de una generación a otra. De esta manera, una mujer con una intolerancia a lo femenino como expresión de relaciones intersubjetivas perturbadas y una concepción en negativo de lo femenino integrada, actuada y no resuelta, tiende a inocular estos procesos en objetos en identificación con ella. De no resolverse, se perpetúan las depositaciones, las fantasías inconscientes, las identificaciones patológicas, las relaciones intersubjetivas y la desidentificación con lo femenino.

Conclusiones

Después de este recorrido teórico y del caso clínico analizado, podemos asegurar que todos estos planteamientos previos apuntan a las vicisitudes de las relaciones intersubjetivas de cada mujer con sus progenitores y a la forma como participaron de manera complicada en la subjetividad femenina y de que la subjetividad parental incide en la subjetividad de una niña desde los albores del yo, en virtud de que la subjetividad femenina se determina a través de los vínculos, fantasías y deseos; y, por supuesto, en todo este escenario la madre tiene un papel central en la construcción de esta, sin soslayar el decantamiento que el padre tiene en el destete psicológico, la resolución del Edipo y el acceso a la feminidad.

La viñeta ilustrativa seleccionada ejemplifica cómo a partir de las primeras relaciones objetales con su madre, ésta participó con sus fantasías,

---

5 Con este término me refiero a aquellas transferencias que se presentan en mujeres con patologías de género en las que se reeditan las experiencias de repudio, frustración, relaciones intersubjetivas y desidealización de la madre.

comunicaciones inconscientes, deseos, modelo adulto de feminidad en negativo y alteraciones en sus funciones de rol de género, en la subjetividad femenina de Martha; de tal forma que las identificaciones primarias y secundarias de feminidad de esta niña formaron parte de la constitución del yo, adquiriendo así una calidad fecundante en la estructuración de su personalidad posterior.

Finalmente, quisiera resaltar que, a propósito de la evolución de tratamiento en una mujer con relaciones atípicas madre-hija e intolerancia a lo femenino, la labor analítica representa una alternativa para romper los circuitos, vínculos patológicos, modificar los procesos de identificación, relaciones intersubjetivas y, en el último de los términos, que las nuevas relaciones intersubjetivas y transubjetivas resulten facilitadoras más que inhibidoras.

Referencias Bibliográficas

Alkolombre P. (2008). Deseo de hijo, pasión de hijo. Esterilidad y técnicas reproductivas a la luz del Psicoanálisis. Buenos Aires: Letra viva.

_____ (2011). Cada veintiocho días sobre la erogeneidad de la sangre femenina. En *Travesías del cuerpo femenino. Un recorrido psicoanalítico en torno a temas de Ginecología y Obstetricia*. Buenos Aires: Letra viva.

Aslan, C.M. (2000). La feminidad primaria. En *Escenarios femeninos. Diálogos y controversias*. Alizade, M. (comp). Buenos Aires: Lumen.

Berlin, D. (2002). Escucha del efecto de género en el paciente Psicoanalítico. Trabajo presentado en III Diálogo Latinoamericano intergeneracional entre hombres y mujeres: masculinidad-femineidad. Cuestiones contemporáneas del Comité Mujeres y Psicoanálisis (COWAP). Porto Alegre, mayo de 2002.

Dio Bleichmar, E. (1997). *La sexualidad femenina. De la niña a la mujer*. Buenos Aires: Paidós.

Freud, S. (1933). *Sobre la sexualidad femenina*. En Obras completas, Vol XXI: 223-244. Buenos Aires: Amorrortu. 1988.

Glocer de Fiorini, L. (2001). El enigma de la diferencia. En *Escenarios femeninos. Diálogos y Controversias*. Alizade, M. (comp). Buenos Aires: Lumen.

Green, A. (1972). *De locuras privadas*. Buenos Aires: Amorrortu. 1990.

Heise, L., Pitanguy, I. y German, M. (1994). Para acabar con la violencia contra la mujer. Population Reports, XXVII (4). Temas sobre salud mundial Serie L, número 11.

Luhman, N. (1984). *Sistemas Sociales*. México: Alianza y Universidad Iberoamericana. 1991.

Pines, D. (1993). The relevance of early psychic development to pregnancy abortion. A woman unconscious of her body. *Int. J. of Psychoanalysis.* 62: 311-19.

Welldon, E. (1988). *Mother Madonna Whore. The idealization and denigration of motherhood*. London: Free Association Books, 1988.

Winnicott, D.W. (1956). La preocupación maternal primaria. En *De la Pediatría al Psicoanálisis*. Madrid: Laia.

PARTE II

VIOLENCIA DE GÉNERO
Y RELACIONES DE PODER

Intolerancia a lo femenino: dolor, género, comunidad y cultura

Silvia Jadur, Constanza Duhalde,
Viviana Wainstein, Adrián Barreiro

"La felicidad y la desgracia son estados de enajenación. Y quienes son felices absolutos o desgraciados absolutos suelen estar extasiados de placer o aniquilados por el dolor sin precisar a los demás, quizás porque la dicha, como el sufrimiento, son en su esencia personales. Y es esta particularidad lo que puede distinguirnos de los otros, haciéndonos creer singulares.

...Casi siempre uno escribe sobre lo que ignora, persiguiendo develar un misterio. Se escribe buscando una explicación. Y se encuentran solo incógnitas"

Guillermo Saccomano. *El buen dolor*

El siglo XX nos ha legado grandes ideales, utopías, el sufrimiento humano de las guerras, el hambre, la mortalidad evitable de niños y mujeres, la violencia familiar y de género, los fundamentalismos, las inequidades, las discriminaciones... No podemos medir el dolor cotidiano de los sujetos que padecen, que son víctimas de modo casi secreto, silencioso.

En Argentina, con la llegada de la democracia, los estudios de género empezaban a ser escuchados. Cada momento histórico hereda, transforma y crea nuevos espacios y propuestas a la luz de los cambios sociales. Hace escasos años, el centro de la discusión no se ubicaba sólo en el despliegue de las lógicas binarias genéricas y sus conflictos, sino que incluye los efectos de las diferencias entre varones y mujeres, en las diversidades sexuales. Por esto, los significados y modelos que se otorgan, desde el patrón binario, deben ser cuestionados y revisados permanentemente.

La violencia, las "violencias", son síntoma de una cultura que cambia lentamente y que sigue sosteniendo un orden conservador patriarcal. Puntuaremos algunas situaciones, que podemos llamar "globalizadas", pero pensando especialmente en América Latina. La existencia de grupos discriminados, son el plafón para que el golpe no frene, la violación se acalle, el acoso se desmienta, el abuso no se nombre, el asesinato de una mujer o muchas, sea presa del sensacionalismo periodístico. En la naturalización de la violencia invisible, las mujeres, los niños y los ancianos son los sujetos vulnerables: las víctimas. También lo son las parejas de homosexuales y sus familias, los transgéneros, las personas con capacidades diferentes, los pueblos originarios. *Vulnerare*, palabra del latín que significa herir, deviene en vulnerable-vulnerabilidad. Un sujeto agredido, un conjunto de individuos dañados, sea por el resultado de problemas físicos, psíquicos o externos, revelan la incapacidad social de arbitrar mecanismos defensivos, de protección anticipatoria de riesgo. Es así que la vulnerabilidad nutre el ejercicio de las violencias. Además, no contempla sector social alguno.

La discriminación, como forma de ejercer la violencia, es descargada sobre la mujer tanto en lo político como en lo laboral y en lo educativo, en los modelos que se reproducen desde la ideología heteronormativa, donde el poder es detentado por los varones. Así, el erotismo y la sexualidad recrean imaginarios colectivos que responden a sostener la feminidad desde un esquema rígido de control, apuntalado en "valores" asignados a la órbita de lo "femenino": pasividad, fragilidad, menor capacidad intelectual, afectividad y lo que aún persiste como más importante: "la maternidad, la crianza de los hijos, el hogar".

La discriminación y la inequidad conforman un circuito que validan los discursos, y legitiman distintas prácticas sociales. Acordamos con las ideas foucaultianas, acerca del ejercicio de poder que se manifiesta a través de formas de dominación que pueden ser tanto étnicas, como religiosas o socio-culturales. Otras son las formas de explotación, donde se divide entre las personas que producen y el valor extra de lo producido. Por ejemplo, despedir a una mujer mayor y contratar a un joven con menor salario por la misma tarea. O bien, formas de sujeción, que serían aquellas en las que un individuo se somete a otro, entre otros factores, por características de su estructura subjetiva.

La cultura, entonces, es hacedora y reproductora de violencias simbólicas y reales, fácticas, concretas. En Buenos Aires, la prensa escrita y televisiva se nutre y se hace eco rápidamente de noticias en las que estamos en presencia de uno o más femicidios o feminicidios y éstos se convierten en sorprendentes informaciones donde se naturaliza el lugar del "asesinato pasional". Convengamos que ambos términos: feminicidio o femicidio se encuadran en marcos teórico políticos que sustentan diferencias. Aunque desde ambas acepciones, en Latinoamérica han sido denunciados por el movimiento de mujeres desde hace casi dos décadas. Estos crímenes incluyen aquellos cometidos por parejas o ex parejas de las mujeres, como también por desconocidos, frecuentemente con violencia sexual o ensañamiento sexualizado. No dejemos de lado que Diana Russell y Jill Radford fueron quienes acuñaron dicha denominación, derivada de la voz inglesa *femicide*, desarrollada inicialmente en el área de los estudios de género. El femicidio es la palabra que describe contundentemente el asesinato de mujeres, que muestra las desigualdades de género, las relaciones de poder y control masculino, naturalizando la cultura patriarcal y desgarrando el lugar del otro, de la mujer, como sujeto. (Radford y Russell, 1992)

Recordemos también que, desde el 17 de diciembre de 1999, cada 25 de noviembre se celebra el Día Internacional de la Eliminación de la Violencia contra la Mujer, aprobado por la Asamblea General de las Naciones Unidas en memoria de las hermanas Mirabal, asesinadas en 1960 por órdenes del dictador dominicano Rafael Trujillo. Como también en julio de 2010, la Asamblea General de las Naciones Unidas, dando un paso histórico, creó ONU Mujeres, la entidad para la Igualdad de género y el empoderamiento de la mujer.

Consideremos, además, que la televisión es un difusor sumamente poderoso y peligroso, promotor de modelos vinculares, estereotipos de belleza, valoración de cuerpos sojuzgados (cirugías, anorexia), en que las mujeres son presentadas como objetos sexuales- eróticos de consumo. Es un espejo para las identificaciones e ideales de la población; "la imagen" cotiza en el mercado, delineando tendencias. La imagen especular está cargada de una fascinación capturante. Modelo que funciona como ideal del yo, al que el sujeto intenta aproximarse. No se desea ser como, se desea ser el otro.

Volviendo al agresor, éste conoce la presencia de leyes pero también sabe que las está transgrediendo. Solemos escuchar "no pude parar, no puedo, empiezo y sigo". No hay ley que funcione como operador en la subjetividad. Tampoco desde la institución administradora de justicia. Se designan así, "como lesiones leves o graves", las secuelas del ataque cometido, desestimando la incumbencia del victimario.

"Los castigos que la sociedad inflige a la mujer por el hecho de ser mujer, castigos que no responden a ninguna ley o norma. Son la cultura misma. Son el prejuicio, la intolerancia. Una Justicia corporativa, cómplice, callada, que sólo resguarda a los hombres. No a la mujer... El destino de muchas mujeres es el silencio. Cada mujer muerta es una mujer reducida al silencio". Afirman Axat y Croxatto (2012). En 2012, el Senado propuso la tipificación del femicidio "como figura autónoma del Código Penal, para castigar el asesinato de una mujer –u otra persona que se autoperciba con identidad femenina– como consecuencia de la violencia de género… y los jueces no podrán reducirla aplicando la figura de la "emoción violenta u otras circunstancias extraordinarias de atenuación" (Carbajal, 2012).

Quienes tienen conductas violentas provienen de un núcleo familiar violento, donde los vínculos padres-hijos y la comunicación, están signados por el no reconocimiento del otro, aspecto que se transmite discursivamente de una generación a la siguiente.

Carole Pateman, en *El Contrato Sexual* (1995), marca que las polaridades de lo público-privado no pueden ser pensadas separadamente. Muestra cómo dentro de la órbita de lo privado el varón acondiciona y sostiene su poder sobre el derecho de los demás integrantes de la familia. El matrimonio, la familia, son puntales del contrato sexual que subordina a la mujer. Plantea al contrato sexual como diferencia política que determinaría las relaciones de varones con mujeres, desde el poder y la protección. En tanto, la mujer ha quebrado el pacto sexual eligiendo, por ejemplo, cuándo procrear o cuándo ingresar al mundo laboral con cierta autonomía, la violencia ha aumentado.

En la última década se acrecentaron los números de los "noviazgos sangrientos". Noviazgos violentos entre jóvenes, con un ejercicio marcado de intimidación del varón, abuso, maltrato, agravio verbal, descalificación, subestimación. Adolescentes, acompañadas por sus madres, llegan a la consulta médica con heridas, marcas de golpes en el cuerpo. "Por que te quiero, te pego". Tras la máscara de los celos, del amor eterno, de la pasión, está la necesidad de control y sometimiento. La familia no comprende y muchas veces descubre tardíamente el tipo de relación peligrosa que involucra a la hija.

Si pasamos al terreno laboral, la desigualdad y la precariedad son impactantes. Las diferencias salariales, el camino de crecimiento en posiciones de mayor jerarquía, son aún fatigosos y muchas de las veces inalcanzables. En Buenos Aires, en 190 años, es la primera vez que una mujer es elegida como Decana de la Facultad de Derecho.

El acoso sexual, en el ámbito laboral, implica una sutil violencia. Las insinuaciones, los intercambios de favores: "de eso, no se habla", pues es poner en riesgo el trabajo. Se invierten los roles en tanto que el sentimiento de vergüenza lo sufre la víctima. Un equipo interdisciplinario de la oficina de Violencia laboral del Ministerio de Trabajo, recibió en 2007 un 89%

de consultas del sector privado y 11% del sector público, "...60% de los que se acercan son mujeres con un nivel de ansiedad y angustia elevados". "Presentan dificultad de memoria, desorientación temporal y espacial y sus descripciones reflejan características de lo que es un relato traumático. Atraviesan depresiones, patologías psicosomáticas, pero son efecto de la violencia en el vínculo con el otro que acosa" (Contrera, 2007).

La visibilización de las violencias, ¿se relacionará con la necesidad de un cambio en la subjetividad de varones y mujeres?

Otro de los graves problemas que aquejan a las mujeres son las redes de trata y tráfico de mujeres y niñas para la prostitución. Esto implica la apropiación de un sujeto mujer, de su existencia, despojándola de su identidad y su futuro. Dichas organizaciones, en cuasi clandestinidad, cuentan con las conexiones indispensables que garantizan su continuidad. Un grupo de mujeres, madres de víctimas, se reunieron para crear una asociación que gestione el pedido de investigación, búsqueda de las hijas secuestradas, reclamo de justicia y castigo a los responsables.

No podemos dejar de mencionar el tema sobre la salud de la mujer, que abarca desde la salud sexual y reproductiva hasta la despenalización del aborto y la asistencia médica adecuada. En Argentina, la ley de derechos sexuales y reproductivos existe, reglamenta la creación del Programa Nacional de Salud Sexual y Procreación Responsable. No se efectivizan todos los programas. La mortalidad de mujeres por abortos clandestinos casi no bajó y el embarazo adolescente es de 15 %. En mayo de 2010 se realizó, en Guatemala, el V Congreso Latinoamericano de Derechos Sexuales y Reproductivos. Nadine Gasman (Directora regional de UNIFEM -Fondo de Desarrollo de las Naciones Unidas para la Mujer-) dijo: "para reducir la mortalidad 'materna' (abortos) y embarazo adolescente, debemos conseguir que la maternidad sea una elección y no una imposición, se deben duplicar las inversiones en salud sexual y reproductiva, en educación de la sexualidad en las escuelas, erradicar la violencia contra las mujeres y avanzar con legislaciones que despenalicen el aborto" (Carbajal, 2012). "El aborto es una decisión trágica", la prevención en salud evitaría incrementar las estadísticas: más conocimiento = menores riesgos. El aborto tiene efectos en la subjetividad y puede tener consecuencias que afecten o impidan la futura fertilidad.

¿Cuál es el lugar y función de una analista en estos contextos? Este paneo interpela prejuicios, silencios, nuestro ver sin mirar. Bocas cerradas cómplices, históricos mandatos culturales son los que legitiman el ocultamiento de conductas opresivas que atentan contra la dignidad y los derechos humanos.

¿Cómo posicionarnos, los analistas, ante estos complejos entrecruzamientos entre lo inter e intrasubjetivo, lo cultural y los cambios epocales? ¿Cómo escuchar el sufrimiento franqueado por una cruel realidad? ¿Cómo poner a trabajar los elementos centrales teóricos freudianos, revisitar la metapsicología, releer los textos sociales, re-pensar la conflictiva edípica, para abrir espacios a los interrogantes actuales? y ¿cómo escuchar y aliviar los padecimientos humanos? Nuestros conocimientos científicos sobre las determinaciones del inconsciente que regulan la vida de los sujetos se articulan con los efectos de la cultura, de los discursos dominantes, con las inter-vincularidades.

En el caleidoscopio relacional entre los sujetos, desentrañar el origen, los efectos y los obstáculos de la cultura en las subjetividades singulares permitiría adentrarnos en las construcciones habilitadoras de cambios en varones y mujeres. Transversalizar así, desde diferentes prácticas y discursos, los problemas de género donde proponemos utilizar el término empoderamiento, (*empowerment*), ineludible actitud para que cada mujer pueda ir al encuentro de su territorio. Poner en juego la palabra de un analista en el ámbito analítico, en las zonas extramuros del consultorio, en la comunidad de pertenencia, es mantener vigente un pensamiento provocador y subversivo, para conmover las raíces del dolor y que los sujetos, interrogándose, descubran que pueden ser actores de su propio destino. Las organizaciones sociales, algunas autoconvocadas, las instituciones públicas, sobre todo los hospitales y escuelas, son espacios para plasmar programas y proyectos donde siempre hay sectores que se benefician con la intervención de un psicoanalista desde el pensamiento y la palabra. Posicionarse considerando el concepto de empoderamiento/ *empowerment*, también opera en nuestro pensar en el consultorio. Frida Saal (1998) afirmaba: "El psicoanálisis no tiene por qué tener utilidad, el psicoanálisis no puede ser una práctica de la adaptación. El psicoanálisis puede ser cuestionador social al poner a los sujetos en contacto o relación con su deseo. El deseo es subversivo. Hay dos ilusiones: la de la libertad absoluta y la de sumisión absoluta a la ley" (p. 51)

Marie Langer, ya en 1951, primera edición de "Maternidad y sexo" decía: "Para poder entender mejor los conflictos de la mujer moderna necesitamos conocer su evolución histórica y comparar, además, nuestra sociedad actual con otras diferentes. El cambio de la posición actual de la mujer en nuestra sociedad pareció brusco e inesperado, pero era el resultado de un largo proceso en el cual intervinieron muchos factores en interacción" (p. 14). El proceso continúa. Tenemos un gran desafío.

Vale aquí una viñeta clínica de las situaciones de algunas de las presentaciones actuales como parte de lo expuesto hasta ahora, en relación a la diversidad en la procreación por un lado, pero especialmente, haciendo hincapié, en la situación laboral y los efectos en la subjetividad en ambos temas.

Marina tiene 34 años, Juanjo, ya en análisis, tiene 36, presenta un severo problema espermático. Le sugieren realizar una operación en el epidídimo para encontrar espermatozoides viables para luego realizar un tratamiento de fertilización asistida, un ICSI, (inyección citoplasmática, del espermatozoide en el óvulo). Trabajamos en pareja las representaciones de hijo, sus deseos de pater-maternidad, las historias de familiares, la importancia de hablar con el niño sobre el origen, los pactos vinculares, la sexualidad, el duelo por la fertilidad. La pareja decidió comenzar los tratamientos de alta complejidad. Ella realiza una consulta con un gastroenterólogo: gastritis, adelgazamiento, inapetencia. Este cuadro comenzó cuando cambiaron las autoridades en el lugar de trabajo. Sugiero, entonces, realizar entrevistas individuales. Es profesional universitaria en una dependencia del estado en la ciudad, cargo obtenido por concurso. Es responsable de la "caja de gastos especiales", firma recibos para entregas de dinero cuyo destino desconoce. La paciente se sintió sobrepasada cuando su jefe le pidió una importante suma y ella le respondió que no era legal. El superior le dice: "No te pasés chiquita... No te salgas del límite...". Estas palabras, que pueden ser escuchadas amenazantes, le impiden reaccionar.

El médico especialista, a quien consulta por su sintomatología, le diagnostica que su problema es psicosomático, ya que los estudios determinan que no hay lesión orgánica. Se abordan, entonces, las representaciones en relación a figuras de poder, sobre su padre, situaciones edípicas, los derechos como empleada y como mujer. Diferenciar el deber en el ámbito laboral de acuerdo con la posición que se ocupa, diferenciar autoridad de autoritarismo, la importancia de cuidarse como mujer y persona. Lo que no se puede decir con palabras el cuerpo lo expresa. Comienza a verbalizar lo que pensaba y quería, ya no "le daba el estómago para ser cómplice de la corrupción". Pudo pedir cambio de sección y tarea. Ahora se siente más segura, desaparecieron los síntomas y no teme defenderse.

¿Qué se entiende por empoderamiento (*empowerment*)? Se trata de un término acuñado en la IV Conferencia Mundial de las Mujeres celebrada en Beijing 1995. El empoderamiento de las mujeres se propone mejorar las condiciones de existencia, es un aporte para impulsar desarrollos sustentables, promover una gobernabilidad equitativa y entendimiento entre los actores en una comunidad.

Se hace referencia a la importancia del aumento de la participación de las mujeres en los procesos de toma de decisiones. Esta expresión conlleva otra dimensión: la toma de conciencia del poder que, individual y colectivamente, ostentan las mujeres y que tiene que ver con la recuperación de su propia dignidad como personas.

En palabras de León (1997), "en el campo de los estudios de género el empoderamiento es tal vez la herramienta analítica más importante, que recoge diferentes preocupaciones en cuanto al impacto del desarrollo sobre las mujeres y que compromete avances teóricos y metodológicos de diferentes disciplinas" (p. 94)

A pesar del reconocimiento formal del derecho de las mujeres a participar en igualdad, la realidad muestra aún un gran desequilibrio entre hombres y mujeres en la participación y en la toma de decisiones. Consideramos substancial una redistribución del poder tanto vertical como horizontal, en todos los niveles y sectores. Para generar dicho cambio en el poder, "habría que pasar del poder sobre al poder con, del poder para, al poder desde". Las organizaciones sociales, comunitarias, mantienen una estructura masculina, patriarcal, son asimétricas, no equitativas. La responsabilidad compartida, la solidaridad, el empoderamiento, son los instrumentos disponibles para transformar los modelos existentes. Es un proceso en el que las acciones participativas brindan elementos de comprensión y saber, para analizar y reflexionar sobre los heterogéneos escenarios y reformularlos. Está enlazado a las relaciones de poder entre los géneros y va desde lo individual a lo colectivo. Este enfoque ungido entre grupos feministas, propone la superación de la discriminación, la diferencia y la opresión de género, embebiendo con otra mirada las condiciones de las mujeres.

Sobre las mujeres recae principalmente gran parte de la crianza de los niños, donde las palabras son piezas fundamentales en la estructuración del sujeto humano. La ideología traducida en el discurso materno transmisible puede plasmar en las generaciones venideras nuevas dimensiones de representaciones de lo masculino, lo femenino, el poder, la sexualidad, la afectividad y la ética.

Re-pensar al empoderamiento desde la perspectiva de autorizarse, habilitarse, como concepto/herramienta, que podría aproximarse teóricamente al marco "de apuntalamientos yoicos", abriría un nuevo campo de interrogación subjetiva. Teniendo en cuenta así, las significaciones y representaciones de dependencia, de competividad, cuidado de sí, de la vincularidad, de reconocimiento del otro. Es abrir el campo a enunciados discursivos de lo reprimido y prohibido, lo imaginado y experimentado, para que surjan nuevos deseos y representaciones simbólicas.

Como analistas, tanto varones como mujeres podemos transversalizar nuestro discurso incluyendo la perspectiva de género y el empoderamiento. Es válida la traspolación conceptual porque trabajamos en el ámbito de la salud mental, de la salud de las personas, para paliar el dolor y mejorar la calidad de vida. Tenemos además, que tratar de hacer una lectura cualitativa de las estadísticas sobre diferentes aspectos de las mujeres que aparecen en periódicos y/o artículos científicos para ampliar nuestro horizonte comprensivo de la realidad. Necesitamos más investigaciones para salvaguardar los postulados freudianos a la luz de los vertiginosos cambios. No debiéramos dejar espacios vacíos. Tal vez el continuo cuestionamiento contribuya, en la praxis, a una convivencia diversa más equitativa y apacible en este universo tan convulsionado.

> *Al andar se hace camino*
> *y al volver la vista atrás*
> *se ve la senda que nunca*
> *se ha de volver a pisar.*
> *Caminante no hay camino*
> *Sino estelas en la mar...*

Antonio Machado

Referencias Bibliográficas

Axat, J, Croxatto, G. (2012). "Acá te callás". Art. Suplemento Las 12, *Diario Página 12*. 24-12-2012.

Carbajal, M. (2012). "El femicidio tiene dictamen". En Art. Suplemento Las 12, *Diario Página 12*. 16-9-2012.

_____ (2010). "El derecho humano de la decisión". En Art. *Diario Página* 12. 9-5-2010

Contrera, E. (2007). "La violencia en el trabajo afecta más a las mujeres".

En Art. *Diario Página 12*. 24-12-2007.

Langer, M. (1951). *Maternidad y sexo*. Buenos Aires: Paidós. (1964)

León, M.(1997). El empoderamiento de las mujeres. Encuentro del primer y tercer mundos en los estudios de género. Revista La Ventana. Número 13, página 94. Conferencia presentada en el Primer Encuentro: Género y democracia en las universidades e instituciones de educación superior de América Latina y el Caribe, en el marco de la Feria Internacional del Libro (FIL99) en Guadalajara por el Centro de Estudios de Género del Centro Universitario de Ciencias Sociales y Humanidades de la Universidad de Guadalajara y el Centro Interdisciplinario de Estudios de Género de la Facultad de Ciencias Sociales de la Universidad de Chile.

Machado, A. Caminante No Hay Camino (Campos de Castilla, Proverbios y cantares, 1912). Musicalización de J. M. Serrat. (1969)

Pateman, C. *El contrato sexual*. (1988 Primera Edición) Barcelona: Anthropos. (1995)

Radford, J. y Russell, D. (1992). *Femicide: the Politics of Woman Killing*. New York: Twayne Publishers.

Saal, F. (1998). *Palabras de analista*. México: Siglo XXI.

Saccomanno, G. (2008). *El buen dolor*. Buenos Aires: Planeta. (p. 116, contratapa)

Unifem: www.unifem.org.br

Violencia de Género desde las Representaciones Culturales Chilenas.

Breve comunicación sobre victimarios.
Femicidio, Mujeres Quemadas

Julia Lauzon, Digadiel Rojas

El tema es..."mantener viva una llamita; por pequeña que sea o escondida que esté. Encuentro que esto ayuda de un modo extraordinario: vivimos en un mundo loco, pero para aquellos de nosotros que creemos en algunos valores humanos, es terriblemente importante que mantengamos esta llamita encendida. Tiene que ver con la confianza en nuestro juicio y en el poder del amor. Un poquito de confianza y un poquito de cuidado"
Palabras de Hanna Segal [1]

En el IX Diálogo COWAP, "La Psicosexualidad en el Siglo XXI: Un desafío para el psicoanálisis", realizado en mayo pasado en Santiago, *femicidio* como la expresión más extrema de la *violencia de género* contra las mujeres y la *pedofilia*, configuraron la apertura y el cierre del evento, señalando claramente la necesidad de la reflexión interdisciinaria en las mesas formadas por psicólogos forenses, abogados y psicoanalistas, respecto de los victimarios.

Gran conmoción nacional provocaba entonces, la indignación pública por los juicios a sacerdotes pedófilos de adultos connotados, víctimas en su niñez y el horror ante las mujeres quemadas.

Sin el profesionalismo y la decidida colaboración de Digadiel Rojas, psicólogo forense, me sería imposible acceder al estudio de los *victimarios*, aunque tenga acceso a la penitenciaría, para obtener un enfoque clínico.

Intentando comprender por qué en estos casos se utiliza el fuego para hacer desaparecer una vida, a una mujer, con un modo diferente para ejercer la violencia de género, les ofrezco para pensar juntos, un par de casos forenses y una breve referencia a las *representaciones sociales* para reflexionar desde las Representaciones sociales culturales chilenas.

---

1   *Entrevista realizada a sus 90 años. Enviada por Haydeé Zac de Levinas para COWAP Latinoamérica.*

Caso Causa: Homicidio frustrado e incendio.

Del informe forense de Psic. Digadiel Rojas.

Se trata de un joven de 21 años, soltero, técnico, sin antecedentes judiciales ni psiquiátricos. Después de ingerir alcohol habría concurrido a la casa de su ex novia. Ingresó al domicilio saltando una pared de material liviano. Tomando un cuchillo de la cocina, le habría realizado varios cortes a la joven, que se defendió. Procedió a incendiar la casa y se provocó una puñalada intercostal.

El imputado señala que ese día al salir de su trabajo había bebido alcohol con sus amigos. Luego regresó a su casa, donde continuó bebiendo. Se sintió irritable, "con ganas de pelear y salió a buscar algún pandillero". Antes había retirado de su domicilio un oso de peluche que ella le habría regalado así como una carta, "último recuerdo de cuando estaban juntos" y se dirigió a la casa de su ex novia. Luego de prenderle fuego a la carta habría perdido el conocimiento y no recordaría nada sino hasta que despertó en el hospital.

En otro caso de homicidio frustrado e incendio "…una mujer de 21 años fue trasladada a la capital de urgencia después que su esposo, sin importarle su embarazo de 8 meses, intentara quemarla, luego de encerrarla en su auto al que roció con bencina y le prendió fuego".

La *escena primaria* por excelencia. Estas son acciones sádicas contra el cuerpo de la madre, simbólicamente representado por la casa, en el primer caso. El cuerpo de la embarazada, en el segundo, es más que la suma de sus partes, representa la encarnación del deseo cumplido, el deseo sexual del otro, y la concreción de la unión representada en el nuevo ser, encerrada en un continente, el auto.

El uso del fuego alerta sobre la premeditación. De las amenazas previas surge el uso del poder, el castigo y las fantasías vengativas. Nos preguntamos por la utilización del fuego. Las estadísticas señalan mayor frecuencia en el uso de objetos corto-punzantes y golpes.

Desde la Inquisición en el año 1183, el fuego es purificación de todas las pasiones, siendo la mujer la que hacía pactos con el demonio y conducía al hombre al pecado. Por este y otros motivos eran juzgadas con rituales que concluían con la muerte, como camino para la renovación del espíritu.

Simbólicamente el fuego según sus pautas de comportamiento, recibe el calificativo de consumidor y devorador que comparte con la boca en comparación con el ser humano. Debe ser alimentado para la combustión como el organismo para la digestión. Se relacionan dos descubrimientos que distinguen a los hombres de los demás seres vivientes, el lenguaje y el uso del fuego.

El hombre violento odia profundamente la autonomía femenina sobre todo en lo afectivo y en lo sexual y actúa en consecuencia. Ante la amplificación de la palabra de la mujer, el machismo responde con crueldad y elige un método eficaz para provocar sufrimiento, escarmentar o marcar. Desde el momento que advierte que la mujer quiere ser dueña de sí misma empieza a tramar la venganza ante la ofensa de perder el dominio.

La condición de pareja de la víctima, así como la existencia de una relación afectiva en el pasado, de la que pueden o no existir hijos, es el móvil principal de la agresión. Este es justamente el fundamento de la mayor penalidad que se equipara a los casos en que el vínculo subsiste.

No siempre la interacción entre victimario y su víctima revela un *vínculo maligno*, como en estos casos. Se trata de una condición diferente de cualquier otra condición erótico-sadomasoquista o de "relación perversa" (Welldon, 2011), aunque a veces puede ser el resultado de la progresión de una relación sadomasoquista. Se marcan algunos puntos importantes dirigidos a la conexión entre el narcisismo y la perversión y el tipo de relación de objeto.

Voy a incursionar brevemente en las representaciones sociales tomadas como entidades casi tangibles, necesarias para desarrollos posteriores. Circulan, se cruzan y se cristalizan sin cesar en nuestro universo cotidiano a través de una palabra, un gesto, un encuentro.

Si bien la realidad de las representaciones sociales es fácil de captar, el concepto no lo es. En gran parte se producen por razones históricas y son los historiadores los responsables del trabajo de descubrirlas. Las razones no históricas, nos conducen a una posición mixta en la encrucijada de una serie de conceptos sociológicos y una serie de conceptos psicológicos. Nos vamos a ubicar en esta encrucijada.

Pensar conceptualmente, no es simplemente aislar y agrupar un conjunto de caracteres comunes a cierta cantidad de objetos, es subsumir lo variable en lo permanente, lo individual en lo social.

Es preciso distinguir entre mito y representaciones sociales En nuestra sociedad se considera al mito, una forma "arcaica" y "primitiva" de pensar y de situarse en el mundo. Estas representaciones no son arcaicas ni primitivas, las contienen, son excrecencias normales en nuestra sociedad. Expresan necesidades y prácticas que corresponden a la ciencia, a la técnica, al arte y a la religión y tienen una contrapartida en las necesidades y las prácticas profesionales de los científicos, ingenieros, artistas y sacerdotes.

Si queremos hablar de la creación de las representaciones, nos tenemos que plantear ¿Qué son los divulgadores científicos, los animadores culturales, los formadores de adultos, los discursos de cultos, etc., sino representantes de la ciencia, de la cultura, de la técnica y de la religión, frente al público y del público en la medida de lo posible, frente a los grupos creadores de ciencia, de cultura, de religión, de técnica? ¿Qué otra cosa hacen, a menudo sin quererlo y sin saberlo, que participar en la constitución de representaciones sociales? En la evolución general de la sociedad, estas funciones, probablemente, se multiplicarán. Será forzoso reconocer la especificidad de su práctica.

Si pensamos que una representación social es una "preparación para la acción", lo es en la medida en que guía el comportamiento, sobre todo cuando remodela y reconstituye los elementos del medio, en el que el comportamiento debe tener lugar. Se logra dar un sentido a ese comportamiento para integrarlo a una red de relaciones, donde está ligado a su objeto. No configura una reacción a un estímulo exterior dado.

En síntesis, encontramos sistemas que tienen una lógica y un lenguaje particulares, una estructura de implicaciones que se refieren tanto a valores como a conceptos, un estilo de discurso que le es propio. En estos sistemas podemos distinguir temas, principios, que tienen unidad y se aplican a zonas de existencia y de actividad particulares como la medicina, la psicología, la física, la religión, la política, etcétera. Inclusive en estas zonas, lo que se recibe está sometido a un trabajo de transformación, de evolución, para convertirse en un conocimiento que, la mayoría de nosotros, emplea en su vida cotidiana. En el transcurso de este empleo, el universo se va poblando de seres, el comportamiento se carga de significados, algunos conceptos se concretan, se objetivan, como suele decirse.

Al mismo tiempo, se proponen formas en las que encuentran expresión las transacciones corrientes de la sociedad y, reconozcámoslo, estas transacciones se rigen por esas formas, se entiende que simbólicamente. Las fuerzas allí cristalizadas aparecen disponibles y regulan las conductas deseables o admitidas.

Se observa que representar un objeto es, al mismo tiempo, conferirle la categoría de un signo, conocerlo haciéndolo significante.

Lo dominamos de un modo particular y lo internalizamos, lo hacemos nuestro. En verdad es un modo particular, que permite que toda cosa sea representación de algo (Moscovici, 1979).

Ahora falta agregar un último eslabón a la cadena, el eslabón del sujeto, del que se representa. Porque en definitiva, lo que con frecuencia está ausente del objeto y convierte al objeto en ausente, lo que determina su extrañeza y convierte al objeto en extraño, es el individuo o el grupo.

Cuando un individuo o un grupo se hace una representación de una teoría o de un fenómeno de cualquier tipo, se reencuentra en verdad con un modo de pensar y de ver que existe y subsiste, retoma y recrea lo que fue ocultado o eliminado. La produce una vez más, recorriendo un camino inverso al que ella recorrió. Este hecho, que es muy conocido, no ha sido suficientemente apreciado, ni desde el punto de vista psicológico ni desde el punto de vista sociológico. Si no fuera así, se comprendería que, al hacer presente lo ausente, habitual lo inhabitual, los mecanismos representativos descomponen lo que es inmediatamente evidente y reconstruyen la unidad en el universo, entre los vestigios de universos aislados y separados. Son, sin duda, "arcaicos" o "primitivos". Justamente por eso permiten superar y retomar mecanismos que, por muy "recientes" o muy "refinados", pierden contacto con lo vivido del sujeto y el flujo de lo real. En el origen de esta superación se encuentra la separación entre lo que se sabe y lo que existe, la diferencia que separa la proliferación de lo imaginario, del rigor de lo simbólico.

Reflexionando en apretada síntesis desde las Representaciones sociales culturales chilenas, aceptamos que la capacidad de autocrítica nos permite acoger a la propia cultura regional, para plantear algunas hipótesis provisorias. (Florenzano, R; Fuenzalida, V; Jiménez, J. P; Lauzon, J. 2000).

Esa trama de valores, símbolos, conductas e instituciones, tejida en el tiempo, parece ser el concepto estratégico para entender un modo de habitar el mundo, el cuerpo, el ethos, la vida humana. Así, la relación entre sexo y género se debatirá en cada cultura con orientaciones distintas (Montevechio, 2000).

Sabemos que las "representaciones sociales culturales", conscientes o inconscientes aportan la noción de *pertenencia*, contextualizando el *vínculo* en una compleja trama de ideales y en un espacio y un tiempo dado, señalando lo permitido y lo prohibido; se ligan a secretos, violencia, culpas y actuaciones expiatorias. Lo que la ley o el consenso cultural no logra organizar, ingresa en el campo de la clandestinidad, el ocultamiento o la negación, como ha ocurrido con el femicidio (Lauzon, J. 2003). Cuando el Servicio Nacional de la Mujer, SERNAM, se hizo cargo seriamente a través de actualizados programas de prevención se alcanzó la promulgación de la Ley de Femicidio[2].

Pensando en las representaciones sociales nos planteamos: ¿Son representaciones propias de la cultura o sólo tenemos acceso a imágenes, relaciones, prácticas, trazas, objetos, gestos y palabras que la revelan o que la dejan velada?

Desde esta perspectiva hay consenso entre diversas autoras (Stevens, 1973; Palma, 1990; Ary, 1990; Melhus, 1999; entre otros) que el *ícono mariano* tiene importancia vital para la construcción de *identidades genéricas* y ciertos valores ligados a la femineidad. La interpretan como una *figura universal*, recuperadora de la *grandeza de la mujer* (Vignolo, 1982). Con la emergencia del cristianismo, la antigua imagen de la Diosa-Madre y de la Virgen, que tiene un hijo agónico, surgió con una fuerza inapelable. En el Cerro San Cristóbal, desde el que se domina la ciudad de Santiago, la nívea figura de la Virgen María convoca a los santiaguinos a refugiarse en la protección de sus brazos. Configura un estereotipo cultural de espiritualidad, pureza, abnegación, sacrificio, virginidad... Como "ideal" entrega a hombres y mujeres latinoamericanas un fuerte sentido de identidad. Así marianismo y machismo operarían conjuntamente.

Desde la óptica de las identidades de género, el símbolo mariano constituye un marco cultural que asignará a las categorías de lo femenino y masculino cualidades específicas: ser madre y ser hijo, respectivamente, fenómeno muy presente en Chile (Montecinos, 1996)

Ser madre y ser hijo, denuncia una tensión que originada en la historia ofrece una representación que *expresa un vacío*: El de lo masculino como *Padre y* también un *vacío de lo femenino y lo masculino*, como entidades sexuadas. Carencia que, según esta hipótesis, tiende a llenarse con el fenómeno del machismo.

La fuga de la sexualidad en el segundo caso, se manifestará en la compleja *relación de la madre con su hijo*: incesto simbólico y por tanto

---

2 *El 13 de diciembre de 2010, se promulgó la* **Ley de Femicidio** *(Ley 20.480). El concepto "femicidio" puede sintetizarse como la muerte violenta de una mujer por el abuso del poder de género que se produce en el seno de una relación de pareja, actual o pasada. En nuestro país el número de estos delitos después de un aumento significativo, 59 en 2008, ha disminuido en los últimos años. En 2010 se registraron 48; 40 en 2011; 34 en 2012 y 22 hasta junio de 2013. Se ha incluido un tipo específico en el marco jurídico-penal y se ha creado el* **Circuito del Femicidio** *en 2009 que incluye a Carabineros de Chile, Servicio Nacional de la Mujer (SERNAM), Servicio Nacional del Menor (SENAME), Ministerio del Interior y Seguridad Publica para Protección de Víctimas Indirectas (niños, parientes, vecinos).*

perversión y transgresión de los órdenes. Ese "cuerpo libre" que ella representa es aceptado por estar asociado a la reproducción, al hijo/a. Si no fuera así, solamente sería un "cuerpo libertino", prostituido.

El hijo/a nos remite al "huacho" del quechua "Huachuy" (cometer adulterio). En el hueco simbólico del padre aparece una figura masculina poderosa y violenta: el militar, el guerrillero, que simboliza a aquellos que optaron por el padre ausente que es presencia, con potestad política, económica y bélica. (Vidal, H. 1989) o la recuperación del padre fundacional como conquistador-conquistada.

En el trasfondo hay una sobrevaloración del "macho" quien para relacionarse con el mundo femenino tiene la fuerza para herir, humillar, violar, quemar o matar, planteando la inequidad de los sexos, la violencia de género. Ante la imposibilidad de asumir lo masculino en *tanto hombre y lo femenino en tanto mujer*, se hunde en la homosexualidad clandestina o reprimida, en la pedofilia o lo vuelca a la embriaguez, su más auténtico disfraz.

En el eje de creencias del espacio mental, el fuego simboliza la purificación, el conocimiento y la trascendencia. Deviene así un uso frecuente, la inmolación y el castigo, en la reproducción destructiva de la escena primaria.

En el ámbito del *mal mayor* impera el desconocimiento, el horror. En el acontecimiento catastrófico, ejecutado por la mano de un ser humano, la mente imita a los torbellinos cósmicos, fuerzas indiscriminadas, descentradas de toda nosología pulsional (Alizade, 2004), como las llamas que envuelven a las mujeres quemadas. El espíritu se enferma de muerte, de destrucción y es presa de lo abyecto (Green, 1988).

Finalmente:

"Ponte en mis zapatos", cada par de zapatos, uno junto a otro, representaba a una mujer asesinada por las manos de hombres que decían quererlas. Cada una de ellas estuvo presente en los 300 pares del Memorial Itinerante que fue montado en once ciudades del país". Impresionante visión.

Referencias Bibliográficas

Alizade, M. (2004). *Humanos, demasiado humanos. Reflexiones sobre el mal.* APA, XXXII Congreso Interno. XLII Symposium. Noviembre 2004, Buenos Aires.

Florenzano, R.; Fuenzalida, V.; Jiménez, J.P; Lauzon, J. (2000). *"Una visión chilena",* fondo musical S. Covarruvias, Video con imágenes de Chile. Gramados, Brasil: FEPAL.

Green, A. (1988). *¿Por qué el Mal?* La Nueva Clínica Psicoanalítica y la teoría de Freud, cap. 6. Buenos Aires: Paidós.

Lauzon, J. (2011). *Mujeres Quemadas.* Cuerpo, género y psicoanálisis: erogeneidad y encarnadura. Panel de cierre: Los escenarios del cuerpo y el tiempo. Jornadas COWAP, Noviembre 2011, Buenos Aires.

Montevechio, B. (2000). *Las nuevas fronteras del psicoanálisis.* Tercer milenio. Lumen: Buenos Aires.

Montecino, S. (1986). Mujer y Mestizaje Cultural: Una mirada desde Chile. En *El papel de la mujer en la creación de América.* Univ. Autónoma de Madrid: España.

_____ (1991). *Madres y Huachos. Alegorías del mestizaje chileno.* (Vignolo, 1982; Vidal, 1989).

_____ (1996). *Madres y Huachos. Alegorías del mestizaje chileno.* Stevens, 1973; Palma, 1990; Ary, 1990; Melhus, 1999; entre otros cit. sobre el Icono Mariano, pág. 7 de este trabajo. Sudamericana: Santiago, Chile, 1991, 1993, 1996. Este libro obtuvo el premio de la Academia Chilena de Lenguas y ha sido incorporado por el Ministerio de Educación como texto auxiliar para los liceos.

Moscovici, S. (1979). *El Psicoanálisis, su imagen y su público.* Cap. I, pp. 27-44. Buenos Aires: Huemul.

_____ IEP-Instituto de Estudios Peruanos. Taller Interactivo: *La Representación social: Un concepto perdido.* Lectura Serge Moscovici, Lima, Mayo del 2002.

Servicio Nacional de la Mujer. SERNAM. En www.sernam.cl

Sorrentini, A. (2004). *El mal, algunas de sus manifestaciones.* APA, XXXII Congreso Interno. XLII Symposium, Noviembre 2004, Buenos Aires.

Welldon, E. (2011). *El vínculo maligno,* COWAP. IX Diálogo. La psicosexualidad en el siglo XXI, Un desafío para el Psicoanálisis. Santiago de Chile.

El femicidio hoy.
Lo familiar, ominoso y siniestro

Alejandra Vertzner Marucco

En abril de 2012 se aprobó un proyecto de ley que propone incorporar la figura del femicidio en el Código Penal de la República Argentina, como un tipo agravado de homicidio que establece "agravantes por el vínculo" en el caso de la violencia doméstica. Dentro de la temática de la "Intolerancia a lo femenino", sin duda el tema del "femicidio" resulta de urgente actualidad. El tema es complejo e invita a revisar algunos conceptos e hipótesis teóricas del psicoanálisis que podrían relacionarse con él.

Cuando los transgéneros están en la superficie, y los dualismos bipolares han sido desordenados o parecen francamente caducar a la luz de las consideraciones que éstos suscitan, la apelación al nombre de "femicidio" parece intentar recordar que la polaridad convencional (femenino vs. masculino) lejos está de perder vigencia.

Mucha es la polémica que trae en diversos ámbitos la inclusión del concepto de "femicidio". Si los derechos universales del hombre no hacen distinción de raza ni de sexo, ¿por qué debería considerarse de manera diferente a quien asesina a otro ser humano porque sea éste hombre o mujer? ¿Por qué no es considerado "femicidio" que una mujer mate a otra mujer? Marcela Lagarde (2006) refiere la polémica que ha debido enfrentar en México este mismo concepto. ¿Por qué no crear al mismo tiempo una ley específica para el "masculinicidio" o "varonicidio"? Si la categoría alude a la diferencia de poder entre víctima y victimario, ¿qué ocurre cuando ese poder es ejercido por mujeres (por ejemplo las madres)?, ¿de qué modo cabría considerar la crueldad de las mujeres en el ejercicio del poder? En todo caso, habría que considerar también que el maltrato y la violencia doméstica de mujeres hacia los hombres también existe, y que quizás, es el mismo modelo patriarcal y machista el cual genera una imagen engañosa en las estadísticas, ya que existe un tabú en los hombres para denunciar ante las autoridades cuando son víctimas de maltrato por parte de mujeres.

El tema nos convoca y nos aboca, como psicoanalistas, a profundizar la reflexión acerca de cómo se van incorporando en el psiquismo aspectos culturales y sociales profundamente arraigados, cómo se transmiten nuestras creencias y valoraciones sobre lo femenino y lo masculino, cómo se despliega en el ser humano la conflictiva pulsional, tanto desde la perspectiva intrapsíquica como intersubjetiva y, en especial, qué papel juega en ella la destructividad.

Sobre "femicidio" y "feminicidio"

Para diferenciar el concepto de femicidio (como "homicidio en femenino") del sentido que le habían dado al término "femicide" Diana Russel y Jill Radford, Lagarde (2006) lo traduce como *"Feminicidio"*. Éste se refiere específicamente a *"la violencia ejercida por hombres colocados en lugar de supremacía social, sexual, jurídica, económica, política, ideológica y de todo tipo; sobre mujeres en condiciones de desigualdad, de subordinación, de explotación, o de opresión, y con la particularidad de la exclusión"* (p. 221). Se incluye así al fenómeno no sólo como un hecho privado sino también público y social, al hacer alusión también a través de él a la violencia institucional. Marcela Lagarde lo denomina así, en su proyecto de ley en México, y (más allá de las penas judiciales) propone un abordaje terapéutico múltiple en estos casos: la terapia personal con perspectiva de género para las víctimas, la reeducación social de los violentos, además de la intervención psicológica, y el reordenamiento político de las instituciones para volver visible la violencia de género y combatir las causas.

Un importante trabajo de investigación llevado a cabo en Buenos Aires por Ana María Fernández (2012), subraya que se trata de un concepto político, construido y utilizado para denunciar la violencia contra las mujeres y la impunidad con la que se perpetúa[1]. Se hacen en este texto algunas precisiones importantes: 1) el fenómeno está en creciente aumento cada año en nuestro país; 2) se está ampliando el perfil de mujeres víctimas de violencia de género (ya no se trata sólo de mujeres que han padecido largos años de maltrato, desamparadas en la pobreza, con muchos hijos, etc., sino de jóvenes de diferentes clases sociales, incluso con estudios universitarios, y en algunos casos sin hijos); o sea que las violencias no se explicarían sólo por los factores clásicamente estudiados; 3) muchos casos

---

[1] *"Desde esta perspectiva la violación, tortura, mutilación genital, el incesto, el abuso físico y emocional, el acoso sexual, el uso de las mujeres en la pornografía, la explotación sexual, la violación, la violación conyugal, la esterilización o la maternidad forzada, la trata, los abortos ilegales, son todas distintas expresiones de la opresión de las mujeres y no fenómenos inconexos. En el momento en que cualquiera de estas formas de violencia resulta en la muerte de la mujer, ésta se convierte en femicidio" (Fernández, 2012, p. 49).*

que en las estadísticas aparecen como "suicidios" o "accidentes domésticos" podrían ser femicidios encubiertos (en los que intervendrían complicidades explícitas o implícitas, deliberadas o naturalizadas, extremas negligencias burocráticas, o llanos delitos); 4) otro modo de femicidio operaría como "inducción al suicidio" (violencia de género ejercida en el tiempo que genera depresiones o abatimientos existenciales, víctimas de violaciones o abusos incestuosos, etc.); 5) el trabajo señala indicadores que permitirían sospechar que un suicidio podría ser producto de la violencia de género[2]; 6) los aparatos de seguridad y justicia, al crear condiciones "legales" de impunidad, propician el avance de los femicidios; sobre todo de femicidios evitables cuando hubo denuncia previa.

Algunas advertencias sobre diferentes campos semánticos

1) El tipo de difusión que se hace de los casos de femicidio en los medios masivos de comunicación visibiliza el problema pero a la vez lo vuelve espectáculo, tendiendo a simplificar los hechos y a arriesgar conclusiones apresuradas sobre situaciones muy complejas. Es importante, entonces, ser cuidadosos en el momento de comunicar alguna mirada psicoanalítica y opinar sobre estos temas.

2) "Víctima" y "victimario" son palabras multideterminadas que transmiten una "imagen en bloque" (Hercovich, 2011, pp. 138-140), demasiado difusa para nuestra perspectiva psicoanalítica; pero eso en ningún momento implica poner en duda el valor de la verdad material y el valor jurídico de cada uno de los términos. Hablar de la implicación subjetiva de cada uno de los miembros de la dupla violenta no implica pretender culpabilizar a la víctima, ni patologizar al victimario para exculparlo de su responsabilidad legal.

3) Para el psicoanalista, desde la dimensión intrapsíquica e intersubjetiva, es importante tomar en cuenta la impulsividad de los actos y las pasiones en juego; pero es importante reconocer que el alcance semántico de estos términos es específico en nuestra disciplina, y que se diferencia de lo que podría valorarse en el sentido legal como "atenuante".

---

2 *Si estuvo embarazada el último año (muchos golpeadores incrementan la violencia durante el embarazo), cuando la metodología usada para el suicidio no es típica de mujeres, según lo indican estudios internacionales (arrojarse al vacío, a las vías del tren o subterráneo -se refiere al metro de la ciudad de Buenos Aires-, sobredosis con psicofármacos o envenenamiento con plaguicidas domésticos), cuando no está antecedida de intentos de suicidio previos (aquí los "ensayos previos" son un importante elemento de diferenciación entre homicidio y suicidio).*

4) Frente a esta situación del femicidio debería apuntarse a deshacer el nudo del sistema ideológico, pero **también el que deviene del inconsciente**.

"La maté porque era mía" o "El padre de la horda femicida"

¿Qué podemos decir acerca del sujeto femicida?

Respecto a esta pregunta hay diferencias de criterio. Los especialistas en violencia de género sostienen que el hombre violento no es un **enfermo mental** sino el producto de un problema inherente a la cultura. Sin embargo, compete al psicoanalista revisar las paradojas en la que se halla inmersa la constitución sexual masculina, el deseo de masculinización, y todos los elementos complejos que intervienen en los procesos de identificación masculinos. Siguiendo a Silvia Bleichmar (2006), podemos subrayar *tres tiempos significativos en la constitución sexual masculina:* 1) Un primer tiempo en el cual se constituye la identidad de género, que implica un posicionamiento en relación con la bipartición, en cuyo interior el otro significativo determina los rasgos identitarios correspondientes (hecho simbólico y no biológico). Se marca "qué se es" en el núcleo mismo del yo, y se instalan los atributos que la cultura en la cual el niño se insertará considera pertinentes para uno u otro sexo, a través de enunciados que marcan su posibilidad de inscripción en las redes libidinales del otro (identificación ofrecida primariamente por el otro, atravesado por la cultura a la que pertenece). Este momento constitutivo será sostén, núcleo yoico, de las identificaciones secundarias. 2) Un segundo tiempo, contemporáneo al descubrimiento de la diferencia anatómica de los sexos: en el niño varón el atributo real, biológico, existente en su cuerpo, no es suficiente para constituir la masculinidad genital y la potencia fálica en general. Para Silvia Bleichmar (2006) es necesario que el pene se invista de potencia genital, la cual recibe de otro hombre. A esto se suma la significación que el pene del hijo cobra para la madre. 3) Un tercer tiempo, en el cual se definen las llamadas identificaciones secundarias que hacen a las instancias ideales. En el niño varón no se trata de "ser hombre" -inscripto narcisísticamente en el yo- sino de qué clase de hombre se deberá ser, lo cual se articula con las prohibiciones y mandatos que constituyen la conciencia moral de los ideales. La prohibición edípica, en su carácter más profundo y fundamental para la cultura, define que no puede haber subordinación de la ley ni al deseo incestuoso, ni al mortífero.

Más allá de acordar con algunos de los planteos que se hacen desde la perspectiva de género, convengamos en que no todos los sujetos que se desarrollan en la misma cultura patriarcal, o aún machista, llegan a violentar física o emocionalmente y (mucho menos) a atentar contra la vida de una mujer. Podrían generalizarse apenas algunos elementos subjetivos, además de los aspectos culturales y antropológicos intervinientes: a) probablemente sean sujetos con tendencia al acto (la acción predomina por sobre el valor simbólico de la palabra); b) hay una tendencia a la desubjetivación del otro y una apropiación retentiva y compulsiva del objeto; c) el otro se vuelve una pantalla de proyección delirante, paranoide, de los propios aspectos destructivos y deseos de venganza por la humillación narcisista y el rechazo.

Para el psicoanalista, las razones que pueden llevar a una persona a pasar al acto homicida dependen de características y rasgos conscientes e inconscientes de cada ser humano, y también de las herramientas defensivas psíquicas que cada uno tiene para hallar cauce representacional para el desborde pulsional.

A partir del uso del término "femicidio" (a sabiendas del campo conceptual del que éste procede, y de los aportes que la perspectiva de género nos proporciona) voy a tomar las ideas que Christopher Bollas manifestara en su conferencia dictada en Buenos Aires, en 1999, bajo el título *La estructura de la maldad*, cuando reflexiona sobre el psiquismo de los asesinos y la relación que éstos establecen con sus víctimas. Bollas pone énfasis en el proceso por el cual un sujeto seductor logra poner en cautiverio a una víctima cuya vulnerabilidad es explotada de forma tal que le "ahueca la cabeza", la vacía de contenidos mentales que afianzarían su seguridad y su supervivencia haciendo de ella presa fácil. Describe este autor **ocho pasos** en el despliegue de esta actuación intersubjetiva que denomina de "ontología maligna": 1) la bondad como seducción, 2) la creación de un espacio potencial falso, 3) el ofrecimiento de satisfacer una necesidad o ambición, 4) la dependencia maligna (ceguera creada por la intensidad de su propia necesidad), 5) la escandalosa traición (crea en la víctima un profundo *shock* que le impide creer lo que está ocurriéndole), 6) la desilusión catastrófica e infantilización radical (colapso de la subjetividad), 7) la muerte psíquica (la víctima tiene la vivencia de un asesinato de su propio ser), 8) el dolor interminable (la víctima nunca se recuperará del desenlace psíquico de este proceso de aniquilamiento). Si la víctima es asesinada, los miembros de la familia llevarán dentro de ellos un dolor insoportable de saber que un ser amado vivenció que el otro, a quien creyó bueno, se convirtiera en el causante de su muerte.

Desde la perspectiva de Bollas, el asesino se identifica con la muerte en tanto "revive" a través del acto, lo que ha sido el asesinato de su propio *self*. Se identifica con el trauma acumulativo de la víctima, en tanto en él se espejea el propio mundo en el que ha sido violada la confianza dejando lo que llama un "vacío moral". Reflexiona también sobre la falta de pasión del acto del asesinato: lo que horroriza a la víctima es precisamente la falta de afecto que el victimario demuestra. Lo que a simple vista podría considerarse "pasional" de estos vínculos, contiene un entramado de alto riesgo, ya que la pulsión puede sentirse como una fuerza peligrosa: en este sentido, el erotismo del asesino presentaría una extraña condensación de la pulsión y de la muerte de la pulsión.

En relación a las pulsiones, quizás nos sirva especialmente para pensar el tema del femicidio que estamos tratando, apelar a la concepción de Jean Laplanche (1986) acerca de *las pulsiones sexuales de muerte*. Para este autor, estas pulsiones de muerte *"funcionan según el principio de la energía libre (principio del cero): su meta es la descarga pulsional total, al precio de la aniquilación del objeto; ellas son hostiles al yo, y tienden a desestabilizarlo; su objeto-fuente es un aspecto clivado unilateral, un indicio de objeto"* (p. 31). Habría entonces tres elementos en juego: un "tramo de actividad" inherente a toda acción, una deflexión de la pulsión de muerte sobre el mundo exterior (sadismo), los componentes agresivos de la relación especular.

Lo familiar, ominoso y siniestro

Si bien el asesinato de por sí horroriza, éste adquiere un carácter especialmente ominoso cuando ocurre dentro del ambiente familiar en el que hay una importante cercanía afectiva entre víctima y victimario. ¿En qué condiciones lo familiar deviene terrorífico? ¿Qué aspectos de la subjetividad masculina y femenina sostienen este tipo de relaciones? ¿Qué representaciones simbólicas subyacen a este fenómeno del femicidio?

Si el hombre busca siempre un "rasgo" de la madre en toda mujer que va a atraerlo y enamorarlo, ¿no buscará en ella también ese rasgo que reproduce tanto el amor como la destrucción, o sea la ambivalencia hacia el objeto? Para pensar en esto vale recordar la noción freudiana de "resignificación a posteriori". Podría decirse que el vínculo incestuoso y la escena primitiva resultan actuales, en estos casos. Digo "actuales" porque ambos elementos **se actualizan** en el presente de la relación de pareja, y porque **se expresan como actos**: la violencia como puesta en acto de una tentativa fallida y compulsiva de salir de la relación incestuosa. Entonces: inconscientemente es una violencia contra el cuerpo materno; en la práctica se le vive como violencia contra cualquier cuerpo "de mujer". ¿Es en el inconsciente, el femicidio, un matricidio? ¿Se estaría operando de este modo una primera anulación de lo femenino al necesitar circunscribir la sexualidad femenina de la mujer a lo materno? Leclaire (2000 [1999]), p. 301) sostiene que los hombres se defienden de su angustia "haciendo a la madre", fabricando madres en todas sus relaciones (aun si se trata de un hijo), intentando mantener a todo precio un sistema incestuoso. La violencia, la violación, estaría dada entonces por los esfuerzos inconscientes dedicados en mantener ese sistema incestuoso.

Quizás lo más inquietante resulte de pensar que todos nosotros estamos habitados en nuestro propio psiquismo por eso ominoso (Freud, 1919) que amenaza con la destrucción del yo. Una historia traumática que retorna sin palabras: la acción de un "otro", ubicado en el lugar del ideal, que impone su deseo al del sujeto en el comienzo mismo de la estructuración del yo. El "yo ideal", que quedó fijado en la identificación primaria pasiva, es ese "doble" protector que podría tornarse tanático cuando se intentara abandonarlo o, simplemente, cuestionar su carácter de ideal. ¿Cuál es la función que sostiene la existencia de ese "yo ideal"? La de desmentir la castración (mortalidad) parental y la de todos los objetos de amor que son sus sucedáneos (Marucco, 1999 [1980]).

¡Y qué decir de esos "amores perros", siempre al borde de la explosión de destructividad! Esos en los que se **"re-crea" un doble** donde se puede reflejar aquella parte escindida del propio yo, en la que se entroniza un "seudo-placer narcisista" estructurado por *deseos tanáticos* ajenos. Sobre el misterio mortífero de esas alianzas, sobre las cenizas de esas pasiones, y sobre esas ambiciones orgásticas de poder que trascienden los sexos y los géneros… todavía queda todo por decir.

Referencias Bibliográficas

Bleichmar, S. (2006). *Paradojas de la sexualidad masculina.* Buenos Aires: Paidós.
Bollas, C. (1999). *La estructura de la maldad.* Versión traducida de la conferencia en la Asociación Psicoanalítica Argentina, con ese título

Fernández, A. (2012). "Femicidio: La ferocidad del patriarcado". En *Revista Nomadías*, núm. 16, pp. 47-73.

Freud, S. (1919). *Lo ominoso*. En *Obras Completas*. Tomo XVII. Buenos Aires: Amorrortu.

Hercovich, I. (2011). "Un niño de carne y hueso". En *"Las formas del abuso"*. Beatriz Zelcer (comp.). Colección Intersecciones. Buenos Aires: Fondo Editorial APA y Lugar.

Lagarde, M. (2006). "Del femicidio al feminicidio". Texto editado de la conferencia "Proyecto de ley por el derecho de las mujeres a una vida libre de violencia en México". En el Seminario organizado por la corporación SISMA Mujer en Bogotá. Bogotá: Universidad Nacional de Colombia.

Laplanche, J. (1986). "La pulsión de muerte en la teoría de la pulsión sexual". En *La pulsión de muerte*. Green, Ikonen, Laplanche, Rechardt, Segal, Widlöcher, Yorke. Buenos Aires: Amorrortu.

Leclaire, S. (2000, [1999]). *Escritos para el psicoanálisis I: Moradas de otra parte* (1954-1993). Buenos Aires: Amorrortu.

Marucco, N. (1999). Introducción de [lo siniestro] en el Yo. En *Cura analítica y transferencia. De la represión a la desmentida*. Buenos Aires: Amorrortu.

Pornografía es mujer. ¿Por qué el desprecio a la mujer y el respeto al hombre?

Estela V Welldon

Estoy muy agradecida al comité organizador del X Congreso Intergeneracional de COWAP por haberme invitado a dar la conferencia inaugural. Para mí esto constituye un gran honor y un placer profesional inigualable. Sólo espero, o mejor dicho, deseo que mi presentación esté al nivel que COWAP se merece.

Quisiera dedicar esta ponencia a mi gran amiga, colega y hermana con quien he compartido tanto; desde nuestras ideas sobre la sexualidad femenina a los vestidos usados por las dos. Hablo, por supuesto, de Mariam Alizade. A ella debo mucho, muy especialmente, mi adhesión y el conocimiento de COWAP. Sin ella es posible que yo no hubiese sido parte de él, por lo cual me siento muy privilegiada y honrada. Ésta es una deuda muy difícil o imposible de pagar. Ha pesado mucho en mi conciencia y he decidido que una forma de demostrar mi respeto y gran cariño hacia ella es dar una ponencia a la altura de sus expectativas. Ya dió mi nombre para la V jornada en Buenos Aires, donde hablé de la perversión como danzando con la muerte. En fin… comencemos la tarea.

Creo que sería útil dar un breve resumen de mi trabajo anterior sobre las perversiones femeninas para aquellos no familiarizados con este concepto y, además, porque creo que es relevante para el tema de hoy. En mi libro *Mother, Madonna Whore: the Idealization and denigration of motherhood* (1988), propuse que tanto los hombres como las mujeres utilizan las funciones reproductivas y los órganos reproductivos para la perversión; el hombre usa el pene, mientras que la mujer utiliza todo su cuerpo, pues sus órganos reproductivos-sexuales están más distribuidos. La diferencia en su psicopatología se origina en el cuerpo femenino y sus atributos psíquicos, biológicos propios, incluyendo la fecundidad con toda su gama de representaciones mentales.

Creo que la mujer no sólo atraviesa por un desarrollo libidinal diferente, pero que también experimenta una sensación de presión derivada de un sentido inexorable del tiempo, que es exclusivo del género femenino y que se encuentra íntimamente relacionado con su función reproductiva. Tal es el caso del primer periodo menstrual -menarquia- indicador de que la niña-mujer se encuentra ya biológicamente madura para funciones reproductivas hasta su menopausia.

La principal diferencia entre la acción perversa de un hombre y de una mujer radica en el objeto. En los hombres, el acto es dirigido hacia un objeto parcial externo. En las mujeres, el acto es dirigido generalmente contra ellas mismas, ya sea contra sus cuerpos o contra objetos que ellas ven como sus propias creaciones, es decir, sus bebés. En ambos casos, cuerpos y bebés son tratados como objetos parciales deshumanizados (Welldon, 1988).

Pornografía es mujer

Pornografía es un concepto muy difícil de explicar, posiblemente porque coexisten tantos factores subjetivos y objetivos que ofrecen los distintos tipos que de ella existen. Esta complejidad se ha acentuado en forma considerable con el advenimiento del internet.

La dificultad también se debe a lo ambiguo de muchos conceptos que suponemos de meridiana claridad. Si buscamos "pornografía" en el diccionario, vemos que el concepto clave es "obscenidad". Si buscamos "obsceno", encontramos la noción de "impúdico". Si buscamos "pudor" encontramos "recato"… y así, sucesivamente. Se podría decir que una persona algo ingenua tendría muchas dificultades para comprender qué es la pornografía si limita su búsqueda al significado de las palabras en el diccionario. Lo que era "pornográfico" hace 20 o 30 años es ahora una escena más o menos atrevida, desaconsejada para menores de 14 años.

Recuerdo que hace unos cuantos años, en 1967, cuando todavía no tenía mucha experiencia, asistí en Wiesbaden, Alemania, a un congreso internacional sobre "¿Qué es la psicoterapia?". En forma simultánea, en Londres se estaba desarrollando un famoso caso judicial por obscenidad, ligado por supuesto a los principios de la censura, que entonces era bastante severa en Inglaterra. Se trataba de un libro muy leído por entonces, *The last exit to Brooklyn*, o la Última Salida para Brooklyn, una novela con un lenguaje muy crudo y directo sobre temas candentes, los tabúes de la época: drogas, delincuencia, violaciones, homosexualidad, violencia en las calles y entre familiares. El libro, calificado entonces como "un viaje al fin de la noche americana" y "retrato de una sociedad sin amor", fue prohibido en

Italia, por ejemplo, mientras que en Gran Bretaña se convirtió en el tema central de ese famoso proceso por obscenidad. El jurado debía decidir si este libro constituía pornografía y, si se consideraba como tal, los editores serían considerados culpables.

Durante la conferencia tuvimos una cena en un barco que navegaba por el río Rhin, donde tuve la fortuna de sentarme a la mesa con tres grandes autoridades en psiquiatría, muy liberales y llenos de comprensión ante todo problema antisocial.

Se trataba del Profesor Morris Carstairs, de la Universidad de Edimburgo; del Dr. Maxwell Jones, creador de la comunidad terapéutica y director del Henderson Hospital en Sutton, Inglaterra, y del Profesor Jurgen Ruesch, famoso psiquiatra que vivía en California y era un apasionado de la comunicación: fue uno de los creadores del concepto de *double bind* o "doble vínculo". Los cuatro mantuvimos una muy entretenida y yo diría que hasta apasionada conversación sobre el concepto de pornografía aplicado a ese libro del novelista Hubert Selby.

Discutimos mucho y barajamos todo tipo de versiones y teorías, sin llegar a nada que se aproximase a lo que podía constituir este concepto, el de pornografía. En algún punto hasta se convirtió en algo banal e infantil, cuando Jurgen sugirió que la clave podía ser el número de palabras ofensivas que aparecían en el libro, como si todo se limitara a un concepto matemático y de porcentajes. Nos despedimos sintiéndonos, creo yo, bastante frustrados.

De regreso a mi departamento de Londres, me encontré con el operario que estaba renovando la pintura. Charlamos de bueyes perdidos y en determinado momento me preguntó cómo había estado la conferencia y se me ocurrió una pregunta muy directa: "Para usted, ¿qué es un libro pornográfico?" Y sin vacilar un instante, sin dudar, el pintor me contestó: "¡Ah, eso es inconfundible: un libro pornográfico es el que puedo leer con solo una mano!"

Y por supuesto esta interacción es lo que hace que la pornografía sea pornografía y los pornógrafos deben saber o adivinar correctamente qué es lo que puede estimular esa respuesta y provocar una excitación sexual irreprimible.

En el Museo Británico de Londres se está exhibiendo ahora una extraordinaria muestra sobre Pompeya y Herculanum, en la cual el sexo es un tema específico, ya que el falo, por ejemplo, era uno de los objetos más representados en la vida cotidiana de los antiguos romanos. Tenían en sus casas utensilios y adornos en forma de falo, porque daban buena suerte. En las calles de Pompeya había falos de piedra, todavía los hay, para que la gente los tocara y les diera buena suerte.

Pero todo esto no presenta para nosotros ningún tipo de excitación sexual, por la calidad y la belleza del arte que se contempla en el museo. Estas son figuras eróticas ligadas al arte y, como tales, incapaces de provocar excitación sexual.

Recuerdo ahora que hace un par de años asistí a una mesa redonda sobre pornografía, y el juicio más acertado fue el de un reconocido novelista inglés quien dijo: "Ningún hombre se masturba contemplando la Capilla Sixtina".

Esto nos lleva a otra faceta de lo que muchos creen que no es pornografía, en la cual lo bello es arte y nuestra comunicación con este objeto es de admiración y de un reconocimiento interior que nos lleva a "iluminarnos" en el plano espiritual. Esto no es realmente pornografía: se podría calificar de erotismo, que es la exaltación del amor físico en el arte, pero no es pornografía.

Lo realmente pornográfico es feo, burdo, obsceno, algo que funciona simultáneamente como una agresión y un estimulante sexual para aquellas personas que se sienten psíquicamente vulnerables, envueltas en una depresión muy severa de la cual están totalmente inconscientes. En cierto modo hay, por parte del espectador, un reconocimiento y también una identificación con la naturaleza sádica del creador de la imagen pornográfica, que normalmente tiene como objeto a una mujer.

Las imágenes del arte de la Roma antigua, que vemos en la muestra sobre Pompeya en el Museo Británico, demuestran que el sexo no tenía inhibiciones y el arte no era objeto de ningún tipo de represión.

Éstas eran las características universales en la cultura de ese tiempo, pero es evidente el contraste con lo ocurrido a partir del Siglo XVIII, cuando las excavaciones pusieron al descubierto el arte erótico de Pompeya. La sociedad cristiana de la época, sometida a fuertes presiones represivas sobre lo que se entendía como moral pública, reaccionó ocultando esos descubrimientos, guardándolos bajo llave en lo que se dio en llamar "gabinete secreto" en el Museo Arqueológico de Nápoles. Esos secretos, esas maravillas históricas y artísticas, solo fueron presentadas al público hace muy poco, en el año 2000.

Por supuesto que todos recordamos los escritos de Freud sobre la influencia de la religión judeocristiana en los orígenes de la sexualidad. Ambos, *El Porvenir de una Ilusión* (1927) y *El malestar en la cultura* (1930), se centran en estos temas.

Ahora me pregunto acerca de mis propias experiencias en este tema tan complejo y en qué forma, desde mi trabajo, puedo ofrecer algo a la comprensión de la intolerancia ante lo femenino.

He elegido el tema de la pornografía y el cuerpo de la mujer porque la mayor parte de la pornografía se origina a partir del cuerpo femenino. Curiosamente, este cuerpo usado es generalmente bello y joven; es un cuerpo para el cual no existe la vejez y ni siquiera el mero proceso de envejecimiento. (Esta característica es especialmente importante cuando consideremos las conclusiones). O sea que podría ser siempre un cuerpo sexualmente atractivo y capaz de reproducir. Y, además, es claramente un objeto fetichizado; en otras palabras, se convierte en una "cosa" con la cual el hombre puede jugar y permanecer totalmente apartado de cualquier requerimiento o exigencia que este simulacro de mujer podría enunciar. Las "mujeres inflables" que algunos hombres usan para su satisfacción sexual son una garantía en contra de una relación verdadera.

Recuerdo a un paciente que me fue referido por su hábito de utilizar en forma pornográfica a mujeres totalmente ajenas a esta actividad. El hombre se hacía pasar por fotógrafo de modelos y abordaba a las mujeres en la calle Oxford, en pleno centro comercial de Londres. Les decía que eran muy hermosas y las invitaba a una sala de conferencias de un hotel cercano, donde les pedía que descubrieran sus pechos, porque esto era esencial para el proceso de selección. Muchas mujeres aceptaban y entonces él les acariciaba los senos y les besaba los pezones. Luego se disculpaba, las invitaba a tomar una taza de té y finalmente se retiraba. Me dijo que nunca nadie se había quejado, pero en lugar de estar agradecido por este tácito perdón, me sorprendió al agregar en forma muy ofensiva y denigrante que ellas, las víctimas, no eran ni siquiera muy bonitas y que además se lo merecían, puesto que ni su madre ni su hermana hubiesen podido aceptar tal requerimiento.

Algunas de las características esenciales de la pornografía es que invariablemente está acompañado de expresiones y formas muy agraviantes, con llamativos elementos fetichistas de fuerte deshumanización. El ejemplo siguiente nos presenta esto muy claramente.

Un hombre de 34 años acudió, espontáneamente, a la clínica quejándose de impulsos intensos e irresistibles de tocar y acariciar los pechos de mujeres desconocidas. Él se permitía hacer esto en lugares públicos llenos de gente, generalmente mientras viajaba en el subterráneo en horas de mucha congestión. Se paraba cerca de la puerta del vagón y furtivamente acariciaba los pechos de una extraña, listo para huir si ella empezaba a protestar. Nunca había sido detenido por la policía, pero experimentaba vergüenza y disgusto hacia sí mismo después de tales episodios, aunque era incapaz de resistir los impulsos. Se sentía excitado en todas las etapas de su acción, incluyendo la anticipación, la planificación, la elección de su víctima y la reacción de la mujer. La razón por la que solicitara la consulta era extraña, pero reveladora de la naturaleza de la perversión. Unas semanas antes, él había empezado a tocar el pecho de una mujer en un tren subterráneo, pero no había logrado despertar ninguna respuesta de parte de ella. Él empezó a acariciar atrevidamente su pecho, pero se sintió confundido cuando, a pesar de esto, ella seguía sin reaccionar. Otros pasajeros empezaron a mirar a la mujer, quien finalmente se dio cuenta de la indignidad de la situación, pero no gritó sino que colocó su mano sobre su pecho y lo jaló, demostrando que el paciente en realidad había estado acariciando una prótesis (un seno falso). "Si esto es lo que quieres, puedes llevártelo", dijo ella sarcásticamente y empezó a reírse. El hombre se sintió abrumado por una vergüenza intensa. Nunca había experimentado tanta humillación. Él recordó que cuando tenía tres años su madre transfirió toda su atención hacia su hermanita recién nacida y lo ridiculizó por querer mamar de su pecho.

Es muy curioso, o a lo mejor solamente esclarecedor, y también refuerza mis propios conceptos acerca del pecho materno como objeto parcial y fetichista a lo cual me referiré un poco más adelante.

El ejemplo siguiente es de una mujer y demuestra que inclusive cuando las mujeres hablan de ser abiertamente peligrosas para otros y se jactan de esto, existe un profundo trasfondo de desprecio a ellas mismas.

Una paciente de 26 años me contaba cómo fantaseaba que descuartizaba los cuerpos de hombres desconocidos, cómo los "atraería" con engaños con el fin de obtener su cooperación para actividades falsas, mientras que todo el tiempo ella estaría albergando designios homicidas. Ella se jactaba de ser "extremadamente peligrosa" e incluso afirmaba haber matado a unas cuantas personas, pero era imposible saber si se trataba de meras fantasías. ¿Cuál era su problema real? Ella comía para obtener una obesidad extrema. Se cortaba y se quemaba en todas partes de su cuerpo. Algunas de estas heridas se las realizaba en sus partes sexuales y el dolor infligido le causaba un gran alivio sexual. Otras heridas se las hacía en áreas expuestas de su cuerpo, por lo que resultaban visibles para todos los que la veían. Para empezar, la mujer intentó racionalizar su comportamiento, afirmando que de esa manera protegía a los demás contra sus deseos homicidas. Sin embargo, cuando empecé a explorar a un nivel más profundo, ella admitió a regañadientes que el hecho de que los demás miraran fijamente sus heridas auto infligidas, algunas veces abiertas y en carne viva, le proporcionaba una gran sensación de gratificación y placer, al generar perturbación e incomodidad en las otras personas. Decía que trataba de castigar a todo el mundo dañando su propio cuerpo. Pero, por supuesto, en su afirmación ella dejaba de lado el daño que se infligía a sí misma. Éste es un rasgo psicopatológico típico de las perversiones femeninas, que son sádicas y masoquistas en sus acciones perversas.

En otra ocasión, mientras manejaba su carro, un motociclista reaccionó furiosamente al sentirse amenazado por la forma temeraria en que ella manejaba. Repentinamente y con dificultad, ella logró salir de su pequeño carro. El hombre se detuvo, la miró asombrado y dijo con total desprecio: "Su cuerpo es un espectáculo desagradable, obsceno, especialmente considerando que en todos los países del tercer mundo la gente se muere de hambre. Es una pornografía". De repente, su ira turbulenta fue reemplazada por un llanto amargo. Ella estaba furiosa, pero se sentía atrapada, pues inmediatamente se dio cuenta de cómo la forma en que ella trataba su cuerpo era vista de manera tan obvia, no sólo como una acción iracunda en contra de ella misma sino también en contra de todo el mundo. Era tan fácil ver dentro de ella su "espíritu homicida" que le fue imposible continuar con su vieja letanía: "Si alguien me dice que está mal que me queme y me corte, le digo que yo no veo nada de malo en eso. Mi cuerpo me pertenece y está exclusivamente bajo mi control".

Con este ejemplo podemos observar cómo las mujeres pueden activamente participar consciente o inconscientemente en su odio a sí mismas, por ser mujeres. Este hombre totalmente ajeno a su situación le había dado la interpretación correcta de su inconsciente.

La sumisión femenina es la regla en la pornografía, hasta el punto que, incluso en los años 60 y 70, con el advenimiento del feminismo y también de la libertad sexual, comienzan a aparecer imágenes, muchas de ellas creadas por las mismas mujeres, en las cuales no sólo está presente la sumisión, sino también la denigración y el sadismo en contra de ellas mismas.

Es posible que el feminismo, en esa etapa tan temprana, haya funcionado como un recurso sustituto para asemejarse a lo masculino, haciendo una identificación, o mejor dicho, una competencia con el hombre, un desafío sobre qué genero podría ganar en esta carrera para la denigración femenina.

En otras palabras, quién podría ser más macho a costillas de las mujeres. Es decir, que esto es como una des-identificación con lo femenino, demostrando una intolerancia de mujer a mujer. Creo que todas recordamos que mientras algunas éramos muy activas en el logro de la igualdad con los hombres, respetando todas nuestras diferencias, incluyendo cuantiosas mujeres, hablaban de lesbianismo y se nos acusaba de ser fálicas y de odiar a los hombres.

Sin embargo, finalmente, la causa de la liberación de las mujeres alcanzó muchos logros que creo innecesario enumerar, porque son obvios, aunque todavía quedan algunos para superar.

Por esto, me pregunto sobre la razón del éxito del libro *50 Grados de Gris* (James, 2012). Se trata de un libro muy mal escrito y esto ya lo calificaría como pornografía si coincidimos en que lo bello no es porno.

Para hacer una comparación sería interesante observar las graves y conflictivas opiniones sobre lo que constituye arte o pornografía, referente a las diferencias de opinión que despierta la obra del Marqués de Sade, porque muchos y primordialmente feministas intelectuales admiran sus escritos por su elocuencia, belleza y lirismo, así como sus conceptos políticos filosóficos al punto de no considerarlos pornográficos. Sospecho que esto no podría nunca ocurrir con los *50 Grados de Gris*.

Sade siempre ha provocado reacciones contradictorias. Hay una larga lista de personajes que se han interesado en el tema, entre ellos feministas muy reconocidas y famosas, que no se ponen de acuerdo sobre la figura del Marqués de Sade y su influencia. Esto podría representar en sí mismo los conflictos originados por lo que se entiende y cómo se entiende todo lo referente a la pornografía y también los sentimientos opuestos que provoca en el público femenino y el masculino el Marqués de Sade. Parte de la propuesta es que las mujeres puedan disfrutar del sexo como tal, y sin ningún tipo de compromiso u otro objetivo para alcanzar.

Su misantropía lo condiciona a odiar la función materna de la mujer y Ángela Carter, una novelista inglesa in *The Sadeian woman* (1979) nos hace notar que, para su época, Sade fue muy inusual en el sentido de que propuso la libertad de la mujer para tener sexo sin apelar al recurso de la maternidad.

La académica feminista estadounidense, Camille Paglia, en *Vamps and Tramps* (1994), considera a Sade un intelectual de gran categoría y juzga a su libro *Justine* una gran obra de arte. ¿Hace falta agregar que *Justine* es ese libro que tantos han leído a escondidas y que casi todos consideran pornográfico?

Frecuentemente me pregunto por qué en la actualidad persiste la actitud de sumisión de algunas mujeres, por qué les resulta tan difícil emanciparse íntimamente, sentirse independientes sin que esto disminuya su capacidad para mantener una relación íntima y sexual con un hombre a quien puedan sentir como un igual.

¿Qué pasa entonces con el libro los *50 Grados de Gris*? ¿Y por qué para algunas de nosotras es tan preocupante el éxito que tiene entre las lectoras mujeres? No sólo porque está tan mal escrito, sino también porque la sumisión femenina al hombre y al dinero es el tema predominante. Y por eso nos preguntamos: ¿se trata entonces de una revuelta en contra de las mujeres de la generación anterior y de todo lo que pudimos lograr?

Hablando en términos económicos, el dilema masculino en las economías altamente desarrolladas se encuentra ahora bien documentado. Emocionalmente, los hombres jóvenes experimentan un creciente sentimiento de redundancia e inutilidad. Hemos estado acostumbrados a un sistema en el cual los hombres tenían un sentido mucho más claro sobre la prioridad en sus metas de vida. Primero, querían tener éxito en su trabajo, ya que se apoyaban en ese éxito para el sentimiento de respeto a sí mismos y la consecuente mayor autoestima. Segundo, esperaban y deseaban de sus mujeres una relación sustentadora, cálida y fácil, que los ayudara a facilitar el logro de la meta anterior. Los hombres tienen un tácito y reconocido acceso al poder público y las mujeres al poder doméstico, emocional y biológico. Las mujeres han contado con el frente doméstico para su autoconfianza, un frente del cual usan y a veces abusan, especialmente en relación con sus hijos pequeños, quienes pueden convertirse en objetos de su frustración o enojo. Las mujeres quedan aisladas en sus casas, también con niños, que tienen todo tipo de exigencias a las cuales no pueden responder en forma adecuada. Entonces también se ve el abuso del poder doméstico, en el sentido de que es un abuso totalmente amargo y muy vicario, porque no es bien reconocido y está muy desvirtuado.

Quisiera hacer énfasis en que todo material pornográfico es usado en forma defensiva para evitar o substituir la intimidad emocional con otra persona, y más importante aún, para superar un sentimiento profundo de mortalidad, depresión e inadecuación.

Como sabemos, el peligro en tratar a pacientes habituados o adictos a la pornografía es que presentan una actitud exhibicionista, tratando de seducir al terapeuta en el papel de voyeur. La actitud frente al superyó es muy compleja, puesto que coexisten una gran excitación al transgredir y un triunfo frente a un superyó débil, pero que al mismo tiempo se convierte fácilmente en un superyó tiránico y persecutorio. Todas estas imágenes pueden fácilmente ser proyectadas en el psicoterapeuta. Esto convive con una huida sexualizada de cualquier tipo de intimidad, lo que produce terminaciones precoces e inesperadas en su psicoterapia.

Stoller describió el caso de una mujer cuya foto apareció en las páginas centrales de una revista pornográfica, muy popular. Ella trabajaba como modelo para actividades pornográficas. En su propia historia infantil, cuando era una niña muy pequeña, había sido secuestrada y su cuerpo expuesto para la excitación sexual de los hombres. De este modo, Stoller nos ofreció una de las primeras historias del tipo de trauma que existe en personas usadas por la industria pornográfica.

El último libro de Stoller, *Dolor y Placer* (1991), muestra una actitud más amplia y hasta tolerante hacia la pornografía, posiblemente el resultado de tantas entrevistas a personas involucradas en ella, algo que me hace pensar en los efectos transferenciales y contratransferenciales.

En su libro *Sexo y la Psique*, Brett Kahr (2007) opina algo en lo que, según creo, casi todos estamos de acuerdo, y es que la pornografía está profundamente asociada a traumas infantiles. Esto se basa en las investigaciones más amplias para el estudio de las fantasías sexuales. La erotización es la forma más efectiva de poder controlar el trauma infantil. Y, por supuesto, el uso de la pornografía es un intento de modificar y aliviar el sufrimiento, la tristeza; también es un gesto de aproximación a alguien.

Por primera vez he tenido una sensación de paridad o de paralelo frente a la aparente incomprensión de los hombres por los problemas de las mujeres. Las mujeres siempre hemos sido conscientes de que, en nuestro género, los órganos del placer son los mismos órganos de la reproducción; y que, además, una noche de relaciones sexuales sin protección puede resultar en un embarazo que cambiará el rumbo de toda una vida, o de varias vidas.

Por esa razón, las mujeres son mucho más prudentes. Los hombres, por lo general, no han asociado mucho que el pene es también parte del sistema reproductor, y no solamente de placer sexual. Varias veces he escuchado a hombres que han ido a mi consulta diciendo: "¿Cómo?, ¿con una sola vez yo podría contagiarme de SIDA?" Realmente no se les había ocurrido que una sola experiencia sexual podía tener resultados tan radicales y perjudiciales para ellos.

El SIDA los ha puesto ahora ante una situación irreversible... pero en ellos es con un sentido o sensación de mortalidad, mientras que, con las mujeres, es con el sentido de vida. Pero de todas formas es una situación que nos va a cambiar drásticamente a todos nosotros.

Creo que realmente deberíamos ser capaces de colaborar en forma muy activa para alcanzar una situación mucho más equilibrada de las posiciones de poder, del poder público y del poder privado.

Mi hipótesis es que tanto en las mujeres como en los hombres que sufren de perversiones, el mecanismo que opera inconscientemente es un ataque simbólico al cuerpo de la madre.

La pornografía es frecuentemente usada como un arma sádica y refleja un evidente sentimiento de envidia ante el cuerpo embarazado. Es muy curioso comprobar que en la pornografía nunca aparece ninguna imagen con el cuerpo embarazado, a pesar de mostrar la participación de la sexualidad a través de todos los orificios posibles. La presentación del cuerpo femenino embarazado sería algo demasiado obvio, capaz de crear angustias intolerables en la persona habituada a la pornografía, porque estaría declarando abiertamente cuál es el objeto REAL de su ataque.

Éste es el equivalente "real" de la ansiedad de castración, en el que el propósito es destruir lo que más se envidia, es decir, la capacidad de procreación y la realidad de una unión entre hombre y mujer. Esto es más que la suma de las partes, representa la realidad del deseo logrado y superado. La finalidad representada por el advenimiento de un nuevo ser.

No se puede seguir ignorando el hecho de que el útero ha estado activamente preparado y eficientemente penetrado por un pene erecto pulsando con espermatozoides. Y como tal, el axioma de Freud se refiere al continente oscuro y secreto de la sexualidad femenina. El cuerpo embarazado demuestra en forma muy clara, sin dudas, que esta mujer ha tenido sexo previamente. En realidad el problema es de claridad meridiana: las dificultades en poder asociar sexualidad femenina con maternidad. Lo que está oscuro y negado es la capacidad imaginativa del hombre para hacer dicha asociación. Anzieu es citado por Tesone (2012) respecto a la cantidad mayor de hombres creadores comparado a su contraparte femenina como una compensación a su deseo de engendrar y, de ese modo, trascender. Tesone está más interesado en la hipótesis de que la creación envuelve una combinación de lo maternal, de lo paternal, lo femenino, lo masculino y también, lo indeterminado sexual. El creador es el que puede jugar libremente con todas las variables de pensamiento y que tiene la suerte o la inteligencia para usar el momento preciso requerido en cada etapa de la obra.

Es ésta la única combinación del poder de la unión sexual que es tan envidiada por su vitalidad y energía, y podríamos dejar, así de lado, la tradicional teoría de la envidia al pene o su contraparte, a veces también ignorada o no reconocida, que es la envidia al pecho materno y al útero. Esta unión es responsable por una envidia destructiva que puede tener efectos muy peligrosos.

Todos estamos familiarizados con el hecho de que un embarazo puede actuar como factor desencadenante de la violencia y que estas mujeres son más vulnerables al abuso físico en el ámbito doméstico, aunque también ocurre en el plano social.

Ambos órganos sexuales y de reproducción entran en un nuevo ciclo emocional unido a una madurez física en el logro de convertirse en padres.

Ésta es la escena primaria por excelencia, que también deja un panorama abierto para otros individuos vulnerables e inmaduros. En esto, hasta los mismos hombres, responsables del embarazo, pueden estar sujetos a fuertes y encontradas emociones. Conscientemente se sienten orgullosos y también excitados por su propia potencia, que les ha permitido impregnar a su compañera. Pero, como de costumbre, nada es simple porque nuestro inconsciente siempre está alerta sobre cosas que no queremos reconocer y es así que las paradojas están a la orden del día. Algunos hombres, futuros padres, se sienten humillados, como los chicos descuidados. La violencia frente a un embarazo se asocia a que ellos se sienten afuera de este proceso, como redundantes.

El futuro padre sabe esto y a menudo comenta que tan pronto como nazca el bebé él se verá privado de todos los manjares del pecho materno/libidinal porque el bebé se los arrebatará.

Ambos, madre y bebé, experimentan una comunión total, no sorprende en ese caso que los padres se puedan sentir más o menos ambivalentes, siendo testigos del nuevo personaje que les está arrebatando algo tan íntimo y privado como es el acceso a esos pechos que, de haber sido fuente de placer sexual se ha convertido, o mejor dicho se le ha añadido otra función, de nutrición biológica y emocional.

Reflexionando, creo que el tema fijo e imposible de cambiar es el carácter inexorable del transcurso del tiempo para las mujeres, que tienen consecuencias biológicas y repercusiones psicológicas tan poderosas. Insisto en que estas consecuencias son imposibles de cambiar.

Y esto se remonta a tiempos muy antiguos. No es difícil encontrar en la evolución cultural ejemplos más tempranos del envilecimiento del cuerpo femenino al envejecer, un proceso de envilecimiento en el cual todos, mujeres y hombres, participamos tácita o expresamente.

Hace unos años fui a un Museo de Berlín y observé en estado de shock, y no exagero mucho, un célebre cuadro de Lucas Cranach, pintado hace cinco siglos. La composición ofrece tres temas diferentes. En la izquierda aparecen, bajo un cielo amenazante, carruajes con personas muy bien vestidas que se están apeando. Se trata de hombres y mujeres. En el medio aparece una piscina muy grande, llena de MUJERES... este hecho suele ser ignorado, pero no hay hombres en esta piscina, que es la fuente de la juventud, solo mujeres que luego salen de la fuente por la derecha, donde el cielo está despejado, con un sol muy invitante. Hay mesas de picnics, carpas... Reina una sensación de paz y alegría. Las mujeres han emergido de la fuente totalmente rejuvenecidas, mientras que los hombres permanecen exactamente igual que antes.

Esta pintura nos sugiere que sólo a las mujeres se les "exige" el rejuvenecimiento. Esto puede llevarnos a concluir que esta transformación mágica pintada por Cranach ha sido reemplazada en el mundo moderno por operaciones de cirugía cosmética y la aplicación de cremas cosméticas muy caras, a las que deben acudir las mujeres, avergonzadas de exhibir señales de envejecimiento. Y todavía más, con todos los progresos técnicos, las mujeres quieren conservar el poder reproductivo después de la menopausia, sin ninguna consideración hacia esos niños nacidos de mujeres maduras, que posiblemente serán incapaces de afrontar adecuadamente las exigencias de la maternidad.

¿Por qué no se nos permite o no podemos disfrutar de todas las etapas de nuestra vida?

El doble estándar continúa. A los hombres se les debe más respeto cuando envejecen, siempre se los considera aptos para tener más experiencia, lo que significa más sabiduría. Hasta se encuentra natural que en su madurez sean capaces de atraer a todo tipo de mujeres, jóvenes o viejas.

¿No constituye una injusticia esta diferenciación?

Referencias Bibliográficas

Carter, A. (1979). *The Sadeian Woman*. London: Virago.

Freud, S. (1927). *El Porvenir de una ilusión*. Tomo XXI. Buenos Aires: Amorrortu.

_____ (1930). *El malestar en la cultura*. Tomo XXI. Buenos Aires: Amorrortu.

Kahr, B. (2007). *Sex and Psyche*. London: Allen Lane.

James, E. L. (2012). *50 Shades of Grey*. London: Arrow Books.

Paglia, C. (2011). *Vamps and Tramps*. New Essays. London: Vintage.

Stoller, R. (1979). "Centerfold: An essay on Excitement". *Archives of General Psychiatry*. Vol. 36, pp. 1019-1021.

Stoller, R. (1998). *Pasión y Dolor*. Buenos Aires: Manantial.

Tesone, J. E. (2012). *Women and Creativity*. Conferencia COWAP, Genova Italia, 2012.

Welldon, E. (1988). *Mother Madonna Whore*. The idealization and denigration of motherhood. London: Free Association Books, 1988.

PARTE III

INTOLERANCIA A LO FEMENINO EN EL ARTE

La intolerancia a lo femenino y la capacidad creativa en la vida de Edith Piaf

Patricia Alkolombre

Edith Piaf ha sido una de las grandes cantantes francesas del siglo pasado y constituye una figura femenina que nos permitirá indagar la problemática de la intolerancia a lo femenino, tema de este X Diálogo de COWAP.

Quiero agradecer a Nohemí Reyes de Polanco la invitación a participar en esta mesa con un tema convocante como es la intolerancia a lo femenino, en figuras de la cultura, y poder compartirlo con colegas amigas como Olga Varela y Marcela Sánchez, dentro de este fecundo X Diálogo.

En este trabajo voy a presentar algunas reflexiones psicoanalíticas dentro de un contexto histórico-social sobre el modo en que incidió, en la vida de Edith Piaf, la intolerancia a lo femenino junto a su gran capacidad creativa.

Comenzando con el desarrollo del tema podemos recordar que Freud, en su trabajo sobre el "Tabú de la virginidad" [1918 (1917)], plantea el "horror básico a la mujer" por ser diferente al hombre y escribe: "El varón teme ser debilitado por la mujer, contagiarse de su feminidad".

Si pensamos lo femenino diferenciado del concepto de mujer, podemos decir que lo femenino encarna en la mujer pero es patrimonio de hombres y mujeres (Alizade, 2004) y evoca los distintos espacios asociados con la vulnerabilidad.

Lo femenino alude entonces a la incompletud, al no todo, a lo no sabido, a lo vulnerable y perecedero y justamente por eso se transforma en algo temido y rechazado. Se mueve en los terrenos inquietantes de la incertidumbre, de la apertura a lo nuevo, a la generatividad, esa es su riqueza y su poder. Retomando las palabras de nuestra querida Mariam Alizade en la carta que escribió para este Diálogo, "Lo femenino es una posición mental privilegiada en todos los seres humanos".

La intolerancia a lo femenino se manifiesta en distintas formas a través del ejercicio del dominio entre los géneros (entre hombres y mujeres) o intra-género (entre hombres o entre mujeres), y en la sociedad se manifiesta sobre los más débiles y marginados, sean hombres, mujeres o niños.

La biografía de Edith Piaf, el recorrido de su vida, nos permitirá pensar y abrir interrogantes sobre la intolerancia a lo femenino desde una perspectiva psicoanalítica y en un contexto histórico-social, como señalamos.

El análisis se desarrollará a partir de dos ejes; por un lado su configuración edípica y por otro, el lugar del campo vincular (los otros, el mundo exterior, el cuerpo social, o como lo designemos) teniendo fundamentalmente como vector central la intolerancia a lo femenino.

En realidad, en la vida de Edith Piaf vamos a hablar de "las intolerancias" a lo femenino -en plural- que rodearon muchas circunstancias de su vida, junto con su gran capacidad creativa. Como toda referencia a una biografía, quedan afuera algunos elementos.

Su infancia y adolescencia

Edith Piaf nació en el invierno de 1915, mientras transcurría la primera guerra mundial. Su verdadero nombre es Edith Giovanna Gassion. Tuvo un origen sumamente humilde, su padre era un acróbata de circo y su madre una cantante de cabaret; vivían en los suburbios de París.

El día en que Edith nació, su padre estaba alcoholizado y su madre fue sola hacia el hospital, pero no llegó a tiempo y fue auxiliada por un gendarme, y así nació Edith, en plena calle. Hay una placa recordatoria bajo el número 72 de la calle Belleville en París.

"Nacer en la calle" dejó una marca significativa sobre sus orígenes que la identifica por su condición social y también por el desamparo. Se hace presente desde los inicios de su vida la intolerancia social y económica y se pone en acto la ayuda de este hombre, el gendarme, que la rescata del vientre materno. Los lazos sociales -los otros- y el azar fueron decisivos en la vida de Edith, ella aloja el azar y la incertidumbre.

Siendo muy pequeña, sus padres se separan y su madre no la puede mantener y la deja en la casa de su abuela materna, quien al poco tiempo la lleva con su padre. Pero éste es llamado para ir al frente -transcurría la primera guerra mundial- y la deja al cuidado de su madre (la abuela paterna de Edith) que regenteaba un burdel en la zona de Normandía. Allí es criada por esta abuela y las prostitutas del lugar. Aquí hay otra marca identitaria al pertenecer, desde los orígenes, a un mundo rechazado por la sociedad, el "bajo mundo", otro espacio marginal de intolerancia.

Cuando su padre regresa del frente al finalizar la guerra la lleva a vivir con él la vida de los artistas ambulantes, en los circos itinerantes; ésta es su infancia. Cantaba por unas pocas monedas, relatan que de pequeña cantaba la Marsellesa -el himno de Francia-, porque era la única canción que conocía. Comienza a revelar su talento interpretativo.

Cantaba como lo hacía su madre y aquí despunta uno de los pilares de la configuración edípica, su vínculo fallido con su madre, ya que representa en su vida una ausencia significativa -una madre que fue abandonada y abandonante-. Una carencia del objeto original que da lugar, desde mi punto de vista, a la vulnerabilidad somática que la fue acompañando a lo largo de su vida. No obstante, su abuela paterna es quien ejerció el rol materno en los cuidados y en las funciones de apego.

La importancia de la figura del padre en su vida -y por desplazamiento de otras figuras masculinas, comenzando por el gendarme-, completa la configuración edípica. Un padre que si bien está inicialmente ausente cuando es llamado al frente de batalla, al regresar podríamos decir que la "rescata" del mundo femenino que vivía junto con su abuela paterna y entra en su devenir psicosexual como una figura que triangula, como terceridad. La lleva a vivir con él la vida de los artistas itinerantes y Edith comienza a cantar.

Aquí nos resultan de mucho interés las conceptualizaciones de Jessica Benjamin (1996, 1997) sobre el lugar del padre en la etapa de reacercamiento de las niñas cuando son reconocidas por este como un sujeto de deseo y no como objeto de deseo. Haremos un breve desarrollo del tema.

Jessica Benjamin plantea que en la etapa de separación y reacercamiento de la figura materna, a los niños y niñas se les plantea una paradoja ya que necesitan ser reconocidos como independientes por la misma persona de la que dependen. De allí que la etapa de reacercamiento es un movimiento que se da entre la necesidad de autoafirmación y la angustia de separación. Señala así la presencia de un deseo de ser reconocido como un sujeto, más allá de la compensación de una pérdida.

El padre -para las niñas- es el representante del mundo externo, se presenta como un objeto idealizado que les permite una identificación con la diferencia, con el progenitor del otro sexo. La falta de reconocimiento lleva a la mujer a desear un hombre idealizado a quien considera sujeto de deseo y se ubica de este modo como objeto de deseo.

Jessica Benjamin sostiene que el padre del reacercamiento no rivaliza ni prohíbe y se diferencia del padre del Edipo, también presente. El padre del reacercamiento es una figura con la cual -en este caso Edith- hace una segunda díada que apunta hacia el afuera a partir de una identificación con un sujeto igual. De allí que -siguiendo a esta autora- en las niñas el amor identificatorio hacia el padre las ayuda a definirse como sujetos de deseo.

Estas ideas nos permiten pensar en los aspectos tróficos y en la importancia de la figura del padre en su vida, quien opera como terceridad -el padre del Edipo- cuando la va a buscar a la casa de la abuela, y también como fuente de identificación con la diferencia, el padre del reacercamiento, que la lleva a cantar con él. Canta de pequeña, como antes lo hacía su madre, una figura que está de algún modo presente a través de una identificación en el canto, con la voz.

A los 14 años -en plena adolescencia- se independiza de su padre y se va a vivir sola, iniciando su propio camino como cantante en los suburbios de París. A los 17 años se enamora de Louis Dupont -un repartidor- con quien tiene su única hija, llamada Marcelle, que muere a los dos años de meningitis. Un duelo que dejó secuelas en su vida, después no pudo tener más hijos (Alkolombre, 2012 [2008])

Un segundo nacimiento
Su vida cambia a los 20 años cuando un empresario del espectáculo -Louis Lepleé- la escucha cantar en la calle y la contrata para trabajar en su cabaret Gerny's, uno de los más conocidos de París, al que concurrían muchas celebridades.

Aquí se produce un segundo nacimiento para Edith, también en la calle, de la mano de otro hombre que oficia simbólicamente de partero. Fue él quien la bautizó como "*Piaf*", que significa pequeño gorrión, pues la veía con un cuerpo pequeño y una gran voz. Aquí hay otra marca identitaria en un encuentro que cambió su vida, bajo la mirada de otro que vio en ella a "La Piaf". El concepto de encuentro de Aulagnier remite al encuentro con los otros que permiten metabolizar el exceso. Resalta la dimensión relacional, la subjetividad, la historia y el lazo social (Aulagnier, 1975).

Podemos decir, a partir de estas ideas de Aulagnier, que la figura del empresario Leplée tuvo un lugar decisivo en los procesos de subjetivación en esta etapa de su vida al otorgarle a su fragilidad un nombre, "Piaf", rescatando su voz como un elemento narcisizado y valioso para su vida y estimulando sus capacidades creativas. La figura de este hombre sigue en la línea paterna.

El significado de "La Piaf", apodo por el cual se dio a conocer artísticamente, fue lo que me llevó a interesarme en su vida, ya que encarna lo femenino en la fortaleza de la fragilidad y también en la capacidad sublimatoria.

Su vida vuelve a sufrir un vuelco, Leplée apareció muerto en su despacho y la policía la trató como sospechosa del asesinato. Este escándalo la lleva nuevamente a la calle y a partir de este momento comenzó a beber, a drogarse y a tener una intensa y tumultuosa vida amorosa.

Un nuevo capítulo comienza a finales de los años treinta cuando conoce al compositor Raymond Asso de quien fue su pareja y su discípula. Él la prepara para ser una cantante profesional del *Music Hall* desde una función pigmaliónica. Tuvo rápidamente éxito y comenzó a ganar dinero.

Comienza la segunda guerra mundial y durante la ocupación alemana cambió su nombre artístico por el de "La Môme Piaf" y continuó dando conciertos. Sin ceder a la ocupación nazi, interpretó canciones con un doble sentido evocando a la resistencia y protegió a artistas judíos que eran perseguidos. En esa época escribió e interpretó la canción *La vida en rosa*. Se convirtió en la musa de poetas e intelectuales del París existencialista y se ganó la admiración incondicional del público convirtiéndose en un ícono femenino de la resistencia.

Poco tiempo después de finalizada la guerra, en 1948 conoce al gran amor de su vida, el boxeador Marcel Cerdan, que estaba casado. Se establece entre ambos un vínculo de tipo pasional, a todo o nada y la presencia de Marcel se vuelve imprescindible, requiriéndolo constantemente. Adquiere la categoría de un objeto único (Freud, 1930) destinatario de su amor y de sus reclamos. Berenstein y Puget (1992) desarrollan la noción de objeto único a partir de las raíces en el vínculo originario madre-bebé y lo describen como "el vínculo con otro estable dotado del carácter de exclusividad y necesariedad, a quien nadie podría reemplazar, buscado por el yo sin el cual se ve amenazado por la vivencia de aniquilación" (p. 191). Está presente como una modalidad disfuncional del objeto único en los vínculos de tipo pasionales, como el de Edith y Marcel.

Pero la tragedia golpea nuevamente, Marcel muere trágicamente en un accidente de avión, viajando hacia Nueva York a encontrarse con Edith. Frente a esta nueva pérdida hace un intento de suicidio del que, al cabo de un tiempo, se recupera. En su memoria escribió y cantó *El himno al amor*. Volvió a tener muchos romances, los más conocidos fueron con Marlon Brando, Yves Montand, Charles Aznavour, Georges Moustaki. Se vuelve a casar varias veces, la última lo hace con un joven griego Theo Sarapo, 20 años menor que ella, que la acompaña hasta su muerte.

En ese período realiza dos curas de desintoxicación para revertir la dependencia a los medicamentos, se había vuelto adicta a la morfina después de un accidente. A estas alturas es una artista que ha triunfado en Europa y en Estados Unidos. Sus últimas actuaciones las hace en el Olimpia de París, donde interpreta la canción No, no me arrepiento de nada. En 1959 le diagnostican un cáncer y muere en el año 1963.

Para ir finalizando...

La vida de Edith Piaf encarna aquello rechazado y temido asociado con lo femenino en sus aspectos de fragilidad, desamparo social como marca desde sus orígenes, y sufrió distintos tipos de intolerancias. "Nacer en la calle", fue la primera marca de intolerancia económica por la condición familiar y social, al provenir de una familia de muy pocos recursos y cuyos padres eran alcohólicos. Luego, siguió el período que fue criada por la abuela materna que regenteaba un burdel en Normandía, considerado un espacio marginal y rechazado por la sociedad, el "bajo mundo". Intolerancia social que siguió acompañándola en distintas etapas de su vida, al comienzo con su padre, en medio de la pobreza, cantaba con él en los suburbios de París, en los cabarets marginados, lugar al que regresaba con cada pérdida o en cada crisis. Podemos decir que sufrió distintas intolerancias en su deambular en los primeros tiempos de vida, intolerancia económica por las dificultades que se le presentaron, e intolerancia social al quedar expuesta en distintos momentos de su vida.

Nace como Edith Giovanna Gassion y luego tiene un "segundo nacimiento" cuando el empresario Leplée la llama artísticamente Edith Piaf, con un nombre que alude a su cuerpo pequeño y a su gran voz. Una marca identitaria que cambia su vida y se transforma en "la Piaf" a partir de allí.

Podemos conjeturar algunas hipótesis sobre su configuración edípica, la implicancia de la ausencia de la figura materna en una mayor vulnerabilidad somática y anímica. La búsqueda de la madre a través del canto, presente en la singularidad de su voz y su capacidad interpretativa. La función de apego y cuidados en su infancia a cargo de su abuela paterna y también la importancia de su padre como fuente de identificación con la diferencia, que le permitió ser reconocida como un sujeto de deseo.

La figura de Edith Piaf encarna la creatividad en las distintas salidas sublimatorias que fue encontrando en los vínculos con otros significativos a lo largo de su vida. Vemos la fuerza que adquieren los lazos sociales en su función trófica que le permitieron ir forjando un camino. Le cantó al amor, al dolor, al desamparo, al poder.

En un lugar aparte se ubican las pérdidas bajo circunstancias traumáticas como son la muerte de su hija, la del empresario Louis Leplée y la de su gran amor, Marcel Cerdan. Siguiendo la línea de la vulnerabilidad somática, queda asociada con las pérdidas afectivas que la llevaron al alcoholismo y a la adicción a la morfina.

Edith Piaf es un personaje de la cultura, complejo, que encarna las intolerancias a lo femenino en distintos momentos de su vida y les hace frente con fortaleza y a partir de su capacidad sublimatoria. De algún modo estuvo siempre presente en su vida la lucha contra el desamparo.

Desde mi punto de vista, se constituye en un símbolo de la tolerancia a lo femenino y de creatividad.

Referencias Bibliográficas

Alizade, M. (2004). Violencia y femineidad (espacios vulnerables). En *Ser y Hacer de las mujeres. Reflexiones Psicoanalíticas.* Buenos Aires: Lumen y COWAP.

Alkolombre, P. (2012 [2008]). *Deseo de Hijo. Pasión de Hijo. Esterilidad y técnicas reproductivas a la luz del psicoanálisis.* Buenos Aires: Letra Viva.

Aulagnier, P. (1977 [1975]). *La violencia de la interpretación.* Buenos Aires: Amorrrortu.

Benjamin, J. (1996). *Los lazos de amor. Psicoanálisis, feminismo y el problema de la dominación.* Buenos Aires: Paidós.

_____ (1997). *Sujetos iguales, objetos de amor.* Buenos Aires: Paidós.

Freud, S. [1918 (1917)]. *El tabú de la virginidad* (Contribuciones a la psicología del amor, III). A.E., vol. XI. Buenos Aires: Amorrrortu.

_____ (1930). *El malestar en la cultura.* A.E., Vol. XXI. Buenos Aires: Amorrrortu.

Puget, J. Berenstein I. (1992). *Psicoanálisis de la pareja matrimonial.* Buenos Aires: Paidós.

Imágenes de lo femenino en la obra de Pablo Neruda

Marcela Sánchez-Darvasi

En la conferencia 33 sobre la feminidad (1932), Freud termina por reconocer a su audiencia, que todo lo que ha planteado es incompleto y fragmentario y señala: "Si ustedes quieren saber más acerca de la feminidad, inquieran a sus propias experiencias de vida, o diríjanse a los poetas, o aguarden hasta que la ciencia pueda darles una información más profunda y mejor entramada" (p.125).

Intentaré seguir el consejo del padre del psicoanálisis, realizando un necesariamente breve recorrido por la vida y la obra de Pablo Neruda, un gran poeta contemporáneo.

Selden (1989),en su libro sobre teoría literaria contemporánea, se refiere a la obra de Julia Kristeva, para quien el lenguaje poético es revolucionario en cuanto atenta contra aquello racionalmente aceptado, que se ve amenazado por lo heterogéneo y lo irracional; una sintaxis ordenada establece una mente ordenada: "...la razón...siempre se ha visto amenazada por los ruidos subversivos del placer, la música, la risa o la poesía" (p.97). Los seres humanos experimentan, desde su nacimiento, el fluir rítmico de los impulsos físicos y psíquicos. "En la etapa pre-edípica, el flujo de impulsos se centra en la madre y no existe una clara demarcación de las partes del cuerpo y de sus relaciones" (p.97). Este flujo pre lingüístico de movimientos, gestos, sonidos y ritmos, al que Kristeva denomina semiótico, constituye una base que permanece activa, bajo el comportamiento lingüístico del adulto. En la medida que se instaura la sintaxis y la racionalidad lógica del adulto, lo semiótico se va transformando en simbólico (Selden, pp. 97-98).

El lenguaje poético irrumpe en el orden racional: el canto del poeta, su ritmo, sus metáforas surgen de este mundo pre verbal y están anclados en las experiencias previas a la simbolización, la experiencia de fusión con el cuerpo materno; es eminentemente femenino, puesto que se origina en estas experiencias tempranas. En su trabajo nominado Revolution in Poetic

Language, Kristeva (1986) alude al poeta francés Mallarmé, quien se refiere al "misterio en las letras" relacionado a este ritmo semiótico, que es femenino y enigmático, un espacio que subyace a lo escrito y es ininteligible haciendo difícil una propia traducción; es musical, previo al juicio (p. 97).

La biografía de Neruda reafirma estas ideas, puesto que a la tierna edad de dos meses, Ricardo Eliecer Neftalí Reyes Basoalto pierde a su madre, víctima de la tuberculosis. El poeta nace en Parral, en el sur de Chile, en 1904; lugar que describe como "un polvoso pueblo blanco y lejano", en uno de sus poemas titulado "Sensación autobiográfica", que aparece en Cuadernos de Temuco (1919, 1920). Su madre, Rosa Neftalí Basoalto, era maestra de escuela primaria, se casó tardíamente para su época, de modo que el hijo, nombrado Neftalí en su honor, nació cuando ella tenía 39 años. Se cuenta que esa madre, tan tempranamente perdida, adoraba la poesía y era muy dada a la lectura (Teitelboim, 1996). Su padre, José del Carmen Reyes Morales, también había perdido a su madre al nacer, y fue criado por una madrastra, a quien acude para confiarle a su hijo recién nacido. Del bebé se ocupa entonces la abuelastra, doña Encarnación Parada, quien le encuentra una nodriza entre las campesinas del lugar, mientras el padre parte en busca de trabajo, dejando atrás al pequeño.

Casi seis años más tarde, cuando su padre vuelve a contraer matrimonio y se traslada a la ciudad de Temuco, Neftalí es llevado a vivir con la pareja (Teitelboim, 1996). Trinidad Candia Marverde, la nueva cónyuge de José del Carmen recibe del poeta el nombre de "mamadre" porque Neftalí no quiere llamarla madrastra. Según relata en sus memorias, fue a ella a quien dedicó su primer poema escrito cuando tenía 7 u 8 años:

"Habiendo apenas aprendido a escribir, sentí una vez una intensa emoción y tracé unas cuantas palabras semi-rimadas, pero extrañas a mí, diferentes de lenguaje diario. Las puse en limpio en un papel, preso de una ansiedad profunda, de un sentimiento hasta entonces desconocido, especie de angustia y de tristeza. Era un poema dedicado a mi madre, es decir, a la que conocí por tal, a la angelical madrastra cuya suave sombra protegió toda mi infancia" (Neruda, 1974, p.33).

A su madre biológica, Neruda (1980, p. 30) escribe el poema "La Luna", publicado en *El río invisible*, obra que reúne su producción de la adolescencia y la juventud:

"...Cuando nací mi madre se moría
con una santidad de ánima en pena.

> Era su cuerpo transparente. Ella tenía
> bajo la carne un luminar de estrellas.
> Ella murió. Y nací.
> Por eso llevo
> un invisible río entre las venas,
> un invencible canto de crepúsculo
> que me enciende la risa y me la hiela".

Y más adelante agrega:

> "El marfil de sus manos moribundas
> tornó amarilla en mí la luna llena...
> Por eso -hermano- está tan triste el campo
> detrás de las vidrieras transparentes...
> ...Esta luna amarilla de mi vida
> me hace ser un retoño de la muerte..."

En esta misma obra, otros versos de adolescencia dedicados a la madre muerta, llevan por título "Humildes versos para que descanse mi madre" y, además, la menciona en su poema "Nacimiento", al hablar de Parral, su lugar de origen, "tierra cargada de uvas que nacieron desde mi madre muerta" (Neruda, 1976, p.11).

Por otra parte, su padre, José del Carmen Reyes, desaprobaba la afición poética de su hijo, no podía apreciar el talento que este poseía, y con gran pragmatismo, lo instaba a ocuparse de lo que consideraba necesario para aprender a ganarse la vida. Las tensiones entre padre e hijo y los múltiples regaños, a veces bastante violentos, llevaron a Neftalí a publicar sus poemas bajo el pseudónimo de Pablo Neruda, que quizá tomó de un poeta checo llamado Jan Neruda; aunque circulan diferentes versiones sobre el origen de este nombre de pluma.

La melancolía, la ausencia, una tristeza gris y desolada, asoma en toda la poesía temprana de Neftalí Reyes. La búsqueda del amor, la nostalgia por el amor perdido, ocasionalmente la desesperación, una profunda soledad, llenan su canto de versos anhelantes, donde la imagen femenina aparece como el deseado remedio al sufrimiento. Es quizá el hecho de haber sido arrancado del pecho materno, de la fuente del amor y la vida, lo que despierta en el niño-adolescente el impulso a metaforizar, a cubrir con palabras el vacío. Sueña con esa mujer a la que alude en una gran parte de sus poemas:

"Mujer, quiero que seas como eres,
así surgiendo apenas de la oscuridad,
como te veo ahora, como nunca más te veré".

"Inmóvil frente a mí, tú serás mi destino.
Yo, en cambio, no soy nada.
Soy la actitud mirante de todas las cosas
que hacia ti convergen y desde ti se apartan"
(Neruda,1980, p. 121).

Lo femenino es difícilmente una presencia tangible, todo confluye y emana hacia y desde ésta imago: consuelo, identidad y sentido. Esto nos hace recordar que una de las piezas de colección más preciadas en la vida del poeta fueron justamente los mascarones de proa, figuras de mujer que sobre la proa servía de identificación a la nave, situadas al frente, parecían dirigirla hacia su destino. En su casa de Isla Negra se encuentran *María Celeste*, la sirena *Victoria* y *Medusa*, entre otras; es a alguna de estas esculturas marinas a la que en el soneto LXVIII de Cien sonetos de Amor (1995) denomina la "niña de madera" cuya mirada opaca tiene "tristeza de raíces".

A pesar de la audacia amorosa expresada en sus versos, el joven Neftalí era extremadamente tímido con las muchachas y en *Confieso que he vivido* (1974), sus memorias, señala:

"...en vez de acercarme a las muchachas, a sabiendas de que tartamudearía o enrojecería delante de ellas, prefería pasarles de perfil y alejarme mostrando un desinterés que estaba muy lejos de sentir. Todas eran un gran misterio para mí. Yo hubiera querido morir abrasado en esa hoguera secreta, ahogarme en ese pozo de enigmática profundidad, pero no me atrevía a tirarme al fuego por el agua" (p.53).

Lo deseado y lo misterioso, el deseo de fusión y el temor se despiertan ante esas representantes de lo femenino, a las que persigue y de las que huye simultáneamente.

El poeta se enamoraba con facilidad, y aunque permaneciera muchos años prendido a un amor platónico a quien escribía sus versos, esto no le impedía sucumbir a los encantos de otras muchachas que cruzaban su camino. En sus años de juventud, destacan al menos dos amores: Terusa, su amor adolescente de Temuco y Albertina, su pasión de los años universitarios en Santiago.

A Terusa o Marisol la describe como una chiquilla cuyo cuerpo "como la luna relucía en la oscura primavera del sur", es la inspiradora de la "Canción desesperada" y varios de sus famosos *Veinte poemas de amor* (1944). Ella encarna temporalmente esos anhelos de un objeto amoroso inalcanzable. Es a esta Marisol de sus ensueños a quien escribe: "Socavas el horizonte con tu ausencia. Eternamente en fuga como la ola", es ella a quien dibuja como "sutil visitadora, llegas en la flor y en el agua". La silueta de este amor de su adolescencia, emana de las cosas cotidianas como el agua, como las flores, está entre sus manos cada día. Muchos años después, la recuerda y la llama "inextinguible aún en el olvido" en *Memorial de isla negra* (p.63), obra que consiste en una especie de autobiografía redactada en versos, que aparece en 1964, cuando Neruda tenía 60 años. "¿Dónde está el amor muerto?-¿en dónde yace aquel antiguo amor?". Es como si aludiera a aquel amor, el primero que pierde casi al nacer, aquella que yace bajo tierra desde los comienzos de su vida.

La gran soledad del poeta, la melancolía de su juventud, lo hacen asirse a estas imágenes femeninas que despiertan el caudal poético en su interior. Parece consciente de que ellas son su creación y habitan en su mundo interior cuando escribe: "... emerges de las cosas, llena del alma mía. Mariposa de sueño, te pareces a mi alma, y te pareces a la palabra melancolía" *(Neruda*, 1944, p.73). Estas frases podrían estar dedicadas a su segundo amor, Albertina Azócar, a quien en contraste apoda Marisombra. Ella es la musa de los años en que estudiaba francés en la Universidad, en Santiago de Chile. El tono afectivo de sus versos se mantiene, parece dirigirlos a una criatura femenina evanescente, que surge y muere en sus frases, está hecha de noche y de silencio, a ella le dice "distante y dolorosa como si hubieras muerto". Es un amor que se le escurre entre las manos, alguien a quien no alcanza a aprehender, viva pero ausente, y es precisamente esta condición lo que parece hacerla inolvidable.

Cuando parte como diplomático a Rangoon, escribe innumerables cartas a Albertina. Ha comenzado a hacerlo a los diecisiete años y continuará hasta los veintiséis. En ellas le reprocha su falta de respuesta pero aún así le propone matrimonio, ella no acepta.

El experto en la obra de Neruda y autor de su única biografía en inglés, Adam Feinstein (2004), menciona una tercera relación importante en la juventud del poeta. Se trata de Laura Arrué a quien, según este biógrafo, parece que también le propone matrimonio antes de partir de cónsul a Rangoon. En todo caso, Laura establece en sus memorias que Pablo le enviaba dibujos, poemas, cartas y una edición de *Veinte poemas de amor* y una canción desesperada diciéndole que ella era la influencia y musa principal de esa obra (p.51). De acuerdo a este mismo biógrafo, tanto Albertina como Laura corresponden de alguna manera a su amor, pero ninguna puede aceptarlo oficialmente porque sus familias lo consideraban un bohemio sin futuro, de origen humilde y con poco que ofrecer como marido.

Vemos aquí, ilustrado en este trío de cortejos paralelos, la intensa necesidad del joven de anclarse en un vínculo afectivo. Al mismo tiempo, no discriminaba entre ellas, cualquiera de las tres era su musa inspiradora y su posible esposa. La cura para la soledad está escrita bajo algún nombre femenino. En Rangoon llena su vacío involucrándose con una nativa, quien le sirvió de secretaria por un período corto, a la que llama Josie Bliss, también apodada "la Pantera". Esta hermosa amante lo acompañó por siete u ocho meses en 1928, hasta que partió de Birmania para irse a Calcuta, según dice Feinstein (2004). Cuando ella comenzó a volverse posesiva en extremo, el asustado cónsul debió huir temiendo por su vida, ya que la apasionada birmana, enloquecida de celos, lo amenazaba con un cuchillo. En sus memorias, el poeta señala que si no hubiera percibido el peligro se hubiera quedado para siempre con ella, amaba su cabello obscuro ornado de flores blancas. En su poema "Tango del viudo", la recuerda con versos en que la apoda "la Maligna", pero le expresa su añoranza: "cuánta sombra de la que hay en mi alma daría por recobrarte" (Neruda, 1994).

A los treinta años, edad que se había fijado como límite para casarse, Neftalí Reyes toma por esposa a María Antonieta Agenaar, una muchacha de origen holandés, nacida y criada en Java, a la que suele llamar Maruca. Esta relación no tiene el impacto que poseen otras mujeres en su historia sentimental, no deja huellas reconocibles en sus escritos poéticos. A Maruca no le dedica versos, constituye una alianza proveniente del aislamiento, y con ella regresa a Chile a raíz de la crisis económica de los años treinta. Ya que el gobierno chileno carece de recursos para pagar sus modestos honorarios de cónsul, tendrá que trabajar en Santiago por un período. Finalmente es enviado como cónsul a Buenos Aires (Teitelboim, 1996).

Las relaciones con su cónyuge holandesa son frías, se perfilan, con frecuencia, otros contornos y rostros femeninos. El poeta no parece haber sido fiel más que al amor que sentía en el momento, la obligación o el compromiso tenían poca incidencia en su comportamiento amoroso. Involucrado en una búsqueda permanente, una vez que gozaba del puerto seguro de un amor correspondido, éste solía perder su encanto y, pasados algunos años, el capitán Neruda levaba anclas en pos de un nuevo rostro, de un nuevo destino amoroso.

A pesar de todo, llega a España como diplomático en 1934, acompañado de Maruca, procrean una hija, nacida ese mismo año, a la que dan el nombre de Malva Marina. La pequeña nace prematura, y muy pronto se dan cuenta que padece de hidrocefalia. Muere a los ocho años cuando ya sus padres estaban separados. El matrimonio parece no haber estado sustentado en un vínculo amoroso sólido, es quizá el devastador confinamiento emocional que Neftalí experimentaba, lo que lo hace unirse a Maruca. En su poema "Itinerarios" (*Antología*, 1994) se pregunta: "¿Para qué me casé en Batavia?". Llama la atención que no destaque en su obra ningún poema escrito a Malva Marina, su única hija. Todo habla de un duelo no elaborado, cuya sombra termina con los últimos vestigios amorosos de la pareja.

Durante la época en que estuvo casado con María Antonieta Agenaar, intenta restablecer contacto con Albertina Azócar y le escribe diciéndole que se había casado sólo porque su soledad se había vuelto intolerable en esos años de exilio. Albertina nunca responde, peor aún, posteriormente se casa con otro poeta, Ángel Cruchaga, amigo de Neruda. Según menciona Teitelboim (1996), Pablo y Albertina se encuentran posteriormente y se frecuentan de forma afectuosa; ella aparece en su obra autobiográfica lírica, *Memorial de Isla Negra* (1974). Aparentemente aquel amor de juventud se mantuvo vivo dentro del mundo de fantasías amorosas que alimentaban la creación poética del autor, hasta el final de sus días. Sin embargo, sus obras no exhiben trazas de resentimiento que puedan ser documentadas ante la traición de su otrora musa, quien lo rechaza para aceptar finalmente casarse con otro poeta.

A su llegada como cónsul a España, conoce a Delia del Carril, pintora argentina de una familia de abolengo, comunista, divorciada y con veinte años más que el poeta. Comienza una intensa relación amorosa con ella, haciendo caso omiso del hecho de que aún está casado con Maruca y de que tiene una hija recién nacida. Cabe preguntarse si Neruda no experimentó un fuerte abandono ante la llegada de una recién nacida que requería de cuidados especiales y acapara la atención de Maruca, puesto que es justamente con la llegada de la hijita, que Pablo se liga profundamente con otra compañera amorosa.

Tanto Teitelboim como Feinstein afirman que durante su estancia en Buenos Aires, el poeta se involucró con Loreto Bombal, hermana de la conocida escritora María Luisa Bombal, y aún cuando su poesía de la época evidenciaba un sentimiento de profundo aislamiento afectivo, debido al creciente distanciamiento que reinaba en su matrimonio, no dejó a su entonces esposa.

Delia, la llamada "hormiguita", dirá muchos años después, que Pablo era un niño; ella se ocupaba de él y se divertían enormemente juntos; ella revisaba sus poemas, era su crítica, quería educarlo. Se constituyó en una figura materna hacia la que Neruda expresó admiración y apego. Delia no llegó a despertar en él la pasión inspiradora. Existen solamente dos poemas que le fueron dedicados, la reconocía como una gran compañera durante dieciocho años. En esos poemas, que se publican en *Memorial de Isla Negra* (1964), le escribe versos teñidos de gratitud, la llama…"luz de la ventana abierta a la verdad, al árbol de la miel"… "Delia, la luna luminosa de tu razón apartó los dolores" (Neruda, p.201). La pintora argentina le aporta quizá una paz interior, la seguridad afectiva, esa relación de apuntalamiento que le fue arrancada al nacer. En el otro poema de esa misma obra, que también lleva su nombre, intenta explicarle la muerte del amor y el surgimiento de una nueva pasión:

"…porque está escrito en donde no se lee
que el amor extinguido no es la muerte
sino una forma amarga de nacer"…

Y más adelante agrega en el mismo poema:

"…y si pude agregarte la tristeza
de mis ojos ausentes, no fue mía
la razón ni tampoco la locura:
amé otra vez y levantó el amor
una ola en mi vida y fui llenado
por el amor, sólo por el amor,
sin destinar a nadie la desdicha" (Neruda, p. 204).

El poeta tenía la intención de permanecer casado con la que había sido su mujer durante casi dos décadas. Delia del Carril contaba con setenta años mientras el poeta frisaba los cincuenta, y este último, de acuerdo con Matilde Urrutia, pretendía mantener oculto, clandestino, su romance con la que posteriormente se convertiría en su tercera esposa; quizá parte del atractivo amoroso provenía justamente de ello. Matilde y Pablo se habían encontrado por primera vez en Chile, hacía algunos años, y tuvieron una aventura amorosa de breve duración y sin trascendencia. Se reencontraron posteriormente en México, a principios de los cuarenta. Irónicamente, es Delia quien inadvertidamente los reúne: contrata a la entonces cantante lírica para que asista y acompañe a su marido, que debe guardar reposo debido a una flebitis, mientras ella parte de viaje.

La pasión amorosa irrumpe nuevamente en la vida del chileno. A espaldas de la esposa, los amantes se dan cita en distintas partes del mundo. Matilde los acompaña en sus viajes, regresa a Chile junto con Pablo.

Finalmente, fue Delia del Carril la que, al ser enterada de las andanzas de su esposo por el personal de servicio de la casa de Isla Negra donde su esposo solía acudir en compañía de su amante, quien precipita el desenlace. "Delia tenía un orgullo vasco", dice Isidora Aguirre, en su *Antología* (1994). Su dignidad no le permitía tolerar el agravio de la presencia de otra mujer en la vida de Pablo. De acuerdo con fuentes cercanas a la pareja, consultadas por el biógrafo Feinstein (2004), Neruda le suplicaba a "la Hormiga" que no se separara de él, pero ella le dijo: "Éste no es un matrimonio burgués, Pablo. Si no hay amor, no hay matrimonio". La pareja se vio, por última vez en 1955; ambas mujeres eran muy diferentes. Según lo que Aida Figueroa, amiga de Delia y Pablo y conocedora de la historia narra al biógrafo inglés, Neruda hubiera querido conservar a la pintora del Carril como su compañera intelectual y tener a Matilde como la amante con quien compartir la sensualidad. Una especie de escisión acordada entre las partes, mecanismo en que el poeta tenía ya una trayectoria recorrida de forma más o menos consciente, y el que no daba la impresión de que le causara mayor incomodidad, pero que no fue aceptado por las mujeres.

Me atrevo a especular al formular la pregunta: ¿de haber permanecido en la excitante secrecía, hubiera podido Matilde mantener su imperio amoroso sobre el poeta? Con el paso del tiempo, como ocurre con todos los amores, la intensidad del apasionamiento amoroso entre Matilde y Pablo fue tornándose en un amor cotidiano, menos sublime; ya no satisfacía el ansia idealizadora poética y apareció Alicia, sobrina de Matilde. La historia se repetía, fue Matilde quien introdujo a Alicia en la vida de Pablo. ¿Actuación inconsciente? Es curioso, porque es ella quien conoce mejor la vulnerabilidad de su marido ante una mujer que le brindara atención y cuidados.

Matilde Urrutia fue la merecedora del mayor número de poemas dedicados a una figura femenina. Están publicados, principalmente, en dos volúmenes: *Los Versos del capitán* y *Cien sonetos de amor*. Nacida en Chillán y fundadora de una escuela de canto, es la esposa -se casa con ella en 1968- que lo acompaña hasta el final de sus días. Pero la última pasión de este gran enamorado fue Alicia Urrutia, sobrina de Matilde quien, a instancias de esta última, había venido con su hijita a ayudarlos con los menesteres domésticos en la casa de Isla Negra. Al darse cuenta de la situación, la indignada esposa impone como condición al poeta que abandonen el país, y él solicita al gobierno que le conceda una embajada. La pareja parte a Francia. Se sabe que Neruda se mantuvo en contacto secretamente con esta última enamorada, a quien enviaba presentes desde Europa (Teitelboim, 1996).

Era la pasión del enamoramiento, la aparición de una mujer que le permitiera conectarse a lo femenino idealizado lo que movilizaba el interés del poeta. Todas se vuelven aquella deseada, y todas sufren un destino común: serán reinas por un lapso más o menos breve. Lo cotidiano del amor no logra atrapar la mirada inquieta de Neruda, ésta siempre deslizará hacia una nueva musa en torno a la que irá construyendo, una vez más, la efímera fémina de sus sueños. Su poesía se nutre de la exaltación o el sufrimiento amoroso despertados por un rostro nuevo, un medio al servicio de un ilusorio reencuentro con aquella que lo abandonó al comienzo de sus días.

Adam Feinstein (2004) comenta que en *Veinte poemas de amor*, quizá la obra más leída de Neruda, la mujer a la que ama es compleja, emerge ya sea como dominante o como dominada, puede ser un refugio o un objeto sexual, una fuerza cósmica o una presencia concreta entre sus brazos, pero siempre inalcanzable: "ella es el puente que une a un individuo aislado con el misterio universal" (p.37).

La mujer es el medio para unirse místicamente a la vida y a la naturaleza. A través de su deseo amoroso se manifiesta un gran amor por el universo que lo rodea: "en tu abrazo yo abrazo lo que existe", "amo el trozo de tierra que tú eres" declara en Cien sonetos de amor (Neruda, 1995). Es quizá por ello que no puede conformarse dentro de los márgenes de un amor establecido entre parámetros convencionales. La mujer es el vehículo que lo contacta con una especie de placenta que lo nutre individualmente y hace nacer su poesía. Es así como aún muy enamorado de Matilde, escribe en Los versos del capitán:

> "Pasó una clara rubia
> como una planta de oro"
> "…detrás de todas
> me voy.
> Pero a ti, sin moverme,
> sin verte, tú distante,
> van mi sangre y mis besos,
> morena y clara mía,
> alta y pequeña mía…" (p.15).

El poeta persiste solamente en su fidelidad a la búsqueda de lo inasible que bajo ropaje femenino evocaba en sus estrofas. Parecía querer permanecer fusionado eternamente con aquello que encarna, por algunos años, la apodada "Chascona" (la de cabello despeinado en argot chileno), cuando expresa en Cien sonetos de amor:

> "Cuando yo muera quiero tus manos en mis ojos:"
> …"Quiero que vivas mientras yo,
> dormido, te espero"…
> "Quiero que lo que amo siga vivo
> y a ti te amé y canté sobre todas las cosas,"… (p.107).

Pablo Neruda yace al lado de Matilde Urrutia, ambas tumbas se encuentran en la casa de Isla Negra y miran al mar.

> "…enterradme en Isla Negra,
> frente al mar que conozco, a cada área
> rugosa de piedrasy de olas que mis ojos
> perdidos no volverán a ver."
> "...que allí quiero dormir
> entre los párpados del mar y de la tierra… (1994, p. 522).

Referencias Bibliográficas

Aguirre, I. (1994). *Antología, Pablo Neruda*. Brasil: Bibliográfica Internacional.

Feinstein, A. (2004). *Pablo Neruda a passion for life*. New York: Bloomsbury Publishing.

Freud, S. (1932). Conferencia 33: "La feminidad". En *Sigmund Freud Obras Completas*, tomo XXII, trad. J.L. Etcheverry. Buenos Aires: Amorrortu, 1986.

Kristeva, J. 1986. *The Kristeva Reader*, edited by Toril Moi. New York: Columbia University Press.

Neruda, P. *Cuadernos de Temuco*. (1996 [1919]) Buenos Aires: Espasa Calpe.

_____ (1944). *Veinte poemas de amor y una canción desesperada*. Buenos Aires: Losada.

_____ (1995 [1956]). *Cien sonetos de amor*. Buenos Aires: Losada.

_____ (2010 [1963]). *Los versos del capitán*. Santiago, Chile: Pehuén.

_____ (1976 [1964]). *Memorial de Isla Negra*. Barcelona: Seix Barral.

_____ (1999 [1971]). *Todo el amor*. Buenos Aires: Losada.

_____ (1980 [1971]). *Confieso que he vivido*. Barcelona: Seix Barral.

_____ (1980). *El río invisible*. México: Seix Barral-Biblioteca Breve.

Selden, R. (1989 [1987]). *La teoría literaria contemporánea*, Trad. J.G. López Guix. Barcelona: Ariel.

Teitelboim, V. (1996). *Neruda*. México: Hermes.

Sor Juana Inés de la Cruz: una mujer intolerable

Juan Vives Rocabert

Si existe una mujer donde puede advertirse con particular y meridiana claridad la intolerancia del medio social hacia lo femenino, es el caso de Sor Juana Inés de la Cruz. Nacida Juana Inés de Asbaje y Ramírez de Santillana o simplemente como Juana Ramírez, nació en 1648 en el humilde poblado de Nepantla, a las faldas de los volcanes que guardan a la ciudad de México, para pasar a la historia como la máxima representante de toda la poesía novohispana, reputada por sus contemporáneos como la *Décima musa*. Esta mujer estuvo dotada desde su nacimiento con una inteligencia privilegiada y de una formidable avidez por el conocimiento. Sor Juana misma ha declarado que "desde que me rayó la primera luz de la razón, fue tan vehemente y poderosa la inclinación a las letras, que ni ajenas represiones, ni propias reflejas, han bastado a que deje de seguir este natural impulso, que Dios puso en mí" (Cruz, Sor Juana Inés de la, 1691, p. 444). Pero al mismo tiempo y quizás como contrapeso, tuvo la poca fortuna de nacer en el siglo XVII mexicano, de haber nacido mujer y de tener que someterse a su confesor entrando en un convento. Si bien su capacidad para pensar y su curiosidad la hicieron cultivar todas las ciencias y disciplinas de su tiempo, su condición de monja en aquel siglo del México colonial la condenarían a sufrir innumerables restricciones y cortapisas para el ejercicio de sus dotes naturales.

Según sabemos por su primer biógrafo, el P. Diego Calleja, sacerdote jesuita y contemporáneo de la monja aunque nunca la conoció personalmente, su sed de saber, una forma de epistemofilia innata (Vives, J., 2012), le empujaron a aprender a leer desde temprana infancia, a internarse en los laberintos del latín en poco más de veinte lecciones que le diera el bachiller Martín de Olivas, y en aprender, de manera un tanto anárquica y desordenada, pues careció de maestros o guías en este tipo de estudio en el que aprendía todo aquello que caía en sus manos, sin orden ni concierto, pero contando con una memoria prodigiosa y una capacidad poco usual para sistematizar, en su psiquismo, aquello que había recibido de manera desordenada. Sor Juana se convirtió de esta manera, como bien sabía la chiapaneca Rosario Castellanos, en *Mujer que sabe latín*... y no es casual que, a la larga y atacada desde diversos flancos, no haya tenido buen fin (Castellanos, R., 1973).

También nuestro Amado Nervo, basado en lo esencial en la biografía del P. Calleja, nos dejó en 1910 un apasionado estudio sobre la monja, resaltando dicha avidez y capacidad para el conocimiento (Nervo, A. 1910, pp. 433-491). Siguiendo la necesidad del jesuita de presentarnos a la monja como una mujer inmaculada, refiere: "Fue su padre Don Pedro Manuel de Asbaje, natural de la villa de Vergara, en la provincia de Guipúzcoa, el cual habiendo pasado por México, se casó con Doña Isabel Ramírez de Castillana, hija de padres españoles y natural de Ayacapixtla" (*Op.cit.*, p. 436). La propia Juana Inés refrendó la engañifa pues en su registro a la entrada del convento repitió ser hija del matrimonio de Isabel Ramírez y Pedro de Asbaje -muy probablemente porque en aquellos tiempos una bastarda (o "hija de la iglesia", eufemismo con el que solían ser nombrados los hijos nacidos fuera del matrimonio), solía no ser admitida para profesar en un convento. Juana Inés fue la menor de tres hijas habidas entre Don Pedro e Isabel Ramírez, y la verdad es que su madre nunca se casó con el vascuence de marras y es más que posible que Sor Juana nunca haya conocido a su padre. Algún tiempo después la madre se "casó en segundas nupcias con el capitán Don Diego Ruiz Lozano", con quien tuvo otras tres hijas.

La niña pronto mostró una gran avidez por el conocimiento. En la parte autobiográfica de su famosa *Respuesta a Sor Filotea de la Cruz*, consigna: "no había cumplido los tres años de mi edad cuando enviando mi madre a una hermana mía, mayor que yo, a que se enseñase a leer en una de las que llaman Amigas, me llevó a mí tras ella el cariño y la travesura; y viendo que la daban lección, me encendí yo de manera en el deseo de saber leer, que engañando, a mi parecer, a la maestra, le dije que mi madre ordenaba me diese lección. Ella no lo creyó, porque no era creíble; pero, por complacer al donaire, me la dio. Proseguí yo en ir y ella prosiguió en ensañarme (…) y supe leer en tan breve tiempo, que ya sabía cuando lo supo mi madre, a quien la maestra lo ocultó por darle el gusto por entero y recibir el galardón por junto" (Cruz, Sor Juana Inés de la, 1691, p. 445). Más adelante, y habiéndose enterado que sólo los varones podían asistir a la Universidad, pidió a su madre la vistiera de hombre con el fin de tener acceso a los estudios universitarios. Como podemos ver, desde el inicio de su vida Sor Juana vivió su condición femenina como una suerte de estorbo o inconveniente que se oponía a sus ansias de saber. Nacer mujer era, en el mejor de los casos, una grave desventaja en la Nueva España del siglo XVII. Como decía la propia Sor Juana en uno de sus Romances, "donde sucedió a mi madre / *mala noche y parir hija* / según dicen los refranes." Un poco más adelante en su vida, siendo adolescente, recibió lecciones unas veinte lecciones de latín de Martín de Olivas, el único maestro que tuvo Juana Inés en toda su vida y le ofreció una verdadera amistad (Atamoros de Pérez Martínez, 1975).

Sin que sepamos a ciencia cierta cómo ocurrió, lo cierto es que Juana Inés se las arregló para trasladarse a vivir a la capital del virreinato, alojándose en casa de unos parientes. Al poco tiempo de la llegada del virrey de Mancera y su esposa a la Nueva España, y admirados de lo que se decía de la joven, se interesaron por ella y pronto obtuvieron de su madre el permiso para que ingresara en la corte bajo el título de "muy querida de la señora virreina". A partir de entonces, Juana Inés brillo en la corte donde continuó estudiando con denuedo. Aunque es muy probable que la agraciada jovencita haya tenido enamorados o pretendientes, al decir de Octavio Paz (1982), una jovencita que era "hija de la Iglesia" no tenía posibilidad alguna de contraer matrimonio o salir indemne de las acechanzas románticas y sexuales de la corte. De ahí que, un buen día, y gracias a la insistencia de su confesor, el jesuita Antonio Núñez de Miranda, optara por entrar en el convento de Santa Teresa la Antigua el 14 de agosto de 1667, pese a "su repugnancia al estado religioso", donde por cierto sólo estuvo tres meses "por haber enfermado", e ingresar algún tiempo después en el Convento de San Jerónimo donde, gracias a la dote que ofreció Don Pedro Velázquez de la Cadena, su protector y hacia quien siempre estuvo agradecida, pudo finalmente tomar el velo y profesar.

Creemos que la explicación de la entrada de Juana Inés en la corte virreinal, fue la posibilidad de expandir y desarrollar sus estudios en un medio más adaptado a sus necesidades. Allí brilló su excepcional inteligencia y erudición, ganándose la admiración de la gente -y no pocas envidias. De hecho, Juana Inés fue objeto de una prueba puesta por el propio virrey Marqués de Mancera quien para comprobar la fidelidad de sus conocimientos convocó a más de cuarenta sabios consagrados de la Nueva España, resultando que -y Nervo repite la misma metáfora- la joven, *"a la manera que un galeón real se defendería de las pocas chalupas que le embistieran, así se desembarazaba Juana Inés de las preguntas, argumentos y réplicas que tantos, cada uno en su clase, la propusieron"* (Nervo, A. *Op.cit.*, p. 441). Algunos sorjuanistas creen que la anécdota sea probablemente mítica, ya que está copiada de un episodio del Jesús púber con los sabios y, muy posiblemente, está dedicada a resaltar la dimensión mística de la monja, sin embargo, muchos otros piensan que se trata de un suceso real, dado que el propio virrey repitió el suceso en variadas ocasiones.

Esta curiosidad intelectual, el ansia de saber, también explica su ulterior entrada al convento, ya que ella "no era devota del matrimonio", desde la expectativa de tener la oportunidad de continuar con sus estudios y lecturas, estar en condiciones de escribir sus poemas en sus creadoras soledades, lo que fue desmentido por la realidad de su vida conventual.

El hecho es que la avidez por el conocimiento puede advertirse en creaciones aparentemente tan alejadas de sus motivaciones originales, como es la poesía sacra de sus Villancicos, donde encontramos que, con el pretexto de celebraciones de santos y santas, de la virgen o de San Pedro, Sor Juana se las arregla para expresar su interés y erudición sobre cuestiones de música, astronomía, herbolaria, mitología o de gramática. Incluso uno de ellos le sirve para enlistar y describir los signos del zodiaco (Cruz, Sor Juana Inés de la, 1952).

Esta intensa dedicación al estudio de materias eruditas y su enorme interés por el conocimiento terminaron por provocar el disgusto de las autoridades eclesiásticas. Aunque al comienzo se toleraron los estudios y la creatividad de Sor Juana por su genio, por el primor de sus versificaciones y porque buena parte de su producción la dedicó a lisonjas y alabanzas de grandes personajes de su época -que, agradecidos, la protegían y, así, evitaban que los jerarcas eclesiásticos se metieran con ella- , acabó por incomodar que una mujer se pusiera en plan de igualdad con los grandes prelados religiosos de la Colonia. Podemos constatar cómo la libertad creativa de Sor Juana corrió paralela con la protección que le brindaron un par de virreyes; pero posteriormente, luego de que éstos protectores y amigos hubieron regresado a la península, quedó sin resguardo alguno, a merced de críticas y envidias, así como de la grave misoginia de algunos de sus detractores, como ocurrió con el poderoso arzobispo de México Francisco Aguiar y Seixas, no sólo enemigo jurado de las representaciones teatrales -y recordemos que Sor Juana se había atrevido a presentar *Los empeños de una casa* (Cruz, Sor Juana Inés de la, 1957, pp. 3-184) y *Amor es más laberinto* (Cruz, Sor Juana Inés de la, 1957, pp. 185-352) en la capital del virreinatosino portador de una misoginia tan severa que le hacía no poder soportar la vecindad de cualquier mujer, prelado que se preciaba de nunca haber permitido que fémina alguna entrara en su casa, ya que las consideraba portadoras de maleficios y desgracias sin fin. Por otra parte, sus aparentes protectores dentro de la Iglesia, como es el caso de Manuel Fernández de Santa Cruz, poderoso obispo de Puebla, no tardaron en volverle la espalda apenas se vio sin la protección de los virreyes, como podemos ver en la carta que, amparado bajo las anónimas faldas de Sor Filotea, aconsejaba a Sor Juana que dedicara sus energías a temas que tuvieran que ver con las Sagradas Escrituras; en otras palabras, que el escribir sobre otras cosas era vanidad y erudición vacía que no le favorecía en la salvación de su alma, por el contrario, "y ya que se humilla al suelo, que no vaya más abajo, considerando lo que pasa en el Infierno..." (Sor Filotea de la Cruz, 1690, pp. 696); en otras palabras, que sus intereses la podrían condenar. Pero, al mismo tiempo, y paradójicamente, la reconvención de Sor Filotea, o sea, del obispo de Puebla, -por benévola y cariñosa que pudiera parecer- tuvo que ver, justamente, con un escrito de Sor Juana Inés sobre un tema sacro por excelencia: se trataba de un comentario sobre el sermón que el jesuita P. Vieryra había pronunciado bastante tiempo antes, y que el propio obispo poblano le pidió que a sus comentarios les diera forma escrita y luego, sin consultárselo, lo publicó bajo el título de *Carta Atenagórica* (Cruz, Sor Juana Inés de la, 1691, pp. 412-439). Por tanto, la reconvención fue sobre un escrito cuyo tema era teológico, pero, además y muy contradictoriamente, se le advertía de la conveniencia de no tocar temas profanos -"que no baje más debajo de la tierra" y procure elevarse a lo celestial y divino.

No escribas sobre lo profano, y si escribes sobre Teología te la puedes haber con la Santa Inquisición. Por lo tanto, el mensaje es claro: no escribas. De ahí que Sor Juana comience la *Respuesta a Sor Filotea...* con una interesante disquisición en torno al no decir: "Fue arrebatado el Sagrado Vaso de Elección al tercer Cielo, y habiendo visto los arcanos secretos de Dios dice: *Audivit arcana Dei, quae non licet homini loqui.*[1] No dice lo que vio, pero dice que no lo puede decir; de manera que aquellas cosas que no se pueden decir, es menester decir siquiera que no se pueden decir, para que se entienda que el callar no es no haber qué decir, sino no caber en las voces lo mucho que hay que decir" (Cruz, Sor Juana Inés de la, 1691, *Op. Cit.*, pp. 441-2), para luego hacer una mención, muy pertinente, al Santo Oficio

---

1 Oyó secretos de dios, que al hombre no le es lícito hablar.

que no castiga al arte literario, pero sí a ciertas tesis teológicas que pudieran tacharse de problemáticas o, incluso, de claramente heréticas.

En este sentido, la carta de Sor Filotea tiene una estructura paradójica, ya que si bien, por una parte, le recomienda que deje de escribir sobre lo profano y se dedique más a lo que pertenece al ámbito de la religión; por la otra parte, un escrito estrictamente apegado a esa recomendación es lo que despertó la reconvención de Sor Filotea. Por tanto, la inferencia de Sor Juana Inés, a la que podrían sobrar rasgos de autonomía pero nunca le faltó inteligencia, era la correcta: no debería ya expresarse ni escribir ni sobre materia profana ni sobre materia religiosa. En conclusión, debía dejar de escribir para mejor asegurar la salvación de su alma, asegurándose también, eventualmente, que evitaba así la posibilidad de algún desagradable encuentro con los inquisidores del Santo Oficio.

Sor Juana pagó su avidez por el conocimiento con la envidia de los demás y la intolerancia del alto clero, lo que ocasionó que, finalmente, vencida, dejara sus lecturas y el estudio, vendiera sus libros e instrumentos científicos, se focalizara en el sacrificio y la flagelación, y sin la motivación vital que el conocimiento representaba se preparara para su próxima muerte.

Para nosotros resulta claro que su muerte también tuvo mucho que ver con un severo proceso depresivo que, entretejido con las determinantes narcisistas de la monja, y desencadenado desde la *Carta Atenagórica*, culmina, luego de la misiva que le envía el alto prelado que se esconde tras las faldas de la anónima Sor Filotea, con la explicativa *Respuesta...* y su simbólico adiós a las letras con una renuncia que equivalía a castrar su curiosidad epistemofílica y su capacidad de pensar. En este sentido, se trata de una herida narcisista de doble vertiente: por una parte, por haber perdido sus objetos protectores -el favor de los virreyes- y la consecuente persecución de su acérrimo enemigo, el misógino obispo Aguiar y Seijas, así como de su otrora confesor y consejero, el P. Antonio Núñez de Miranda; pero, al mismo tiempo, por otra pérdida, al parecer más significativa desde la perspectiva de su vida mental, que fue la pérdida de parte muy importante de sus motivaciones internas. Sor Juana perdió la ilusión que la acompañó desde su más remota infancia, la fantasía de que el conocimiento resolvería sus angustias más primarias, las que tenían que ver con su identidad originaria, con las incógnitas infantiles derivadas de saberse hija natural; en otras palabras, la ilusión de que el saber le rescataría de sus ignorancias y su indefensión infantil, así como de las preguntas más elementales acerca de los fundamentos del ser -identidad psicosexual incluida.

Sor Juana Inés no tenía idea de las nociones psicoanalíticas que hablan de la envidia del pene en las mujeres y de la envidia de la matriz en los hombres, sin embargo, abordó el problema del ataque de la que fue víctima debido a la envidia de buena parte de la población masculina de su tiempo, simplemente por haberse atrevido a equipararse con los hombres: en capacidad para el estudio, en dedicación, en inteligencia, en conocimientos, en erudición y en educación general. En el espectacular documento en el que defiende no solamente de lo postulado en la *Carta Atenagórica*, sino su derecho a hacerlo así, ejemplifica con la mención de numerosas mujeres, tanto en el ámbito de lo religioso como de la vida seglar, que pueden ser tomadas como modelo de estudio y sapiencia; al mismo tiempo, denuncia que muchos hombres, por el sólo hecho de serlo, parecerían tener patente de corso para sostener sus ideas, aunque sean disparatadas, exentas de lógica o sin sustento en la ciencia. En un momento dado, Sor Juana advierte: "Si el crimen está en la Carta Atenagórica, ¿fue aquella más que referir sencillamente mi sentir con todas las venias que debo a nuestra Santa Madre Iglesia? Pues si ella, con su santísima autoridad, no me lo prohíbe, ¿por qué me lo han de prohibir otros? ¿Llevar una opinión contraria de Vieyra fue en mi atrevimiento, y no lo fue en su Paternidad llevarla contra los tres Santos Padres de la Iglesia?" (*Op.cit.*, p. 468).

En otras palabras, un varón como el P. Vieyra puede expresar sus opiniones con libertad, incluyendo el cuestionamiento de figuras tan relevantes como Santo Tomás, San Agustín y San Juan Crisóstomo, pero la misma actividad en una mujer la hacen sospechosa de irreverencia y desacato.

Más allá de la carta que le dirigió el obispo de Puebla, debe haber habido algún otro tipo de reconvención, mucho más incisiva, severa y drástica, que cuestionó frontalmente a Sor Juana y la conminó a dejar la pluma y el estudio. Muchos autores están de acuerdo en ver que aparte del obispo poblano, el Dr. Manuel Fernández de Santa Cruz, podría verse la mano de su confesor Antonio Núñez de Miranda y, principalmente, de su acérrimo enemigo el siniestro arzobispo y pertinaz misógino Francisco de Aguiar y Seijas (Chávez, E.A., 1931; Henríquez Ureña, P., 1931; Arroyo, A., 1952; Maza, F. de la, 1967; Peña, M. 1992; Franco, L. 1995; Saucedo Zarco, C., 2002).

Tampoco tenía idea de lo que era el feminismo, sin embargo, es claro que andando el tiempo, Sor Juana ha venido a ser una especie de gran precursora del movimiento feminista del mundo en la defensa del derecho de las mujeres al estudio, al trabajo y a cualquier tipo de actividad humana.

Donde el instinto epistemofílico de Sor Juana se ve con particular claridad es en el *Sueño*, más conocido como *Primero Sueño*, a la manera de Góngora, el esplendoroso poema de nuestra monja. Es en esta obra donde aparece con toda precisión esa necesidad de conocimiento, el afán de abarcar, gradualmente, el universo gracias a la capacidad de entendimiento de los seres humanos, intento que, por cierto, resulta fallido y desemboca en una renuncia a la pretensión de entender las preguntas fundamentales que, desde siempre, se ha planteado la filosofía y la ciencia. Lejos de la pretensión de que somos capaces de integrar en nuestro psiquismo una compresión de lo que el cosmos es, Sor Juana nos advierte, con dolor y cierta resignación -algo que se antoja extraño en la monja jerónima dada su avidez por el saber universal- de la imposibilidad -¿formal?, ¿temporal?- de entender la monstruosa complejidad del universo en el que estamos inmersos. También es verdad que su perspicacia le hace comprender, más allá del conocimiento sobre el mundo externo de los objetos, gracias a su capacidad de introspección, la necesidad de conocimiento sobre el mundo íntimo. Topa sin embargo, con el hecho de que su avidez por conocer es un esfuerzo vano, pues siempre queda un resto que, como el ombligo del sueño mencionado por Freud, queda sin posibilidad de ser conocido. Así como la fantasía de controlar el mundo del afuera a través del conocimiento del mundo externo es una misión que no puede ser colmada nunca, de igual forma la pretensión de control del mundo interno, de los pensamientos y emociones, también escapa a nuestras posibilidades epistemológicas -descubrió con tristeza la monja jerónima.

Aunque Sor Juana parecía dirigir toda su atención al intento de desentrañar los misterios del mundo que le rodeaba -el mundo externo- , el problema central radicaba en su propia subjetividad, en las preguntas centrales acerca de su propio ser, su cualidad de "hija de la iglesia", su condición de mujer y su excentricidad en relación al tiempo y la cultura que le tocó vivir.

La imposibilidad de lograr una dimensión del conocimiento como la que ella aspiraba, el sadismo envidioso de las autoridades del alto clero que aprovechando la salida de sus protectores habituales la amenazaron con el infierno y, lo que aún resultaba peor, con la posibilidad de que hubiese algún tipo de "ruido" con la Inquisición, en caso de persistir en sus afanes, fue determinante para su claudicación. Estos factores externos se sumaron a un agotamiento de su fuerza interna, dado que siempre tuvo que nadar a contracorriente, que finalmente determinó que cayera apresada de sus propias prohibiciones y la culpa de haberse atrevido a ir más allá del estrecho mundo casi exclusivamente masculino que le tocó vivir. Hubo un momento en que, abandonada por todos y a pesar de haberse atrevido a tanto, tuvo que renunciar a su tan atractivo proyecto de vida. Al final, Sor Juana cayó vencida, vendió sus libros, renunció al saber y murió.

De esta forma, Sor Juana fue castrada en al menos dos ocasiones memorables: cuando se le aconsejó dejar la vida de la corte virreinal e ingresar en el Convento de San Jerónimo, con el fin de preservar su virginidad que peligraba en el ambiente cortesano, y cuando fue obligada por las autoridades eclesiásticas a dejar las letras y el ejercicio del pensamiento, recluyéndola a una vida de autocastigo, oración y penitencia.

De esta forma, para el pensamiento de los jerarcas religiosos del siglo XVII del México colonial y, porque no decirlo, para los parámetros culturales de la sociedad de su tiempo, Sor Juana Inés de la Cruz resultó una mujer intolerable. Intolerable porque ponía en entredicho la primacía del pensamiento masculino: ¿cómo una mujer pretendía que su pensamiento podía equipararse, igualar o superar a de los varones?; intolerable porque se atrevía a una actividad creadora, poética, ensayística y dramatúrgica sin paralelo ni parangón en su tiempo: ni siquiera su amigo y único pensador que podría señalarse como su par, Carlos Singüenza y Góngora, pese a su lejano parentesco con el monstruo de Córdoba, podía equipararse en calidad o profundidad a la penetrante capacidad creadora de la monja jerónima; intolerable porque pese a su condición femenina se atrevió a criticar a un prestigioso jesuita portugués en relación a sus tesis teológicas sobre las finezas de Cristo para con los hombres y, pese a la reconvención y amenaza formal que el obispo de Puebla le hizo -si bien escondido bajo las anónimas faldas de Sor Filotea de la Cruz- mostró su capacidad para defenderse y defender con inteligencia y buena lógica sus argumentos en la multicitada *Respuesta a Sor Filotea de la Cruz*. Tener el atrevimiento de meterse a discutir materias tan serias y profundas como ciertas tesis de la Teología fue atreverse a ir mucho más allá de los límites que su sociedad le permitía -principalmente, de los límites marcados por los jerarcas eclesiásticos que, al final del cuento, le obligaron a renunciar a seguir utilizando su pensamiento -una auténtica castración- , so pena de tener que vérselas con el Santo Oficio, es decir, ser enjuiciada por la tan temida Inquisición, de triste memoria y vergonzoso desdoro para la Iglesia Católica.

La intolerancia hacia lo femenino en el siglo XVII del México colonial no sólo prohibía que las mujeres entraran a la Universidad, sino que difícilmente se toleraba que estudiaran lo más básico: lo ideal es que permanecieran analfabetas e iletradas para su manejo dúctil y sencillo por parte de la sociedad de su tiempo. La posibilidad de que una mujer pudiera sobresalir en la sociedad de su tiempo era, sencillamente, imposible. ¿Qué fue lo que propició, entonces, que Sor Juana pudiera desarrollar su insaciable avidez por el conocimiento y su formidable capacidad creativa? Dos factores contribuyeron a que ocurriera este fenómeno excepcional, dado el medio social y cultural del siglo XVII: por una parte, la capacidad de Sor Juana para ser recibida con simpatía por la gente. Desde niña, supo ganarse la simpatía y voluntad de la amiga que enseñara a leer y escribir a su hermana mayor, desde pequeña supo granjearse el favor de sus mayores para que le dejaran leer los libracos de la biblioteca del abuelo, desde púber supo deslizarse por los vericuetos de la autoridad materna con el fin de lograr su traslado a la capital; luego tuvo la habilidad para ser admitida en la corte y, allí, ganarse el beneplácito, primero, y luego la gran admiración que le tuvieron los virreyes, principalmente la marquesa de Mancera. Ese fue el segundo factor, pues la virreina no sólo fue su amiga personal, sino que fungió como su protectora incondicional, por lo que la monja vino a ser intocable por los grandes jerarcas de la Iglesia que no tuvieron más remedio que someterse a la voluntad de los monarcas. Sin embargo, apenas los virreyes salieron de México y pese a que se abocaron a la tarea de publicar, en España, las obras de Sor Juana, en México empezaron a sentirse las presiones hacia Sor Juana que culminaron con su claudicación, abatida por fuerzas muy superiores a las suyas: la misoginia inconmensurable del arzobispo de México Francisco Aguiar y Seixas, la ambivalente protección -que no dejó de incluir un ataque sistemático a las actividades de la monja- del obispo de Puebla, Manuel Fernández de Santa Cruz y, finalmente, pero quizás la influencia más importante de todas, el peso que gravitaba sobre Sor Juana debido a las órdenes impartidas por su confesor Antonio Núñez de Miranda quien, amenazándola con dejarla de su mano si no obedecía, propició su renuncia a las letras, a la investigación y a la vida. Luego de vender sus libros, sus aparatos científicos y renunciar a su actividad creativa, la monja no pudo más que, aprovechando la peste que asolaba al convento, exponerse a sus miasmas y morir.

No puede pensarse mayor manifestación de la intolerancia hacia lo femenino que preferir una mujer muerta que una con avidez por el conocimiento, pensamiento creativo, iniciativa y atrevimiento para exponer y defender sus ideas.

La inteligencia de Sor Juana se puso de relieve desde su más temprana juventud; es evidente que nació dotada con una capacidad de pensamiento extraordinaria. Por ello Margo Glantz comenta lo desmesurado que resultó para la sociedad novohispana que una mujer alcanzara tales cimas: "…su fama creció a medida que sus proezas intelectuales provocaban el 'pasmo', el espanto, el desconcierto en la corte virreinal y, luego, en la metrópoli y en toda la extensión del mundo hispánico" (Glantz, M. 1996, p. 25). Que una mujer tuviera tal nivel de conocimientos de manera autodidacta pues creció sin haber tenido estudios, y que su pensamiento y capacidad creativa fuesen tan memorables, no cabía en la mentalidad de la sociedad de su tiempo. Además, tenemos que entender que la intolerancia de los altos prelados religiosos no sólo tenía que ver con el desafío de Sor Juana como individuo particularmente dotado e inteligente, sino mucho más trascedente es que la monja ponía en entredicho las tesis de San Agustín, Santo Tomás, San Buenaventura y de toda la Patrística medioeval en relación a la convicción de que la mujer era un ser de segunda clase y sin capacidad intelectiva, una suerte de especie intermedia entre el hombre y los animales, pero más cerca de estos últimos. Sor Juana Inés de la Cruz era, con su presencia, un cuestionamiento de las ideas que, desde Aristóteles -quien decía textualmente "La mujer es un varón frustrado", declaración del estagirita que, posiblemente, copió Freud al definir a la mujer como un varón castrado o defectuosos- y Santo Tomás dominaron durante toda la edad media y, en México, hasta bien entrado el siglo XVII. De ahí que, "además de todos sus defectos la mujer era considerada como un ser inferior, caracterizada por su estulticia y por su naturaleza viciosa" (Rovira G., Ma. del C., 1985, p. 51).

Tenemos la impresión de que el llamado instinto epistemofílico es un instinto distinto de aquellos sexuales a los que Freud trato de adscribirlo. Como ya dejé establecido en otra ocasión (Vives, J., 2013), es muy posible que la epistemofilia no tenga nada que ver con la psicosexualidad, dado que su dinámica es radicalmente distinta de la de los instintos sexuales Se trata de un impulso hacia el saber, una avidez de conocer, de adquirir conocimientos, que parecerían pertenecer a la serie oral, como Freud postuló en su momento, dado que su principal actividad está en la serie oral que va de la incorporación a la identificación pasando por la introyección. En este sentido, es claro que el impulso epistemofílico es un proceso cuya modalidad es esencialmente incorporativa, en el sentido eriksoniano cuando hablaba de modos y modalidades de manifestación de los instintos parciales (Erikson, E.H., 1950); sin embargo, la diferencia radica en que estos estímulos que arriban al sujeto no provocan displacer ni necesidad imperiosa de descarga; por el contrario, son estímulos que llegar y se incorporan como huellas mnémicas, como conocimientos.

Según el principio del displacer-placer que Freud derivó de los conceptos de Fechner, todo estímulo que llega al aparato psíquico provoca displacer por lo que tiene que ser tramitado y descargado con el fin de recobrar el equilibrio previo -lo que constituye el prototipo de todo placer ulterior. El instinto o pulsión epistemofílica no se comporta de dicha manera, todo lo contrario: todo estímulo de este tipo -información- que llega al aparato psíquico es incorporado y asumido como conocimiento, pasa a formar parte y expande constantemente al aparato mental. Lejos de que los estímulos sean considerados como algo de lo que hay que desembarazarse, sean estímulos provenientes del afuera a través de los órganos de los sentidos -información sobre el mundo circundante, lecturas, percepciones estéticas, plásticas, musicales o poéticas, científicas o filosóficas, etc.- o sobre información que proviene del interior del propio sujeto -lo que en este caso llamamos introspección, que constituye un conocimiento acerca de algo que ocurre en el seno de nosotros mismos- , sea cual fuere su origen, la información es acumulada por el aparato psíquico, que lejos de desear desembarazarse y descargar dichos montos energéticos, tiene una avidez por los mismos, lejos de ser estímulos que arriban al sujeto y de los que debe de liberarse, son estímulos que son buscados con interés y en ocasiones con avidez, por el individuo, dado que con ello expande y complejiza su aparato mental. Si observamos lo que un recién nacido incorpora como información en el primer año de su vida, nos daremos cuenta que acumula información de millones de cosas, que es una máquina de registrar conocimientos, dado que requiere de la experiencia que dicha información le proporciona porque a través de ella estará mejor equipado para su lucha para la existencia.

Este proceso normal, que tiene que ver con el crecimiento y expansión de la estructura yóica, es el que podemos ver magnificado en la figura de la que había de ser Sor Juana. Por alguna razón, pero que sospechamos tiene que ver con factores innatos, Juana Ramírez mostró, desde su nacimiento, esta pasión por el adquirir información y la necesidad de incorporar conocimientos, de ahí que la posibilidad de la lectura fuera vista como una llave maestra para ulteriores y muchos más sofisticadas adquisiciones.

Referencias Bibliográficas

Atamoros de Pérez Martínez, N. (1975): Sor Juana Inés de la Cruz y la ciudad de México, Depto. del Distrito Federal, México

Arroyo, A. (1952): Razón y pasión de Sor Juana, México, Ed. Porrúa, 2ª ed., 1971

Castellanos, R. (1973): Mujer que sabe latín..., Sria. de Educación Pública, México

Chávez, E.A. (1931): Sor Juana Inés de la Cruz. Ensayo de psicología y de estimación del sentido de su obra y de su vida para la historia de la cultura y de la formación de México, México, Ed. Porrúa, 6ª ed., 1997

Cruz, Sor Juana Inés de la (1691): Carta atenagórica, en: Obras completas de Sor Juana Inés de la Cruz, Vol. IV. Comedias, Sainetes y Prosa, Fondo de Cultura Económica, 1ª reimpr., México, 1957, pp. 412-439

_____(1691): Respuesta de la poetisa a la muy ilustre Sor Filotea de la Cruz, en: Obras completas de Sor Juana Inés de la Cruz, Vol. IV. Comedias, Sainetes y Prosa, Fondo de Cultura Económica, 1ª reimpr., México, 1957, pp. 440-475

_____(1952): Obras completas de Sor Juana Inés de la Cruz, Tomo II: Villancicos y Letras Sacras, Fondo de Cultura Económica, 1ª reimpr., México, 1976

_____(1957): Los empeños de una caso, en Obras completas de Sor Juana Inés de la Cruz, Tomo IV: Comedias, Sainetes y Prosa, Fondo de Cultura Económica, 1ª reimpr., México, 1976, pp. 3-184

_____(1957): Amor es más laberinto, en Obras completas de Sor Juana Inés de la Cruz, Tomo IV: Comedias, Sainetes y Prosa, Fondo de Cultura Económica, 1ª reimpr., México, 1976, pp. 185-352

Erikson, E.H. (1950): Infancia y sociedad, trad. de Noemí Rosenblatt, Ed. Hormé, 3ª ed., Buenos Aires, 1970

Franco, L. (1995): Testimonio de Claustro. Sor Juana Inés de la Cruz ante la crítica, México, UNAM

Glantz, M. (1996): Sor Juana Inés de la Cruz: Saberes y placeres, Gobierno del Estado de México, México

Henríquez Ureña, P. (1931): Sor Juana Inés de la Cruz, en: Estudios mexicanos, México, Fondo de Cultura Económica, 1984, pp. 54-74

Maza, F. de la (1967): Sor Juana Inés de la Cruz en su tiempo, Sria. de Educación Pública, México

Nervo, A. (1910): Juana de Asbaje, en: Obras Completas, Ed. Aguilar,

México, Vol. II, pp. 433-491

Paz, O. (1982): Sor Juana Inés de la Cruz o las trampas de la fe, Ed. Seix Barral, Barcelona

Peña, M. (1992): Literatura entre dos mundos. Interpretación crítica de textos coloniales y peninsulares, México, UNAM

Rovira G. Ma. del C. (1985): El concepto de naturaleza femenina en el pensamiento teológico-filosófico medieval. Siglos XII y XIII, en Hierro, G. (ed.): La naturaleza femenina, Tercer Coloquio Nacional de Filosofía, UNAM, México, pp. 37-54

Saucedo Zarco, C. (2002): Sor Juana Inés de la Cruz, Ed. Planeta De Agostini, Barcelona

Vives, J. (2012): Sor Juana Inés de la Cruz. Cortesana y monja. (La pasión epistemofílica), Cuadernos de Psicoanálisis (México), XLV (3-4): 990-121

_____(2013): La muerte y su pulsión, El Paidós, México

Comentario a la película *La pianista*

Ruth Axelrod

Realidad… ¿cuál realidad?

Las sombras proyectadas en la pantalla grande ejercen la fuerza necesaria de la imagen especular, para provocar la posibilidad de juntar los discursos, el verbal y el representacional y dar cabida a que el psicoanálisis produzca la función reflexiva.

El cine, por su innegable cualidad de espejo social, ha servido como una herramienta de trabajo del psicoanálisis, que a su vez interactúa con el fenómeno fílmico como una forma de llegar a comprender no solamente los contenidos, sino también las personalidades de los autores que se ponen al servicio del séptimo arte: cineastas, guionistas, e incluso de quienes se desenvuelven delante de la cámara. Esta sociedad de disciplinas de pensamiento y arte se logra porque, al final, ambos buscan llegar a la misma meta, el raciocinio del ser humano.

Ésta es una más de las herramientas que tenemos los psicoanalistas para poder hacer clínica más allá de nuestros consultorios.

¿Es un cine debate un ejercicio a favor de la ampliación de los límites de la escucha y entendimiento psicoanalítico?

Ver una película para hacer un debate es un ejercicio de trabajo grupal donde la pantalla lleva al observador por un camino que puede ser atendido en su particularidad, para mirarse y ser mirado desde la diversidad visual y auditiva. Casi como se escucha un sueño en el diván.

El psicoanálisis es un arte que usa de la interpretación, decía Freud (1932), refiriéndose al trabajo de la doctrina de los sueños, donde el material onírico es develado en su contenido manifiesto y latente para el soñante. De igual forma, es posible reeditar la técnica para la traducción de las escenas y los escenarios de una película de la pantalla grande. En esta ocasión, fuimos convocados a ver la película *La Pianista,* dirigida por Michael Haneke en el año 2001.

El director alemán del cine austriaco, Michael Haneke que nació el 23 de marzo de 1942, en Múnich, Alemania, gusta de temas que desagradan al público. Resalta la "incomodidad" y los fracasos de las sociedades modernas. Haneke juega con la idea de que los filmes deben proporcionar el contexto adecuado para que los espectadores puedan experimentar momentos de auto-reflexión. Los espectadores, en la narrativa cinematográfica tradicional, tienden a ser "manipulados" por la imagen. Cuando se utiliza el término "manipulado", se refiere a que el espectador no construye una habilidad contemplativa que le permita distinguir (reconocer) el sistema cinematográfico, es decir, se pierde conciencia de que se está viendo una pantalla, una ilusión. Haneke, mediante su cine, quiere provocar que el espectador reflexione moralmente y reconozca esa relación espectador/pantalla.

La pareja madre hija que presenta Haneke, exhibe el comportamiento del vínculo sádico-masoquista que conservan. La madre, alcohólica, en sus setentas, ha apoyado el desarrollo profesional de su hija, una maestra de piano destacada, en sus cuarentas. Érika, soltera y muy exigente, presenta conflictos importantes con la autoridad, siempre está buscando infringir la ley.

Érika, catedrática de piano en el conservatorio de Viena, y cuya carrera ha sido vigilada sigilosamente por su madre, no ha tenido interés para desarrollarse como mujer, pues está convencida de la inferioridad de su género. Niega su propia sexualidad siendo incapaz de asumir su identidad femenina. Vive con su madre en un pequeño departamento semi-abandonado, parecido a una fortaleza en la cual nadie puede entrar.

La lucha por el éxito profesional la lleva a ser virtuosa, pero solitaria, pegada a la sexualidad de la madre. Un alumno la atrae. Ella juega con la cercanía sexual hasta que lo asusta, lo atormenta, lo cela, e incluso hace un intento suicida por el desamor que él le ofrece.

¿Qué quería el director? ¿Que deseaba transmitir? La "incomodidad" que Haneke plantea en *La Pianista* (2001) encuentra su origen en las imágenes de los actos sexuales. Las representaciones sexuales se mantienen prácticamente todo el tiempo fuera de pantalla, con la excepción del metraje pornográfico (sex shop) que sirve, en parte, como generador de fantasías en la mente de Érika, la protagonista. Es entonces cuando el público se tiene que enfrentar con una representación sexual específica, la cual ayuda a revelar las referencias que dan lugar a las fantasías de Érika.

Haneke utiliza lentes angulares que permiten tener imágenes claras y que evitan cualquier tipo de énfasis visual, permitiendo que el espectador descubra la imagen por sí mismo y se convierta en un espectador activo. Otro elemento que permite la contemplación en este filme es la técnica de edición con tomas largas. Pensemos que el cine es una herramienta manipuladora.

La teoría psicoanalítica del conflicto psíquico, considera que la realidad puede ser contradictoria. No existe una verdad, sino que existen mil verdades. Todo depende de la perspectiva. Los filmes de Heneke tienen "finales abiertos", y no pretenden dar "explicaciones" a su público, ya que esas explicaciones serían simplemente una técnica para sustituir una fantasía por otra. "El artista debe hacer preguntas y no avanzar respuestas, que siempre me parecen sospechosas, incluso peligrosas", señala el director.

¿Qué es lo que el observador privilegia cuando mira? Cuando es invitado a observar al otro que actúa delante de él, al otro que se exhibe. Es en esta película tan cruda sobre la realidad de la intolerancia a lo femenino, que se observa algo de eso que se queda pegado a pesar del tiempo que atrapa.

Dos mujeres que nos llevan a dos ejercicios de empatía. Una madre y una hija.

¿Cómo se es madre?, ¿para qué se es madre?, ¿para quién?

El deseo de maternidad, como dice Alkolombre (2008), tiene distintos modos de significación. Érika es una hija ruda, y su madre la tiene y la mantiene, la cuida y la sobreprotege, la acompaña a sus presentaciones, la admira. Y al mismo tiempo la controla, la observa, se inmiscuye en su sexualidad, y toma alcohol para sobreponerse a la agresión y a la soledad de su propia vida inútil. La madre, aun accediendo a su destino de mujer, es intolerante al destino de la feminidad de su hija.

Freud, en 1931, en su artículo sobre la sexualidad femenina, menciona que los efectos del complejo de castración en la mujer presentan varios destinos. Ella, la mujer, reconoce el hecho de su castración y la superioridad del varón y su propia inferioridad, pero se revuelve contra esta situación desagradable. De esta actitud derivan tres orientaciones:

1. Suspensión de toda vida sexual: extrañamiento respecto de la sexualidad. La niña, aterrorizada por la comparación con el varón, queda descontenta con su clítoris, renuncia a su quehacer fálico y a la sexualidad en general.

2. Porfiada híper insistencia en la virilidad: complejo de masculinidad; retención de la masculinidad. La esperanza de tener alguna vez un pene persiste hasta épocas tardías; persiste la fantasía de ser un varón, pudiendo terminar este complejo en una elección de objeto homosexual manifiesta.

3. Esbozos de la femineidad definitiva: forma femenina del complejo de Edipo que desemboca en la final configuración femenina que toma al padre como objeto. El complejo de Edipo es en la mujer el resultado final de un desarrollo más prolongado, es creado por el influjo de la castración y es frecuente que la mujer nunca lo supere.

Por otro lado, la estructura psicótica de ambas puede rastrearse estudiando a Melanie Klein (1928), quien a través de la observación a bebés, encontró que éstos pasan de una posición esquizoide paranoide, a una depresiva, a partir de los seis meses de edad para pasar, después, a la fase depresiva. Vio que los bebés empiezan con comportamientos agresivo-destructivos, como consecuencia de fantasías agresivas, y que con el tiempo, mediante procesos de simbolización y sublimación, los controlan. Asoció estas dos posiciones a pulsiones de vida, Eros; y de muerte, Tánatos. Observó que en niños con psicosis existe tendencia a comportamientos destructivo-agresivos como autodestructivos. Sostiene que existe la pulsión de muerte desde el nacimiento y que la pulsión oscila entre masoquismo y sadismo. Ya Freud había mencionado que el sadismo se podía transformar en masoquismo a través de un proceso doble, reversible, donde la parte activa se transforma en pasiva y donde el sujeto es substituido por el objeto. En Más allá del principio del placer, en 1920, mencionó cómo lo traumático que sobrepasa el terror suele convertirse en angustia, lugar donde se padece de reminiscencias, la defensa puede ser una regresión.

Klein describió también las fases del complejo de Edipo. Encontró que, durante la lactancia, predominan los impulsos orales de tipo sádico, en donde destacan el dolor y el odio que esos impulsos generan. Diferenció aquellos provenientes de la mujer como del varón. En la componente femenina del complejo de Edipo destacó un rechazo a lo femenino por carecer de la capacidad de sustituir al padre en el amor materno y esto se transforma posteriormente en agresión a lo femenino y, por tanto, a su propia sexualidad.

En la película vemos a una mujer que, a pesar de sublimar sus pulsiones siendo maestra y pianista destacada, presenta un componente sádico al infligir dolor en otros. Agrede a sus alumnos, al grado de propiciar heridas en las manos de una aspirante a pianista, a quien deja incapacitada, por celos, para que continúe con su profesión. También se lastima, ella misma, de múltiples maneras, destacando la agresión que hace, a su propio sexo, con una navaja. No únicamente demuestra odio a su calidad de mujer, sino que lo hace sin emoción alguna. Encuentra a un hombre que cumple con sus fantasías patológicas. Érika presenta insensibilidad al dolor y al placer sexual, tanto propio como ajeno y propensión a lastimarse con objetos punzocortantes.

Asimismo, mantiene una situación simbiótica con la madre en donde lucha por su amor, tratando de sustituir al padre. Su fijación a la fase sádica hace que busque relacionarse teniendo sexo con su alumno. Le pide que la golpee, sentado sobre su cara, para que la obligue a introducir la lengua por su ano. También le pide que introduzca su miembro con tanta fuerza en su boca que le provoque el vómito, ya que esto extraerá lo malo que tiene en su interior.

Incapaz de amar más que a sí misma, y de odiarse y odiar a su madre, detecta a un socio en sus necesidades sádicas, inconscientemente, para satisfacer sus pulsiones. Por identificación proyectiva, el alumno carga con sus proyecciones y él actúa el juego sadomasoquista, como un instrumento para satisfacer sus necesidades tanáticas masoquistas. La visión de género y la escucha de género son variables a considerar en esta percepción (Axelrod, 2004).

La respuesta del grupo de asistentes a la observación de la película fue de sorpresa, miedo, angustia colectiva y dejó, devastados, a los espectadores.

El tiempo posterior de elaboración de la locura compartida de la madre con su hija, que escucha los juegos sexuales de su hija con el alumno, que se llevan a cabo en la misma casa, marca ese exhibicionismo que agrede a todos los presentes.

"Haneke produce 'incomodidad' en sus imágenes, y pretende que el público busque el origen de ese desagrado. Esa búsqueda convierte al espectador común en un espectador racional que asume la responsabilidad de la correlación espectador/pantalla. Las expectativas del espectador se ponen constantemente a prueba mediante un juego catártico, en el cual el público responde a la imagen tanto emocional como intelectualmente (mediante el análisis de la respuesta emocional personal) (www.infoplease. com_biography_var_michaelhaneken.html)

Haneke confía en que él no necesita un psiquiatra, ya que él puede procesar todos sus temores, infortunios y ansiedades a través de su trabajo. Son éstos los que pueden funcionar como "disparadores" creativos. Los sueños también funcionan como "disparadores" creativos, diríamos los psicoanalistas. Menciona: *"Pornography, it seems to me, is no different from war films or propaganda films in that it tries to make the visceral, horrific, or transgressive elements of life".*

No sabemos el final. La pianista enojada, frustrada, celosa, envidiosa y enloquecida se hace una cortada en la piel, se observa mucha sangre, pero ella sale del recinto donde se encuentra y se va caminando por la calle solitaria, nocturna…

Quizá se quería suicidar, quizá quería sentir dolor en el cuerpo para evitar sentir el dolor psíquico, no lo sabremos. Sólo observamos.

Conclusión

Valdría mencionar, para poder concluir, como dice Velázques (2012), que en algunas sociedades los actores de la intolerancia a lo femenino son las mismas mujeres; los maltratos son hechos por las madres de familia que, en la intimidad de sus hogares y en el supuesto del amor parental a sus hijos e hijas, toman por víctimas a algunos de ellos, como objetos de su propia proyección y de rechazo a sí mismos. Los actores del maltrato actualizan las fantasías primitivas de su historia personal, que están impregnadas de recuerdos dolorosos a causa de los deseos frustrados, las humillaciones, el silencio de sus voces y la imposibilidad de evitar la exclusión. El circuito del maltrato y de la intolerancia a las diferencias es interminable: padres, abuelos, bisabuelos, tatarabuelos, que en ese regreso filogenético, se puede llegar a los antepasados que fundaron la victimización e intolerancia de hijos e hijas de la no tolerancia de lo diferente y de devaluación tanto de lo femenino como de lo masculino.

Quien maltrata a otro es un sujeto que pone en escena los recuerdos de abandono, humillación y pérdidas. Ejerce acciones destructivas contra su víctima, que es el sí mismo, equivalentes a las recibidas en su pasado infantil. Sus modos de maltratar son representaciones inconscientes que se traducen en pasajes al acto. Un estilo de goce sado masoquista.

Quisiera enmarcar el tema del X Diálogo, LA INTOLERANCIA A LO FEMENINO.

Si bien en esta película, *LA PIANISTA*, hay una madre que atenta y maltrata a una hija y viceversa, la intolerancia a lo femenino es mucho más amplia que lo que aquí se postula. Lo propio de una mujer no es lo único. No sólo es el rechazo al cuerpo y a la sexualidad, también son a sus significados. Lo femenino podría estar también en los hombres, en aquellas características psíquicas que corresponden a la ternura, a lo que refiere a la vincularidad, a lo estético, a lo receptivo, a la sensorialidad que era parte de la descripción social de ser mujer, y que hoy es abarcada por la inclusión psicosocial y las neo sexualidades.

Hombre y mujer así visto, son solo son una forma de describir las características corporales. La intolerancia a lo femenino radica en el rechazo, agresión y maltrato de las características psíquicas que eran históricas del psiquismo de ellas.

Finalmente, la cura por la palabra permite la salida de la marca traumática de la intolerancia a lo femenino, para ser escuchada por el psicoanalista, aquel que está dispuesto a denunciar lo que la sociedad calla.

Referencias Bibliográficas

Alkolombre, P. (2008). *Deseo de hijo, Pasión de hijo.* Argentina: Letra Viva. pp. 19-98.

Axelrod, R. (2004). La diferencia del género en el trabajo de la escucha psicoanalítica. Desde la escucha hasta la mirada. En *Psicoanálisis y relaciones de género.* Lartigue, T. (comp.) Argentina: Lumen. pp. 167-174.

Freud, S. (1920). *Más allá del principio del placer,* Tomo XVIII. Buenos Aires: Amorrortu.

_____ (1931). *Sobre la sexualidad femenina,* Tomo XXI. Buenos Aires: Amorrortu.

_____ (1932). 29 Conferencia, Revisión de la doctrina de los sueños, Tomo XXII. Buenos Aires: Amorrortu. pp. 7-28

Klein, M. (1928). *Estadíos tempranos del conflicto edípico.* Buenos Aires: Paidós.

Velásquez, R. y col. (2012). Maltrato, exclusión e intolerancia a ser femenino. Medwave 2012 Ago; 12(7):e5456 doi: 10.5867/medwave.2012.07.5456

www.infoplease.com_biografhy_var_michaelhaneke.html.

Comentario psicoanalítico sobre la película "La pianista" o "La profesora de piano"

Julia Lauzon

Comentario presentado en el cine debate del X Diálogo COWAP en México 2013, sobre la película conocida en Hispanoamérica como "La profesora de piano", de origen franco austríaco de 2001, dirigida por Michael Haneke y protagonizada por Isabelle Huppert en el rol de Erika Kohut la profesora, Benoit Magimel como Walter Klemmer, el joven que admirado logra convertirse en su alumno. Ambos ganadores de innumerables premios a la mejor actuación. El guión escrito por el propio Haneke es una adaptación de la novela homónima de Elfriede Jalinek, premio Nobel de Literatura, 2004.

Annie Girardot, convincente como la madre dominante con quien Erika comparte el dormitorio, despierta el más profundo rechazo en el espectador. Erika bajo su aspecto serio y responsable oculta impulsos sádicos, masoquistas, con inesperados comportamientos agresivos propios de un trastorno narcisista de la personalidad, con actuaciones perversas solitarias que se manifiestan con Walter cuando se acerca en plan de conquista.

Para mi comentario tomé como organizador por un lado "la Intolerancia a la feminidad", tema que nos reúne, dirigido a estimular el debate en el intercambio de dudas e incertidumbres. Por otro lado, aparecen áreas comunes entre género y psicoanálisis. El género como un concepto de encrucijada.

En el área común donde el individuo está condicionado a la vez por las fuerzas del inconsciente y por los imperativos de la cultura, se configura el encuentro de ambas disciplinas.

El ser humano queda con frecuencia entrampado en órdenes superyoicas que determinan su modo de pensar y conducirse. Se le imponen como ideales insertos en el sistema narcisista, como observamos en la protagonista Erika o en Anna, su alumna. La alienación resultante es constitutiva del ser humano en la medida que no pueda sustraerse al influjo de las tempranas identificaciones y de la presión socio cultural. Las teorías de género enseñaron a la escucha psicoanalítica a estar atenta a estos condicionamientos de los pacientes y también de los analistas. Obligan a repensar las teorías psicoanalíticas respecto del rol de mujeres y varones, la subjetividad en relación con la diferencia sexual y la connotación otorgada a la noción de feminidad y masculinidad. Sin embargo el teatro psicoanalítico presenta ficciones en un más allá de la realidad material y esa realidad requiere una escucha abierta y libre de las convenciones de género.

Mis planteos intentan seguir el hilo de la película en sus escenas fundamentales.

La profesora puede ser una respetable profesional y una persona muy enferma y sufriente. Su talento y éxito profesionales eclipsados por una organización defensiva al servicio de mantener un equilibrio vital, solo alcanza para sobrevivir. Porque detrás de ese personaje introvertido con actuaciones perversas, se detecta el rastro de la soledad, la depresión y la tristeza. Este juego de contrastes conducido por la música de Schubert recorre los espacios entre "el grito y el susurro más leve". Todo su mundo es un universo cerrado, de puertas cerradas. Su casa, el conservatorio, las cabinas de películas pornográficas.

Las escenas sexuales se producen en escenarios silvestres, casuales, surgen de la ansiedad y la culpa, espacios destinados a la evacuación de los emuntorios como los baños o el depósito aislado de un club deportivo y su solitario placer en lugares públicos como las cabinas o el auto cine, carentes de intimidad. Para una psicoanalista es inevitable pensar que representan desarrollos psicosexuales detenidos en los escenarios anales.

La experiencia clínica psicoanalítica con pacientes con una organización límite de su personalidad, revela ciertos rasgos dinámicos semejantes en los conflictos inconscientes de las perversiones, que permiten comprender fantasías sexuales aparentemente caóticas. En un sentido amplio prefiero tomar como actos perversos, la obtención de placer sexual subordinado a condiciones extrínsecas como en el fetichismo, voyerismo, exhibicionismo, sadomasoquismo, con permanencia del polimorfismo sexual infantil y gratificación pre genital.

Sabemos que la agresión patológicamente intensa, pre genital, tiende a proyectarse como impulsos sádicos orales y anales, especialmente en la madre potencialmente peligrosa, tanto más cuando la madre real no posee una función materna confortable.

El gélido y organizado discurso de Erika, a veces con un autoritario lenguaje de acción destinado a la humillación del otro, ponía en evidencia que ella hacía con los demás lo que su madre con ella. El rápido y total pasaje de la relación objetal positiva a la negativa y viceversa en Erika, permite pensar en un derrumbe de las idealizaciones edípicas, que son frágiles y exageradas, con la fácil desvalorización de esos objetos primarios, presente en las patologías caracterológicas narcisistas con repliegue total.

Ese tipo de experiencias refuerza las tendencias masoquistas en sus relaciones con los hombres y la proyección de los conflictos primitivos hacia las relaciones sexuales configura una escena primaria violenta y aterradora, que puede tornarse en odio a todo el amor que ofrezcan los demás.

En Erika es muy manifiesto el rol central de la agresión en la excitación erótica y la naturaleza perversa de la transformación de las relaciones dependientes en agresivamente destructivas, que también revelan conflictos de separación individuación.

El decantamiento de las carencias afectivas tempranas en la sexualidad es notable, como la ausencia del padre en el destete psicológico, la resolución edípica y el acceso a la feminidad.

Es admirable la capacidad de Haneke, quien con un magistral manejo de la imagen y la mínima gestualidad de la talentosa actriz, convierte en transparente para un espectador observador como una mujer virtuosa en su arte, personaje con gélido hermetismo hacia los demás, arrogante a veces, puede aparecer invocando el sadismo, la rabia y la humillación, casi siempre.

Capaz de tensar con maestría los hilos que someten a Erika a su entorno, desde aquellos que la unen con una madre desbordada hasta la crisis cuando fracasa su control omnipotente frente a los retrasos en el retorno de su hija al hogar Haneke evidencia también que Erika la complementa con su actitud de ocultar su tardanza, cuando pretende ingresar a su casa silenciosamente.

Una discusión que no es nueva estalla entre estas dos mujeres. Cruzan palabras cargadas con significado de alta descalificación social sobre la sexualidad femenina, como "cerda" para la madre y "zorra" para la hija. Las representaciones de lo femenino y masculino que se transmiten en el discurso con un denigratorio lenguaje, contienen fantasías que le otorgan a la sexualidad un contenido sucio con actividad perversa.

Las primeras escenas nos alertan sobre la violenta relación entre una madre autoritaria y una hija que fluctúa entre el sometimiento y la rabia. Forcejea para entrar a la habitación de su hija, revisa la cartera y es evidente que invade su intimidad para confirmar sospechas. Entre tirones la madre descubre la compra de un vestido que se rasga.

En estos altercados que se producen en su casa se escucha como un coro, siempre presente las voces del televisor. Esta vez "algo sobre que las mujeres son inferiores" además de discusiones de pareja. Entre madre e hija se produce una escalada en una interacción sado masoquista y Erika llega hasta "ponerle las manos encima a su madre", quien invoca el máximo castigo para una pianista, la mutilación de sus manos. "Deberían cortarte las manos" dice la madre.

Esos diálogos tenían la vitalidad de la descalificación agresiva, en una escalada que no se detuvo ante la violencia corporal. Con la amenaza materna de la mutilación por ser golpeada y la frenada invocación de su propia muerte se desencadena en la hija la angustia de la separación y quedan señalados los caminos de la tragedia. Ambas se rearman, se disculpan. Llorando se preguntan por qué se comportan así, reconocen daños en una especie de rápida reparación, un momento de calidez para hacer algo juntas como tomar un café.

En estos primeros diálogos se reconocen los mandatos maternos de intolerancia a la aceptación de la capacidad receptiva y activa de la sexualidad femenina, por sus críticas al arreglo personal y al gasto de un vestido, señalando la necesidad de pagar la hipoteca de su casa y su precariedad económica.

Érika intenta recordarle a su madre que ella poseía un vestido similar.

Rechaza con desagrado el intento, obturándose una identificación femenina, a la que Erika no puede acceder porque su madre lo niega.

Duermen juntas y en la penumbra la madre le pregunta por su alumna Anna, una niña talentosa. Privilegiando la dominación por el logro de haber hecho de la interpretación de Schubert su especialidad, le insiste perentoriamente que su alumna no la supere y se instala un mandato superyoico que la acompaña desde su niñez.

La música, impresionante, "entre el grito y el susurro" ya no nos abandonará durante toda la película.

Como pianista Erika configura un estereotipo de profesora seria a veces dura, siempre fría, eficiente, compenetrada y comprometida con su rol. Es exigente y desde sus trastornos de personalidad y sus rasgos de carácter, sus sometidos discípulos del conservatorio son muy maltratados.

En la escena del ascensor madre e hija se muestran unidas en una actitud despectiva, impidiendo activamente, cara a cara, que Walter suba con ellas. Nos adelanta la exclusión masculina y la imposibilidad de configurar una situación triangular.

La tertulia musical es en la residencia de la tía de Walter Klammer quien se presenta a ellas al ingresar. Es un joven de fina estampa, expresivo y seductor. Se interpone entre la madre, quien luce su habitual actitud hostil y su inexpresiva hija.

Después de la excelente interpretación de Erika con otro músico eximio a dos pianos, en el intermedio los asistentes son invitados con sencillez, a degustar una comida ofrecida por la culta y cálida anfitriona, en su elegante residencia. Walter encantado se acerca a felicitar efusivamente a Érika, quien con arrogancia se apropia de la comprensión de la locura de sus músicos preferidos Schubert y Schumann, al referirse a la locura y muerte de su padre en internación. Para ella su padre murió cuando lo internaron.

La madre se aburre con el tío de Walter. Con desagrado está pendiente de Erika y Walter al que encuentra "pegajoso". Ese acercamiento la tiene molesta. El tío introduce a Walter quien sorprende interpretando a Schubert. Érika escucha concentrada. Le tiembla levemente el labio. Esta trémula. Yo misma como espectadora trataba de escudriñar el rastro de una emoción, una señal en la expresión de Érika que nos diera un indicio de emoción. Su madre pendiente, la engulle continuamente con su mirada.

Erika aparece en distintas escenas de su diario vivir. Después de su trabajo, hace escapadas en clara disociación, por el "mundo sórdido y oscuro". Camina con determinación, despectiva. En el porno shop intenta ingresar a las cabinas que están ocupadas, exponiéndose a la mirada curiosa de hombres del lugar donde venden material sexual. ¿Exhibicionismo? En la cabina revisa una serie de imágenes de videos para seleccionar uno de ellos. Muestran actividad heterosexual y selecciona la escena de sexo oral, en la que una mujer acostada de espalda, descuelga su cabeza hacia atrás, sometida e incómoda para succionar un pene-pecho que ahoga. Concentrada, también busca entre las toallas desechables impregnadas con semen fresco de usuarios que la precedieron para elegir una a la que huele con fruición, en una regresiva satisfacción del polimorfismo perverso sexual infantil. En esta escena el pene-pecho puede adquirir las funciones simbólicas de la madre que nutre, rechaza o castiga y la boca puede funcionar como vagina voraz o agresiva en una gratificación pre genital.

Un Walter talentoso logra la inscripción en su clase magistral. Lo humilla desde que solicitó ser su alumno y ante satisfacción de los profesores de la escuela de música por su excelente examen de ingreso, la profesora lo descalifica haciendo referencia a la actitud histriónica de

Walter, recordando a sus colegas su deseo de ayudar a alguien más joven, de modo casi irrefutable.

La escena en la que Erika realiza cortes en su vagina despertó opiniones desde vertientes distintas, al parecer como consecuencia de nuevas sensaciones provocadas por el asedio de Walter. La posición en el borde de la bañera, la precisión de la ejecución, el control del dolor por la agitada respiración, el uso de los elementos necesarios para realizar un corte vaginal con una hoja de afeitar, cuidadosamente conservada en su bolso de cosméticos en la cartera, el apósito para contener la pérdida de sangre, nos informa de una experiencia reiterada, interrumpida por la perentoria voz materna para cenar. Es ella quien descubre un hilo sangre que se desliza por la pierna de Erika y lo relaciona con su descuido y su mal carácter, como si presenciara una menstruación.

Pienso que se trata del síndrome de *cortajeamiento,* que representa simbólicamente la sexualidad femenina en un ataque auto agresivo. Si las gotas de sangre menstrual son "las lágrimas de sangre que llora la naturaleza defraudada" cuando no se produjo una deseada impregnación, la seudo menstruación de Erika creo que revela en una vagina dolorosamente dañada, los ataques inconscientes a la función creativa de una relación sexual que no se realiza, un cuerpo que la rechaza y que impide el acceso a la gestación.

Cuando Erika sorprende a uno de sus alumnos en el mismo porno shop al que ella es asidua lo interpela frente a sus compañeros. En la clase las emprende contra él y se reedita su menosprecio por el erotismo, la curiosidad sexual y el despertar del deseo placentero de observar la desnudez de la mujer en las revistas que se exponen. Humilla al joven al decirle que es "un cerdo", al igual que sus amigos y todas las mujeres, en franca generalización y con absoluto desparpajo propio de su escisión mental, como si ella no hubiera ingresado al mismo lugar.

A pesar del rechazo de Erika, Walter logra ingresar al conservatorio y llega a su clase. Sus intentos de acercarse seductoramente y llamar su atención son en vano. Aunque él diga que "la tiene en la cabeza como una tuerca en un tornillo", que hay un día estupendo, que busque el modo de estar juntos y salir, ella no ve ningún motivo, se encuentra en la más completa negación.

Ejerce su dominio con órdenes claras y le advierte que en ese lugar solo podrá estudiar. Esclarece que sus sentimientos nunca triunfaran sobre su inteligencia. Consciente de esta disociación, Erika no comprende la falta de integración de sus emociones y su intelecto. Un intento amoroso de Walter en el privado de clases desencadena una incómoda tos irritativa en Erika y él arriesga una interpretación sobre la represión de sus sentimientos.

Los psicoanalistas en el debate ya sabíamos que no se trataba de una neurosis. Las defensas eran primitivas, del orden de la escisión, la negación, el control omnipotente y la identificación proyectiva, una organización defensiva del funcionamiento psicótico de la personalidad, aunque no se había desplegado clínicamente. Se estaba configurando una relación sadomasoquista en una pareja patológica.

La escapada de Erika al autocine nos muestra la necesidad de engañar de quienes planean actos perversos. Al salir ella cubre su cabeza con un pañuelo y su infaltable impermeable fetiche. Advierte a su madre que no llame a casa de su amiga, a quien a su vez, le solicita que la encubra, como si tuviera una cita amorosa. Espera pacientemente entre gente joven en el bar del local a que comience la película. Subrepticiamente selecciona un auto en el que un rítmico movimiento expone a los incautos amantes.

Voyeur u *outsider* de su proyectada fantasía inconsciente de objetos parciales pecho-pene en el porno shop o de una fantasía más compleja, la de la pareja combinada externalizada, cuando se arriesga mirando la pareja en coito y excitada sustituye el orgasmo con la inminente necesidad de orinar junto al auto. Es descubierta y se sobresalta. Se aleja caminando sin espantarse hasta que el hombre la increpa a gritos y apura el paso. Se aleja tranquila como para no despertar sospechas. Del mismo modo ingresa a su casa, cuidando que sus zapatos no tengan ninguna señal de "sus andanzas por el barro".

Escoptofilia de la escena primaria por excelencia, esperada y planeada con todo el placer que aporta la transgresión, en circunstancias muy peligrosas.

Los impulsos genitales de Erika con conflictos predominantemente preedípicos cumplen importantes funciones pregenitales.

Su madre en una nueva crisis agresiva invade una vez más la intimidad de Erika. Arranca los colgadores con sus prendas, las cuales son arrojadas al piso en clara señal de ataque al *self* femenino y al cuidado con que ella guarda su ropa. Otra versión de la primera escena cuando rompen el vestido. En esta ocasión la madre le da una furiosa cachetada que ella devuelve con la misma fiereza. Le comunica sin ninguna resonancia emocional por el hecho en sí, que su padre ha muerto.

Érika había renegado de él cuando fue internado.

El día del ensayo de la presentación para ser aceptada en el concierto del conservatorio Anna se siente muy angustiada y se niega a tocar el piano ante la preocupación del cantante y su profesor. Logran que suba al escenario y mientras se preparan Walter amablemente la tranquiliza. Creo que cuando Erika se da cuenta que Anna al sentirse acogida por la generosa actitud de Walter podrá mostrar su talento en una bella interpretación, se siente arrasada por impulsos destructivos que sobrepasan su control obsesivo. Siente que va a traicionar el mandato materno y su cruel superyó no lo permitirá.

La emoción desborda en sus ojos brillantes de lágrimas, se desplaza furiosa hasta los vestuarios. Inmóvil por un instante, la inquietud se transforma en violencia. Un exceso de agresión en los conflictos edípicos es fácilmente detectable. La imagen de su rival Anna adquiere características aterradoras, abrumadoramente peligrosas y destructivas. Frente a la frustración de su madre por un lado, quien autoritariamente le había señalado que no podía dejarse vencer por una alumna aventajada en la interpretación de Schubert, representante del padre idealizado, loco y muerto para ella, cuando fue internado, con angustia de castración. Por otro lado frente a Walter, con envidia del pene en forma groseramente exagerada y prohibiciones contra la sexualidad, que tienen una calidad salvaje, primitiva, puesta de manifiesto en escenas posteriores.

Con perplejidad observamos la ansiosa movilidad de Erika quien con creativa alevosía obtiene un pañuelo, hace añicos un vaso para crear el arma pulverizada que "cortará las manos de Anna" como la sentencia que ella recibió de su madre. Subrepticiamente retorna a la sala.

Anna ha logrado un merecido éxito con la ayuda de Walter que corre su partitura y la excelencia del cantante interpretando a Schubert.

De pronto se escucha el grito desesperado de Anna, herida de muerte en su órgano vital de pianista para su próxima presentación, ante los estupefactos presentes. Erika conmina a Walter para que ayude a la niña con su mano sangrante, ofreciéndole irónicamente la oportunidad de que se presente como protector, mientras ella se aleja rápidamente hacia los baños, diciendo que no puede ver sangre.

Es allí donde se desarrolla una de las escenas más terribles por la humillación a la que Érika obstinadamente, controla compulsivamente a Walter, quien había intentado con rapidez, un apasionado abordaje en el baño, en el intento de poseerla. Es detenido con firmeza y sin explicación, inmovilizado. Mirándolo fijamente a los ojos, Érika inicia una masturbación manual. Lo silencia con la amenaza de que se quedará solo, aunque él diga que la quiere. Walter pregunta por qué le hace daño y ella retoma con sexo oral. Él no puede obtener el orgasmo de ese modo y ella intenta irse. Con intenso menosprecio dice que "ya no le apetece tocar eso". Calmado Walter intenta que comprenda que es malsano lo que pasa. Con una inesperada respuesta Erika le señala su estupidez y le dice que "hecha todo a perder".

La desconsideración por el supuesto objeto de amor, el gesto altivo del dominio sobre el otro, el ataque a la percepción de la pareja y al vínculo posible, en decidida autoreferencia ungida de un poder que amenaza con el abandono en esas circunstancias, sin la menor resonancia afectiva delata un libreto perverso equiparable a las características del fetiche.

Entiendo el fetichismo como vía de entrada a la perversión. Recurrir al fetiche le permitía a Erika una descarga agresiva y el pasaje al acto en el sadismo moral. Tiene una función defensiva contra el impulso criminoso.

No hay duda que la masturbación compulsiva en manos de la pianista tiene una investidura fálico narcisista. Trata al pene también como a un fetiche, objeto manipulable, disponible. Esos atributos obedecen a una lógica compulsiva.

En la relación fetichista se trata de volver inanimada a una persona para asegurar su presencia cosificada y protegerse de la emergencia de un objeto interno. El acto transcurre con Erika sustraída del sí mismo. Violencia controlada que esconde el deseo de actuar abiertamente la agresión. Más sorprendente aún es que le dará instrucciones sobre lo que Walter deberá hacer en un encuentro sexual posterior. Perentoriamente le ordena guardar sus genitales frente a ella, interfiriendo el intento de hacerlo con discreción.

En franca contra actuación Walter comienza a reírse y retirarse como un "saltimbanqui" preguntando si no le "apetece sonreír a la bella dama". Se aleja con la esperanza que todo será mejor. Por la burla y cierto desprecio, Walter se refugia en defensas maníacas.

Quien podría imaginar que la descorazonada madre de Anna quien decía asertivamente que habría que "cortar las manos" del malvado que por envidia dañó a su hija, sería tranquilizada por la profesora quien sin mayor cercanía emocional, le comunicaba que reemplazaría a su alumna en la presentación.

Entonces las manos que "merecen ser cortadas" son aquellas que se levantan contra la madre, las que ostentan el poder de contener en sus dedos o en un puño masturbatorio el ataque a la pareja creativa de los padres en la escena primaria, las de quienes atacan a seres inocentes por los oscuros designios de la envidia y el sadismo. No son las manos virtuosas en la ejecución musical, que brinda un manto sonoro que nos envuelve y nos da a conocer el genio creador del autor.

En la concepción del Edipo temprano como un espacio triangular la relación del bebe con el objeto primario, objeto de deseo, a veces es complicada por la emergencia de un objeto observador crítico y enjuiciador, donde indistintamente el tercero puede representar el poder y la autoridad de ejercer juicios y castigos relacionados con la castración y la muerte.

En otra escena vemos a Erika regresar a casa con un sombrero rojo, sin el impermeable, siempre con la misma cartera, seguida de un Walter que reconoce que ella no puede "seguir haciendo que se vuelva loco". Ingresa a la casa y a la habitación de Erika ante la inquietud materna y anuncios de seres humanos sin alimento, ni medicina, seres carenciados, en la televisión siempre presente, como telón de fondo. Trancan la puerta con un armario y todo hace pensar que habrá un encuentro sexual.

Ella aparece dueña de sí misma diciendo que no se preocupe por la madre y que lea la carta. Después de devaneos e intentos de abordaje erótico, Walter cede a la firmeza de sus órdenes y finalmente lee seriamente la carta. La madre trata de escucharlos y los interpela desde afuera. Mientras en la televisión hablan sobre una desgracia en la montaña rusa o de los electrodomésticos de los mil usos y acompaña desde la película también al público con el mundo de la tecnología, el consumo y el descarte, en un impresionante contrapunto.

La carta plagada de estrategias del llamado "sexo loco", con transgresiones sádicas, en abigarrado detallismo en la que ella describe cada una de las acciones que él deberá ordenarle y otras que Walter deberá implementar. Los cambios de la expresión de su rostro van desde la perplejidad a la incredulidad, de la inquietud a la severidad.

Como prueba que confirma el ofrecimiento masoquista Erika despliega sus instrumentos de placer sádico. Los retira debajo de su cama en la que no duerme y los ofrece como una dote generosa. Revistas, juguetes fetiches, objetos inanimados representantes de objetos internos desmantelados. Walter pregunta por qué hace esto. Ni él ni ella saben que el funcionamiento cruel y destructivo disociado de Erika, tiene la imperiosa necesidad de corromperlo, estimulado por los envidiados deseos amorosos que él es capaz de expresar, dejando fuera de actuación a la madre. Con el cabello suelto ropa colorida Erika dice que lleva años esperando que le peguen.

Yo diría que la toquen en una caricia, que la amen, que pueda reflejarse en el espejo de la mirada materna que le devolviera una imagen restaurada y bella de sí misma, que tal vez nunca sucedió y quedó distorsionada por el resentimiento y el odio jamás contenido.

Ante el crítico y triste silencio de Walter insiste en asegurarle su sometimiento diciendo entre otras cosas, que debe pegarle en el rostro si no cumple. Cuando él le dice que está enferma y necesita tratamiento, ella le pide que la golpee. Walter le asegura que la ha querido. No quiere "ensuciarse las manos" aclarando que a la gente como ella no se la toca ni con guantes y se va.

Erika llega a la habitación y se acuesta junto a su madre…. ¿Ocupa el lugar del padre tal vez? Acostumbrada al diálogo de la madre castigadora, escucha que le dice que no tiene vergüenza. Marca la diferencia de edades cuando pregunta qué le ha hecho a ese "chico". Alega que hace lo que quiere y que puede transformar la casa en un burdel.

La vergüenza señala el reconocimiento que se ha hecho algo malo ante sí o ante otro individuo. Si bien tiene su origen en el narcisismo primario es necesario salir de él para poder sentirla, siendo su principal amenaza, el temor al abandono y al rechazo. En el narcisismo post kleiniano, surge la vergüenza ante el fracaso o quiebre de las organizaciones narcisistas. Erika no se da cuenta de sus acciones reales o fantaseadas, transgresiones u omisiones que dañan a otro, de sus reacciones hostiles en escalada, deseos de venganza y envidia.

De pronto se voltea hacia su madre con verdadero frenesí, la besa y le dice que la quiere. Ella grita, tensa pidiendo que pare. En franco rechazo, la golpea y Erika la sujeta. Gimiendo nos sorprende con un llanto desgarrador y lastimero.

Estás loca, sentencia su madre y lo repite una y otra vez. Muy alterada le ordena que se duerma, haciendo alusión al concierto del día siguiente, al que debe ir bien preparada por si "alguien importante la escucha". Erika se recoge a su cama.

Es una escena erotizada, de intensas emociones que se captan por la agitada respiración, con los cuerpos estremecidos. Intempestivamente Erika comenta con voz tranquila, que le ha visto los vellos del sexo. Visión que gratifica la curiosidad de la sexualidad infantil respecto de la diferencia generacional, evolución probablemente trastocada en Erika.

Nuevamente gira hacia su mamá y se abraza como una niña.

Su madre no comprende y no recibe la confusa expresión amorosa de Erika. Si piensa que su hija está loca, no se hace cargo, no responde calmándola. La rechaza con su propia excitación y sus exigencias. Sin darle consuelo.

Erika habita en los espacios anales de las sensaciones maternas, sin alcanzar las otras zonas geográficas del cuerpo como sus pechos y el vientre materno, sobre los que intenta descansar y refugiarse regresivamente del abandono sufrido con Walter, quien rechazó sus ofrecimientos de sometimiento perverso.

Cuando va muy decidida a buscarlo a donde entrena hockey, Erika luce dentro del más prolijo estereotipo femenino, con su melena sin el acostumbrado recogido y un vestido claro, liviano, con flores rojas cubierta con su permanente impermeable beige, al que también le reconozco las cualidades del fetiche como objeto inanimado.

Si bien Erika pide a Walter que la perdone por la carta, dice que lo quiere y lo abraza apasionadamente para luego recostarse en el piso. Walter se niega y se vuelve a imponer la masturbación. Siempre que se encuentran, la perentoriedad de la propuesta sexual plantea la actuación en lugares inapropiados. No configuran un buen continente para "hacer el amor" y no son una elección.

Ella muy resuelta, no le importa el lugar ni que los vean. Se resguardan un poco y en situación poco confortable, cuando intentan acoplarse, él pide que lo ayude. No hay duda que recurre al fellatio. Bruscamente Erika se corre hacia un costado vomitando. Escena de una crudeza degradante. Ella no quiere que mire, se incorpora, se lava y dice que está limpia como un bebe, por dentro y por fuera.

Walter la rechaza con desagrado. Por el hedor debería irse muy lejos, salir de la ciudad y de su vida. Se repite el desencuentro, el diálogo que no comunica. Erika emprende una escapada al frío, al blanco de la pista helada del juego, a la muerte del sentir.

Solo se propicia una y otra vez el fracaso de la realización del deseo de ambos, de la erección y del logro del orgasmo. Erika se enfrenta con su asco, su rechazo, a pesar de su buen intento, que es un nuevo fracaso.

En la noche cuando ya duermen, con el violento ingreso de Walter a la casa se desencadena la tragedia. La golpea, encierra a la madre y repite las indicaciones de la carta de Erika. Intenta controlar su violencia, pero la golpea en el rostro preguntando si es lo que quería. Ella muy asustada contesta que no. La madre desde su habitación ruega que no dañe a su hija.

Walter le grita que se calle o la mata. Erika es golpeada cruelmente con patadas que la dejan sangrando mientras ella ruega que no lo haga en el rostro ni en las manos.

Reconociendo que "no es amable con ella" y que eso es lo que logró, impide que Erika se refugie con la madre, cuando intenta abrir la puerta cerrada con llave. Se calma, se acerca y ella se repliega como un animalito herido mientras él habla sobre que "no se puede excitar de tal manera a un hombre y refugiarse después en el hielo, que no es posible hurgar de ese modo dentro de alguien".

No quiere marcharse así. Le acaricia la cabeza, la recuesta, la besa mientras Érika permanece inmóvil.

El director nos angustia con esa escena entre Walter y Erika en la que se arrastra como una bebe maltratada y sin voz, después que Walter cegado por la violencia actúa la golpiza, que la deja sangrando, aturdida, aterrada, disociada.

Tendida como una marioneta sin hilos, se produce un encuentro a medio camino entre la ternura y la violación por parte de Walter, que resulta escalofriante y nos anticipa el triste final de *la profesora de piano*.

Walter sentenciosamente se va diciendo que "el amor hiere pero no mata". Los sucesos posteriores demostraran cuan equivocado estaba.

Haneke muestra como nos influimos unos a otros a través de las relaciones. Tanto Walter como Erika acaban conociendo respectivamente lo oscuro y lo luminoso del modo en que conciben el amor. Sin embargo, nos contacta con la desesperanza de la condición humana desviada en sus impulsos sexuales, donde el amor que intentan vivir y la agresión, no solo se anulan sino que en su regresión desatan funcionamientos primitivos con actuaciones perversas.

Erika antes de salir para el conservatorio, se dirige a la cocina. Desde que elige y toma el cuchillo que desliza en su cartera, el libreto de la acción criminosa está en marcha.

Se reúnen en el hall del conservatorio Anna, Erika y sus madres. Después de una distraída presentación con un diálogo áspero, en el que la madre descalifica la intervención de Erika en un concierto de escuela, ella totalmente abstraída no presta atención. Todos ingresan y queda sola en el hall, expectante.

Se ubica de tal modo que puede ver el ingreso de los espectadores rezagados. Llegan muy apurados los tíos de Walter quien no viene con ellos y los saluda distraídamente. Él llega con un grupo, pasa raudo saludándola divertido.

Se queda más sola que nunca. Su rostro demudado con las señales de los golpes recibidos. Su mirada indescriptible, con sus ojos llenos de lágrimas mira fijamente la entrada a la sala por donde desapareció Walter. Apurada extrae el cuchillo de su cartera. Con un decidido y medido movimiento, lo clava en su pecho a la altura de su corazón. La cámara se detiene en su rostro que se deforma en una mueca crispada por la determinación, mientras su mano profundiza y lo entierra. Comienza a sangrar, da un giro y sale del hall. La vemos caminar a lo largo de las rejas del conservatorio sin salir a la calle.

¿Podemos imaginar lo que les sucederá a todos los que esperan ver aparecer a la profesora de piano, a la eximia intérprete de Schubert? y… ¿A su madre? Y ¿A Walter? Lo había perdido todo. Era una sobreviviente. No tenía ya para que estar viva. Un suicidio bien logrado que simbólicamente representa un corazón herido de muerte por la pérdida del amor que trágicamente conlleva la mayor de las venganzas y se desliza a la serenidad de la muerte por desangramiento.

Finalmente relaciones, escenas y actitudes, recrean la compulsión a la repetición, incluyendo la locura y la muerte.

PARTE IV

SEXUALIDAD Y GÉNERO

El table dance desde dos perspectivas de género: un actor y un espectador

Margot Shrem

Este artículo aborda el tema del table dance desde las particulares miradas de género. Un hombre y una mujer, un espectador y un actor, son los protagonistas de este texto que describe las vulnerabilidades que se esconden en un escenario en el que la mirada, el poder y el control se vislumbran como garantes que salvaguardan debilidades y carencias.

El trabajo partirá de la definición y características del *table dance*, para adentrarse en el drama de dos pacientes y en la dupla voyeur-exhibicionista que se entrelaza en este tipo de espectáculos.

El *table dance* es un baile erótico en el que bailarinas danzan con ropas ligeras, en algunas ocasiones desnudas, sobre una plataforma, alrededor de un público generalmente masculino. Su origen se remonta a los años 30 y 60 en Francia, en los conocidos cabarets.

Una de las características de los *table dance* es que el contacto corporal está prohibido o altamente problematizado en el propio establecimiento. Todo se juega en torno a la mirada, inclusive está proscrita la posibilidad de coito. El trabajo de las bailarinas se limita a danzar y a entretener a los asistentes para que consuman alcohol y les den propina. En algunas oportunidades, pautan con los clientes para algún baile en privado o para entablar algún tipo de intercambio sexual, pero siempre fuera del local.

Socialmente, el *table dance* ha originado diferentes tipos de respuestas denigratorias hacia las mujeres que allí trabajan, se les tiende a devaluar y en oportunidades se les califica como prostitutas. Calificativos que no les son asignados a los varones que allí asisten, ni siquiera a los que como ellas, hacen *stripper*. Aspectos que tienen que ver con los atributos culturales de lo femenino y masculino.

Un aspecto que caracteriza los *table dance*, es el juego de poder entre hombres y mujeres que los frecuentan y la manera como cada uno lo muestra. La mujer usa su cuerpo, como si se tratara de un fetiche, para dar/ se una ilusión de completud y adquirir un dominio del varón. Para ello, intenta captar su mirada y despertar su deseo utilizando elementos claves de la belleza, como la pose y la vestimenta, que crean diversas emociones y despiertan sensualidad en el espectador (Ramos, Corral y Vázquez, 1992).

Mientras que el hombre utiliza algo, como el dinero, que es ajeno a su cuerpo, como despliegue de virilidad y sustento de poder sobre la mujer. Para Volnovich, (2010), el pago disimula la puesta en acto de un deseo sádico de humillación y degradación del objeto amoroso a partir del valor en el mercado de las mujeres que usan. "Pautado por un horario, lugar y precio, el cuerpo de la mujer puede estar puesto al servicio de la dominación y denigración femenina" (p. 32).

Rodríguez (2011), señala que para el hombre, el pago puede representar un golpe a su narcisismo masculino por tener que pagar para satisfacer una experiencia sexual, pero a su vez, representa un halago al sentimiento de dominio absoluto del hombre hacia la mujer, asignándole a esta última el lugar de "cosa".

Una investigación realizada en Francia por el sociólogo francés Bouamama (citado por Volnovich, 2010) en el año 2004 sobre los clientes que asisten habitualmente a este tipo de establecimientos, da a conocer que la soledad afectiva, la abstinencia sexual, el temor a la mujer, la falta de confianza en sí mismos, las heridas narcisistas y aquellos cuya sensualidad ha quedado ligada a objetos incestuosos, son los varones que más frecuentan estos lugares.

Para Rodríguez (2011), en las bailarinas, el factor que desencadena este tipo de trabajo puede ser de índole económica o una libre elección que puede encubrir un sometimiento a un poder invisible, o lo contrario, un deseo de dominar a otro. Como lo plantea Volnovich, (2010) "la bailarina en el club nocturno, se muestra desnuda, falsamente débil; falsamente accesible. Siendo que, y quien pone las normas…" (p. 43).

Tal es el caso de Susana, cuya relación con los hombres ha estado marcada por pérdidas, culpas y violaciones. A los 6 años pierde a su padre por un accidente del que se culpa y responsabiliza. Tras una discusión con la madre, el padre cae de un séptimo piso luego de que su madre lo saca tras un ventanal de vidrio sin barandal. El padre, desesperadamente, le pedía desde la ventana a Susana auxilio y ella, por temor a la madre, no lo ayudó. Hecho que nunca se perdonó.

Después de un tiempo la madre vuelve a contraer matrimonio y a los 10 años es víctima de violación y abusos constantes por parte del padrastro, por lo que Susana decide irse de casa.

La muerte de su padre aunado a la violación y los continuos abusos de su padrastro sin la protección de la madre, fueron marcas que penetraron en su psique sin ningún tipo de tramitación, dejando registros que se observan en su aproximación con los hombres. Con quienes muestra un supuesto poder y control frente a una figura masculina, a la que, además de haber perdido, la hizo víctima de abuso y agresión.

Susana consulta debido al temor de perder a su pareja por la impulsividad y agresión que siente hacia él, cuando tras su ausencia no logra localizarlo. La ansiedad y desconfianza que ello le genera, hace que lo golpee sin ningún tipo de control y sin que nadie, inclusive él mismo pueda detenerla a pesar de sus 2 metros de altura y de su fuerte contextura física.

A los 18 años comienza a trabajar en los *table dance*, a su madre le diagnostican un cáncer y pensó que este trabajo era una vía para ganar dinero y poder costear los gastos de la enfermedad. Pese a la negativa de la familia, para ella no representaba ninguna conflictiva este tipo de trabajo, de manera contraria, le gustaba por su facilidad para bailar, por sus deseos de ganar dinero y por el poder y control que pensaba allí tenía sobre el hombre.

Su mayor satisfacción giraba en este último aspecto, disfrutaba de poder manipular a los hombres que la buscaban, sentirse poderosa frente a ellos, seducirlos y excitarlos para después rechazarlos. Hechos que contaba con gran picardía, "cuando me pinto y me maquillo soy otra, no me reconocerías, yo los conozco perfectamente, sé cómo atraerlos, cómo vestirme, cómo mirarlos para conseguir lo que quiero de ellos"… "A diferencia de mis compañeras, yo no me desnudo al bailar, ni me acuesto con ninguno. Pero recibo una buena cantidad de dinero al bailarles o cuando me contratan para que lo haga en privado".

Susana sabe que el *table dance* es un almacenador de deseos, es un ver sin tocar. Como lo plantea Bataille (1957), en el placer sensual surgen dos movimientos simultáneos: la exhibición y el ocultamiento. Señala que al igual que en el erotismo, la reacción emana de lo sugerido y en menos proporción de lo explícito. Lo que no se vislumbra suele ser lo que más se anhela.

Nichols (1997), en un interesante artículo sobre los *Table dance*, aborda el significado del cuerpo para las bailarinas que danzan en estos establecimientos. Señala, "el cuerpo más que un espacio para aceptar al otro, para recibirlo, es un falo para despreciarlo. Se trata de un cuerpo insinuante que juega con una insinuación falsa, en el que las promesas que cumplir no van más allá del show" (p. 259).

Susana promete, seduce, se exhibe a la par que se oculta. Se muestra frente a los hombres embellecida, con todo tipo de atuendos fetichistas, zapatos, ropa interior, medias, entre otros. Busca, a través de ellos, un poder fálico para hacer del objeto mujer una posesión de poder.

Kaplan (1994), al referirse a las perversiones femeninas, plantea el uso que el perverso hace de los estereotipos sociales que se le atribuyen a la feminidad, como un engaño o estrategia mental que esconde una abrumadora angustia por los terrores y humillaciones de los que fue objeto en su infancia. Para esta autora, el exhibicionista, busca un público que mantenga su mirada fija en su actuación, en apariencia erótica, como una manera de encubrir el odio y la venganza por las experiencias traumáticas que vivió en su infancia.

Siguiendo lo anterior, Susana se exhibe y accede a denigrar su cuerpo femenino, y lo convierte en un fetiche que excita al hombre, como una estrategia perversa para vengarse y humillar a un hombre que, como su padrastro, abusó continuamente de ella.

De allí que su relación de pareja está teñida de matices de desconfianza, temores y culpa. Lo controla constantemente, teme que la abandone, se angustia al desconocer su paradero y se hostiga por haberse enamorado e involucrado cuando se había prometido jamás hacerlo.

Susana conoció a su pareja en el *table dance* en el que trabajaba, era el agente de seguridad de ese establecimiento. A pesar de su negativa de iniciar una relación y ponerle cantidad de normas para no vincularse, termina enamorándose y casándose con quien ejercía funciones de seguridad.

Sin embargo, las heridas sufridas allí estaban, la desconfianza hacia los hombres, la vivencia traumática por la pérdida del padre y la culpa subsecuente penetraban en su psique, de tal manera, que necesitaba controlar cada paso de su pareja y, al no lograrlo, la rabia por haberse involucrado y la ansiedad e impotencia frente al temor de perderlo, la llevaban a agredirlo y a destruir todo lo que había construido, tirando sillas, mesas y todo lo que se encontraba a su alrededor, logrando solo detenerse al romper un objeto de vidrio.

Es interesante el hecho de que sólo logra detener su impulsividad al romper un objeto de vidrio. Cabe cuestionar si para ella, el vidrio era el equivalente a la ventana de cristal que no logró romper frente a los gritos de socorro de su padre. Que de romperla, detendría la impotencia y ansiedad que sintió al verse impedida de hacerlo.

Siguiendo lo anterior, podría pensarse que, a Susana, el *table dance* le crea la ilusión de tener un poder y control frente a las vivencias traumáticas que sufrió de niña a consecuencia de las complejas relaciones masculinas que escapaban de su control.

Por otra parte, desde el lado del espectador, consulta Rodolfo, joven profesional de 27 años, mayor de dos hermanos, soltero. Consulta en el momento que logra ingresar en una empresa en la que aspiraba entrar desde hace algún tiempo. Teme que sus fantasías sexuales interfieran en su trabajo al no poder poner control sobre las mismas. Se define como un animal en celo, un monstruo sexual, una máquina de sexo, que se ve impedido en contener su deseo.

Se angustia por sus constantes pensamientos morbosos cada vez que ve a una mujer que le gusta y por sus adicciones a los *table dance*, a la masturbación y a la pornografía. Piensa que estos aspectos de su sexualidad pueden ser distractores en su desempeño laboral.

Además de su sexualidad, refiere que vive de la ensoñación. Se imagina como un líder de grupo, profesional exitoso, con bienes económicos y chicas hermosas. Fantasías a las que trata de acceder endeudándose a través de sus múltiples tarjetas de crédito, que usa en restaurantes, bares, vestimenta y en los *table dance*. A la par, teme que los demás se percaten de las propias mentiras que ha construido.

Sus relaciones amorosas han sido escasas, ya sea porque no logra atraer a las mujeres que le gustan o porque se cansa rápidamente de ellas al no alcanzar el ideal que él aspira encontrar.

Para Rodolfo, la masturbación forma parte de su día a día. Se masturba al levantarse, a media noche, cada vez que se baña, cuando se siente ansioso. En ocasiones, se masturba hasta cinco veces en un periodo menor de cuatro horas y, generalmente, antes de ir a un evento social. Alude que ello le permite relajarse frente a la ansiedad y "desesperación" que siente por ir. Piensa que la masturbación es una descarga inmediata frente a su dificultad de espera.

De chico recuerda ponerse las pantaletas de la madre y excitarse. Se masturbaba oliendo las pantaletas de sus tías, con quienes ocasionalmente dormía, y se excitaba cuando éstas le permitían el contacto físico con sus genitales. Se masturbaba frotándose el pene con las muñecas de la hermana. Soñaba que tenía relaciones sexuales con su hermana y, en una ocasión, se levantó masturbándose por estar excitado al soñar que veía desnuda a su madre.

A diario, y a veces en varias ocasiones al día, ve películas pornográficas. En algunas oportunidades, ha salido con amigos y ha regresado a su casa porque no logra controlar el deseo de sentarse frente a su computadora y masturbarse viendo una escena pornográfica en la que se exhibe una mujer, una pareja heterosexual o un *manage a trois*.

Desde hace tres años empieza a asistir a los *table dance*, varias veces por semana. Asocia el inicio a estos centros, en el momento en que se separa de sus padres, con quienes vivía en el interior del país, para residenciarse de manera independiente en la capital. Cree que ello se debe a su deseo de saber que él podía, que era autónomo y económicamente independiente.

En estos establecimientos, le atrae mirar los "buenos" cuerpos y el baile de las mujeres. Pide al encargado del local que ninguna mujer se le acerque. Le gusta ser quien elige y el juego de seducción que allí se va desarrollando. Contrata a las mujeres para que le bailen en privado, les regatea sus honorarios, consigue bajar hasta 80% del precio inicial y, en muchas ocasiones, una vez logrado, las desecha.

Muy pocas veces termina acostándose con alguna de las bailarinas y, cuando lo hace, no alcanza el orgasmo. Lo que más le atrae es mirar cómo bailan, conversar con ellas y tocarlas. Sentir que tiene el poder y control.

Otra de sus adicciones es el alcohol. Expresa que cuando toma se siente "el rey" al creer estar en su "máximo confort" para acercarse a una mujer, seducirla, acostarse con ella y posteriormente rechazarla, alegando su falta de interés por la misma.

Sus criterios para elegir a una mujer son bastante exigentes, 90-60-90, por lo que ha tenido pocas parejas, ya que las que no cumplen con estos requisitos son rechazadas y cuando alguna se acomoda a este ideal, teme no tener un "buen" tema de conversación para atraerlas.

Rodolfo proviene de una familia humilde de la que se avergüenza por no poseer bienes materiales. Su abuela materna se desempeñó trabajando como doméstica en casas particulares, a pesar de lo cual le ofreció a su hija (madre de Rodolfo) una carrera técnica que ejerce con bastante éxito. Su vínculo con la madre es muy cercano, es su confidente y ambos se alían en contra del padre. De chico y aún actualmente, la madre duerme con él cuando Rodolfo los visita. Con su padre la relación es distante, lo denigra por sus escasos recursos económicos, por su falta de preparación educativa y por haberse alcoholizado en la pequeña infancia de Rodolfo.

Durante sus estudios siempre se sintió en desventaja en relación a sus compañeros por provenir de un estrato social diferente. Situación que quiso compensar teniendo una conducta violenta y acosando a muchos de ellos. Pensaba que, de esta manera, lograba un poder y un lugar que sentía carecía.

Para Alizade (2007), el hombre hipermasculino sostiene vínculos en los que predomina el poder y la sexualidad como defensa ante la angustia de castración y por las heridas narcisistas de su masculinidad. A la par, señala que la hipermasculinidad está asociada a actitudes agresivas y violentas.

McDougall (1998), en su artículo sobre neosexualidades, plantea que en la sexualidad compulsiva o adictiva, el objeto sexual, como práctica erótica es adictivo, incesantemente buscado, y se le asigna el poder de ideal en reemplazo de la función de los objetos primarios deficitaria. Expresa que algunos sujetos recurren a invenciones neosexuales, como un intento de autocuración para tratar de conciliarse con la imagen introyectada de un cuerpo frágil y dañado.

En ese sentido, la sexualidad desbordada de Rodolfo parece convertirse en un modo compulsivo de mostrar poder y una identidad masculina que, a diferencia de la del padre, sea valorada.

A su vez, la vivencia de un padre debilitado y en apariencia excluido por la propia madre del rol simbólico de la constelación edípica, unido a la relación tan cercana que tiene con la madre, que se desliza al terreno de lo incestuoso, y a unas mujeres, como las tías que quebrantan la ley, le crearon confusión, ya que, si bien estas figuras femeninas con su cercanía le otorgaban poder y valía a su identidad masculina, también le generaron una continua ansiedad al dar rienda suelta a sus pulsiones. Esto no le permitió consolidar la necesaria angustia de castración que hubiera impuesto un límite al desbordamiento de su pulsión. De allí, su vivencia de sentirse como un perro en celo o monstruo sexual, aspectos que refieren a un deseo sin ley.

Freud (1912), en su artículo sobre la más generalizada degradación de la vida amorosa, señala que aquellos sujetos que han quedado fijados a objetos incestuosos, tienen limitaciones para acceder a un objeto amoroso al haber quedado ligada su sensualidad a ése objeto. Como consecuencia, "conservará metas sexuales perversas"... "manteniendo a la madre como objeto para la sensualidad por vía de su degradación" (p. 177).

Siguiendo esta línea de pensamiento, para Rodolfo, la masturbación, los *table dance*, y la pornografía parecen ser instrumentos para acceder a su sexualidad desde un lugar seguro, donde no hay sentimientos, ni amenazas. Son un territorio neutro, que aparenta ser libre de subjetividades y que actúa como barrera frente a la madre incestuosa y seductora que ha denigrado la función fálica del padre (McDougall, 1993). Madre que, por peligrosa hay que desechar, al igual que a las bailarinas de los *table dance*, para salvaguardar su propia identidad.

De allí, su control orgásmico de llegar a acostarse con alguna de las bailarinas, al restringir su sexualidad a la satisfacción autoerótica a través de la masturbación y con la excitación del *voyeur*, quien desde la pantalla del sexo seguro, usa la mirada como forma de acercarse a un cuerpo erotizado y en apariencia monumental, sustituto de la madre fálica.

A su vez, las bailarinas del *table dance*, al igual que la madre, seducen, prometen, ilusionan su fantasía de completud "soy el rey" pero, al mismo tiempo, actúan como barrera para su cumplimiento. Hay que pagar para tener acceso a ellas, adquiriendo el pago, en este caso, el valor simbólico de la castración.

Para finalizar, retomo el título del trabajo "El *table dance*, desde dos perspectivas de género: un actor y un espectador". Desde el actor se ha tomado a Susana, para mostrar cómo ella, al igual que la musa que inspira al artista, exhibe su cuerpo, utilizando objetos fetiches, como una afirmación encubierta de la castración del espectador.

A la par que Rodolfo, como espectador, utiliza su mirada para tomar un fragmento del cuerpo de la mujer, "todo entero positivizado, fetichizado" para apropiárselo e identificarse con él en la realización de un deseo que desconocerá para siempre su propia pérdida (Baudrilard, 1980).

Para concluir, el artículo se ha basado en estos dos personajes, Susana y Rodolfo, como fuentes de referencia para plantear el *table dance* como un espacio que muestra el par antitético pasivo-activo, dupla voyeur-exhibicionista. Dupla que aspira asumir un supuesto poder, valiéndose de los estereotipos sociales de género, como estrategia que le permita triunfar sobre los traumas de la infancia. Así Susana, con su exagerada seducción, disfraza sus temores y debilidades y Rodolfo, con su hipersexulidad, aspira ocultar su impotencia psíquica.

Referencias bibliográficas

Alizade, M. (2007). Escenarios masculinos vulnerables. En *Masculinidad. Una mirada desde el Psicoanálisis*. Compiladora Raquel Tawil. México: Universum, 2009.

Bataille, G. (1957). *El erotismo* (colonia ensayo). Barcelona: Tusquets, 1992.

Baudrilard, J. (1980). *El intercambio simbólico y la muerte*. Caracas: Monte Ávila.

Bouamama, S. (2004). L'homme en question. Le processus devenir-client de la prostitution. En htt://www.mouvementdunid.org/les-clients-en-question-enqueste-d

Freud, S. (1912). "Sobre la más generalizada degradación de la vida amorosa". En *Obras Completas*. Vol. XI. Buenos Aires: Amorrortu.

_____(1927). *Fetichismo*. En *Obras Completas*. Vol. XXI. Buenos Aires: Amorrortu.

Kaplan, L. (1994). *Perversiones Femeninas*. Buenos Aires: Paidós.

McDougall, J. (1993). *Alegato por una cierta anormalidad*. Buenos Aires: Paidós.

_____(1998). *Las mil y una caras de eros*. Buenos Aires: Paidós.

Nichols, B. (1997). *La representación de la realidad*. Barcelona: Paidós.

Ramos, B., Corral, D. y Vázquez, V. (1992). Table dance como fenómeno cultural. En: Revista *Razón y Palabra*, Número 24. Estado de México-México. Diciembre 2001-Enero 2002.

Rodríguez, B. (2011). *Prostitución: Del Tabú a la Banalidad*. Mercados del amor. Buenos Aires: Lugar.

Volnovich, J.C. (2010). *Ir de putas. Reflexiones acerca de los clientes de la prostitución*. Buenos Aires: Topia.

Cuerpo, género y cultura

Joséphine-Astrid Quallenberg

> "Lo que el cuerpo puede, hasta la fecha
> no ha sido determinado por nadie"
> Éthique, III, Proposition 2, Scolie (Spinoza) 1660

Hoy por hoy, un pequeño pero significativo grupo de poblaciones rechaza ser nombrado como femenino o masculino, rechaza la categorización de género. Cambian de sexo, o en el modo de *queer-gender* y más... nuevas vidas binarias y sus múltiples ramificaciones. Las teorías de transgénero, los términos género, neutro o variantes de género pertenecen ya de manera real al vocabulario cotidiano de ciertos grupos sociales de nuestro siglo. Se transmiten programas de TV como *South Park[1]*, film y serie de TV *queer* que expresan los cuestionamientos de género actuales. Se perciben transiciones lentas y paulatinas, otras radicales y confrontadoras.

La cirugía, los cambios fluidos de identidad de género, un *continuum* entre lo masculino, lo femenino y lo tercero, la alteridad, la incertidumbre... ¿Cuáles son los diferentes significados inconscientes de estos nuevos fenómenos? ¿Qué significa la apertura a la diferencia, a la multiplicidad de culturas e identidades y desde luego, a la diversidad sexual, a los cuerpos? ¿De qué cuerpos hablamos? ¿De qué deseos? ¿De qué placeres? ¿De qué fronteras? ¿Cuál es el futuro del concepto de género?

Como es percibido hoy en día el concepto de género puede engendrar la ilusión de libertad, de escoger una vida sin límites, donde la fusión y la posibilidad del todo concurren, donde la castración no forma parte de lo Real y donde, en ciertos casos, lo ominoso (*Unheïmlichkeit)* sea lo que predomine. Sin embargo esta percepción es una ilusión de la ilusión y un retorno de lo reprimido, lo ominoso y su exposición.

1 *South Park es una serie de TV americana creada por Trey Parker y Matt Stone difundida en 1997. Escenifica escolares que viven en una ciudad llamada South Park en Colorado, en Estados Unidos y, a través de una serie de aventuras, expresa una crítica y una sátira de la sociedad norteamericana contemporánea.*

En *La ilusión: una certeza,* por Saraval Milán (2003), el autor expresa en el mismo título una paradoja. Para él, lo ilusorio debería ser considerado como uno de los conceptos fundamentales del proceso psíquico que es la base para poder constituir una noción de madurez certera y ser capaz de trazar adecuadamente una derivación fluida de lo racional y de lo afectivo. Sin ilusión, todo esto no es posible. En el ensayo de Freud, "Formulaciones sobre los dos principios del acaecer psíquico" (1911), éste habla del pensamiento arcaico dominado por fantasías e ilusiones que anteceden el placer y que, en múltiples ocasiones, están destinadas al fracaso, a la desilusión de la satisfacción del deseo. De esta forma se accede inevitablemente al principio de realidad. Para Freud, en el *Futuro de una ilusión* (1927), el derivado más lógico de la ilusión y la fantasía es el triunfo del principio de realidad y de la razón. Se puede seguir arguyendo con Freud, preguntándose si este desarrollo realmente completa el trayecto de la evolución psíquica desde la infancia hasta la creación del Ser Humano.

D.W. Winnicott, en su texto "Objetos transicionales y fenómenos transicionales" (1951), observa la relación binaria, madre-infante, y hace una lectura variada del sentido de ilusión. Ésta, efectivamente, permite dar los primeros pasos hacia la realidad creando un concepto de objeto/sujeto, el seno materno sin el cual no se podría hablar de desilusión de la experiencia con el objeto de deseo. Ilusión y desilusión no son antagónicas para Winnicott. La ilusión, ligada al deseo del objeto, funda un área de transición esencial, indispensable para el desarrollo del pensamiento como proceso fluido de un devenir psíquico siempre en movimiento. Este espacio de juego, puente con la realidad, espacio transicional, permite que la ilusión y la fantasía se sublimen en creatividad y sus múltiples derivados psicosexuales. Así ilusión-desilusión se encuentran en un movimiento dialéctico que permite al ser humano transformarse y remodelar continuamente la realidad, el mundo cultural y crear nuevos modos de vivirlo y de entenderlo.

En fin, para Saraval Milán (2003), la única certeza psíquica que poseemos está ligada a la ilusión que puede ser considerada como uno de los fundamentos básicos de los procesos mentales. Es decir, la certeza en la civilización es la de estar implicados en el proceso ilusorio de nuestras vidas (vinculados al espacio transicional). El porvenir de una ilusión es un fenómeno ilusorio y la única certeza es la de nuestras múltiples incertidumbres, incluyendo la del género. Múltiples incertidumbres que se nombrarían como la ilusión de género, del cuerpo, de los límites, lo ominoso, de los no límites de la fusión y del incesto, de la castración. Todos estos fenómenos psíquicos derivan de la ilusión y de los procesos primarios cuando han sido expuestos a una realidad sin filtro. Esto nos lleva a reflexionar sobre un cambio radical del funcionamiento de la realidad si la comparamos con los tiempos de Freud. Presenciamos hoy una plasticidad y un estiramiento en el espacio transicional que expone el individuo a un *continuum* de psicosexualidades y de poli/multi-géneros que pueden dar como resultante la impresión de vivir en una totalidad omnipotente y/o en una intolerable ausencia de sentido. Oscilar entre el sin-límites del yo y la percepción del no-compromiso y el sin-sentido nos lleva a reflexionar sobre cómo este espacio transicional tan necesario se contamina de lo ominoso y del retorno de lo reprimido dejando al descubierto ciertos efectos coadyuvantes de lo abyecto. Y esto nuevamente está tintado de la ilusión y de recreaciones de lo postmoderno, de lo prohibido-no prohibido, de la castración-no castración, de lo abyecto, etc. Víctor Hugo (1859), en la *La leyenda de los siglos,* escribe un texto que me parece pertinente y dice:

"No hay animal que no tenga un reflejo de infinito;
No hay pupila abyecta y vil que no toque
El relámpago de lo alto, a veces tierno y a veces feroz".

Lo abyecto, entre roles, entre sexos, entre límites, en lo extraño, *unheimlich...* En estas sexualidades postmodernas, en los rieles de estos nuevos conceptos de género, los límites tienen que ser remodelados. La flor de los géneros. ¿Qué tan necesario es que desaparezcan o más bien que se les redefina? Cuerpos abyectos, cuerpos estallados... ¿Qué es lo abyecto sino una relación a lo *unheïmlich* que todos conocimos algún día y que se refiere a lo ominoso de la mixtura entre la vida y la muerte y al retorno de lo reprimido? ¿Regresar a la comunidad pre-edípica y a la bisexualidad expuesta sin restricciones sociales ni individuales? Crear un abanico de posibilidades sin claro-oscuros pero más bien en un *continuum* entre la vida y la muerte, entre lo posible y lo imposible. ¿Destruir el binarismo cultural y, o biológico? ¿O el concepto se restringe a la esfera de lo que "puede ser vivido" como totalmente humano? ¿Acaso es claro lo que quiere el ser humano? ¿Una existencia sin límites, sin *septums,* sin lo binario? ¿Y cuál es la necesidad de lo binario y de las múltiples psicosexualidades y las múltiples caras de género como arco iris de lo humano?

Freud, en *Lo ominoso* (1919), crea lazos entre lo ominoso y la compulsión a la repetición y por lo tanto entre el trauma y la ansiedad de nacimiento. Lo ominoso parece relacionarse con la posibilidad de lo muerto-vivo o por el contrario, con lo vivo controlado por medios mecánicos, con procesos relacionados a lo no-vivo. Lo ominoso puede por una falta de control, por una falta de límites y de procesos mal estructurados en cuanto la prohibición a la bisexualidad y al fenómeno de la castración exponer a la psique a fenómenos de compulsión a la repetición y exponer los fenómenos de bisexualidad a la luz pública. En las nuevas sexualidades podría argüirse que el fenómeno de lo ominoso y el regreso de lo reprimido darían lugar a rupturas de estructuras psíquicas, con sus evidentes consecuencias a nivel psicosexual, socio-cultural y de género. Butler se pregunta en *Cuerpos que importan* (2002), cuáles son las fuerzas que hacen que los cuerpos se materialicen como "sexuados" y cómo debemos entender la "materia" del sexo, y de manera más general la de los cuerpos, como la circunscripción repetida y violenta de la inteligibilidad cultural y qué cuerpos llegan a importar y por qué. Desde el punto de vista de Butler, deseo e identificación no tienen por qué ser mutuamente excluyentes. Y aún más, ni siquiera, ni tampoco, éstos tendrían por qué ser necesariamente unívocos. Y lo ominoso no tendría cabida. Para ella, los cuerpos que no importan y no se materializan son cuerpos "abyectos". Y sin embargo, existen. ¿Cómo y por qué? Para Butler, el género va más allá de lo binario, de la psicosexualidad freudiana y se relaciona directamente con lo cultural; el género es la percepción de lo que uno quiere ser (1990). Cuando la identidad o expresión de género difiere de las expectativas convencionales sobre el sexo físico podemos hablar de transgeneridad[2]. La aparición de la transgeneridad penetra en las raíces de la cultura occidental heterosexista que responde a morales naturalizantes y quiebra el predominio de lo biológico como el vector que nombra la verdad del ser. Tal vez sea tiempo de permitir que cada uno se nombre como sienta su ser, ser nombrado. Lo que Butler conserva de Freud es el concepto de melancolía en el análisis de las identidades de género. Freud sugiere que toda identidad sexual y/o de género se basa en una pérdida, en un trabajo psíquico de duelo. Butler, en una de las perspectivas de su análisis de género, retoma, como Freud, el concepto de identificación con el padre y/ o la madre.

---

2 *Brevemente, la transgeneridad es la identidad de género que no fue necesariamente asignada al nacimiento.*

Julia Kristeva (Kelly, 2010), explora la desaparición de las fronteras la "disolución de la mujer" en mujeres de nuestro tiempo. Públicas y/o privadas, los límites han sido transgredidos. ¿Qué diferencia hace en la constitución de mi experiencia social que tenga un cuerpo específicamente femenino o masculino aunque éste es el resultado de transgresiones o de ruptura de límites, de lo abyecto y de la forclusión y denegación a la castración? El género fluctuante se disfraza y lo que cuenta es como desea uno/una ser nombrado/a.

En la ilusión, en lo ominoso de la nuevas psicosexualidades y los múltiples géneros, lo extraño sobre las diversas identidades, como dice Ana María Fernández (2002): "El paso de la sexualidad a las sexualidades es el tránsito de la diferencia a las diversidades" y esto mismo se podría afirmar en cuanto al manejo de géneros.

Finalmente, ¿cuál es el posible futuro del género? ¿Ser más allá del género? ¿El poder que transfiere socialmente a los individuos que se someten a él? ¿La ilusión, lo ominoso, las nuevas sexualidades, los nuevos géneros, la extrañeza de género? ¿Quién es más extraño, mi padre o mi madre?

Referencias Bibliográficas

Butler, J. (1990). *Gender Trouble: Feminism and the Subversion of Identity.* New York (USA): Routledge.

_____(2002). *Cuerpos que importan. Sobre los límites materiales y discursivos del "sexo".* Buenos Aires: Paidós.

Fernández, A. M. (2002). Hacia la construcción de una teoría de las diversas sexualidades. Acerca de los transexuales y el vivir-ser. Recuperado de http://www.pagina12.com.ar/diario/psicologia/9-389-2002-01-06.html

Freud, S. (1911). Formulaciones sobre los dos principios del acaecer psíquico. En *Obras Completas*. Buenos Aires: Amorrortu.

_____(1917). "Duelo y melancolía". En *Obras Completas*. Buenos Aires: Amorrortu.

_____(1919). "Lo ominoso". En *Obras Completas*. Buenos Aires: Amorrortu.

_____(1927). "Futuro de una ilusión". En *Obras completas*. Buenos Aires: Amorrortu.

Hugo, V. (1859). "La légende des siècles» (tome 2). p. 732 In fr.wikisource. org/wiki/ La _légende_ des _siècles_(1859).

Kelly, I. (2010). Julia Kristeva *Art, Love, Melancholy, Philosophy, Semiotics and Psychoanalysis*. United Kingdom: Crescent Moon Publishing Edition.

Saraval Milan, A. (2003). *"L'illusione: una certezza"* Milano, Italia: Cortina. Series Collana di psicologia clínica e psicoterapia, p. 159.

Spinoza, (1660). *Éthique, III, Proposition 2, France: Scolie*

Winnicott, D.W. (1953). "Transitional objects and transitional phenomena. A study of the first Not-Me Possession". *Int. Psycho-Analysis*. 34:89-97

Colette Soler y la incidencia social de la sexualidad femenina en la actualidad

Olga Varela

Colette Soler se formó como psicoanalista con Jacques Lacan. Es doctora en Psicoanálisis por la Universidad de París VII, Doctora en filosofía, diplomada en Psicopatología de la Universidad de París V, Doctora en Psicología de la Universidad de París VII. El encuentro con la enseñanza y la persona de Jacques Lacan la llevó a optar por el Psicoanálisis que hoy practica y enseña. Fue miembro de la École Freudienne de París y de L' École de la Cause Freudienne. Actualmente es miembro fundador de la Internacional de los Foros y de La Escuela de Psicoanálisis de los Foros del Campo Lacaniano. Después de haber enseñado en L' École Normale Supérieure y en la Universidad de París VII y París VIII, enseña el Psicoanálisis en el marco de las Formaciones Clínicas del Campo Lacaniano. Es autora y coautora de más de una treintena de libros que han sido traducidos al español, al portugués, al inglés y al italiano entre los que se encuentran: "Estudios sobre las psicosis", "Finales de análisis", "La maldición sobre el sexo", "¿Qué psicoanálisis?", "Las Variables del Fin de la Cura", "La aventura literaria o las psicosis inspirada", "La querella de los diagnósticos", "La repetición en la experiencia psicoanalítica", "El inconsciente a cielo abierto de las psicosis", "Lo que Lacan decía de las mujeres", "¿Qué se espera del psicoanálisis y del psicoanalista?", "Los afectos Lacanianos", "Incidencias políticas del psicoanálisis" y "El seminario repetido". Ha publicado también más de 250 artículos sobre los problemas de la formación y la ética del psicoanálisis y de las estructuras clínicas.

Colette Soler ha ido presentando sus ideas en base a ir extrayendo de la enseñanza de Lacan algunas nociones de lo inconsciente y muchos temas más, debido a lo vasto de su obra y la multiplicidad de temas tratados por ella y ante la imposibilidad de trasmitirlos todos, en el presente trabajo solo expondré lo por ella expresado sobre los afectos y especialmente sobre la mujer.

De los afectos, se ha referido especialmente a una "subida constante de la angustia en este siglo": Pero, se pregunta ¿cuáles son sus causas y sus consecuencias? sostiene que, aunque la angustia es un sentimiento viejo como la humanidad, las ocasiones del aumento de la angustia se mueven según los discursos. Que hay una estructura de la angustia, pero también hay un factor histórico, que no contradice de ninguna manera la estructura. De acuerdo a ella, el discurso contemporáneo es especialmente renegador de angustia.

En estos tiempos, explica que, en la organización de los lazos entre los humanos bajo la globalización, hay algo que deshace los lazos sociales a lo que Freud hubiera dicho: "Algo que trabaja en contra del Eros", algo que trabaja hacia la disociación. Este hecho se ve a todo nivel, y afecta también la estabilidad de las relaciones. Es un mundo que cambia y en el cual nadie está seguro de nada. Cuando el sujeto nace, no se puede anticipar dónde va a terminar; ni siquiera se puede anticipar si terminará con el mismo sexo, ya que la cirugía puede cambiar, supuestamente, ese estado de cosas; en todo caso puede cambiar de lugar, de país, de historia, de *partenaire*, de todo. Y no siempre fue así. En otras épocas había lazos más fuertes que encerraban a los sujetos; incluso se podían sentir un poco prisioneros en un encuadre fijo. Ahora, al contrario, es más bien el sentimiento de una falta de fundamento de los lazos. Esto se percibe en las palabras de los sujetos: "Quiero construir una familia, una pareja, una actividad profesional"; es decir que cada sujeto se percibe a sí mismo como responsable en el ambiente en el que va a vivir, un siglo atrás no era así en Occidente. Este mundo que deshace los lazos sociales, que dispersa sujetos, que ataca las familias, que cambia los hilos generacionales, crea ocasiones siempre más importantes de angustia. El tema de la angustia existencial en la cultura es relativamente moderno.

Es el tema de la criatura perdida en el mundo, es decir, a quien falta otro, otro consistente para decirle qué debe hacer, dónde debe estar y cuál es su destino. Son coyunturas de angustia. Debido a esto, el psicoanálisis deberá operar de manera antiglobalizante, en la medida en que intenta permitir a cada sujeto saber cuál es su singularidad, en un mundo donde el discurso general empuja a cada uno a parecerse al otro, a ser lo mismo, vestirse de la misma manera, comer lo mismo, gozar del mismo modo. La angustia estará ligada a este sinsentido generalizado y esto se ve muy bien en la práctica analítica. En los últimos 20 años hemos percibido el cambio en las coordenadas de la demanda de los pacientes. Hay más sujetos que vienen sin presentar un síntoma preciso, que no era el caso, supongamos, de "El hombre de las ratas", aquel paciente de Freud que venía padeciendo una obsesión bien precisa, describible en algunas palabras. Pero muchos sujetos vienen porque, no se sienten bien, otros porque tienen un sentimiento intimidante del sinsentido de todo, nada hace peso, nada convence. A todo nivel, incluso a nivel del amor, los lazos entre los seres han cambiado: Se ligan, se desligan, se pasa de uno a otro y hay también un sinsentido

Soler va discurriendo, da cuenta y medida de los afectos, del ser-hablante. Sostiene la idea del afecto como revelador del inconsciente, que alcanza el estatuto de testigo epistémico, elevando los afectos enigmáticos a signos del inconsciente real. Afectos enigmáticos, afectos del inconsciente real. Sostendrá que, con la angustia, Lacan pone por primera vez en evidencia un afecto que tiene la función de revelar lo que el significante no puede reprimir: un real, el inconsciente.

En su último libro traducido al español, *Los afectos lacanianos*, (2011) publicación que coincide con los 30 años de la desaparición física de Lacan, lo que tal vez contorneará un matiz de homenaje. Es en el capítulo referido a los afectos enigmáticos de este libro que Soler despliega su singular trabajo en torno a esta concepción de los afectos. Estos afectos enigmáticos, efectos del saber no sabido, son reveladores. Se convierten en pruebas del saber en calidad de saber no sabido, digamos, pruebas del inconsciente irreductible. A diferencia de la angustia, el afecto enigmático no atestigua lo que escapa al significante, particularmente al objeto *a*; atestigua de un saber del que el sujeto está ausente. El afecto enigmático solo se convierte en signo de los efectos del inconsciente cuando produce misterios, no para los otros sino para el sujeto mismo.

Es en este campo que entrará la elección del *partenaire,* que se encuentra, como bien sabemos, determinada vía el inconsciente, la cual es sintomática. Y no puede ser otra cosa que sintomática, precisamente, porque no hay una inscripción universal y, tampoco, un lazo natural, como se da en los mamíferos superiores. El macho va a la hembra. En la especie humana no es así.

Se sabe que el psicoanálisis hace hablar al inconsciente. Ahora bien, decir que a partir de aquí emergen contenidos que reenvían a la sexualidad del sujeto es una verdad que hoy no sorprende a nadie. Sin embargo, lo que el psicoanálisis dijo de los hombres y de las mujeres ha quedado como una espina clavada en la teoría. Incluso como una piedra de escándalo cuando intervienen los prejuicios. No es necesario ser feminista para percibir los prejuicios de Freud, ligados, como no podía ser de otra manera, al contexto cultural de fines del siglo XIX. Y los debates pos freudianos de la primera mitad del siglo XX, aunque estaban inspirados por una preocupación por la equidad, tampoco hicieron avanzar la cuestión.

De acuerdo a Soler, hubo que esperar a la segunda mitad del siglo y a la llegada de Jacques Lacan para que algo nuevo se hiciera oír sobre la controvertida cuestión de la diferencia de los sexos en el inconsciente y en la civilización. Precisamente en esta línea se inscribe "Lo que Lacan dijo de las mujeres", libro que reúne una serie de textos en su mayoría de los años noventa, donde Colette Soler se propone elucidar y actualizar el alcance de los aportes de Lacan sobre un aspecto: la feminidad en su diferencia con la histeria. La autora sostenía que, en este sistema actual, el amor pierde y de él se habla cada vez más en términos del tener esta nueva situación, va junto al efecto que Soler llama unisexo, que incluye la vestimenta que tapa la diferencia sexual y se corresponde con la ideología generalizada de igualdad de hombres y mujeres.

Con estos cambios nos encontramos hoy con que hay síntomas inéditos en la mujer contemporánea. La "degradación de la vida amorosa", el desdoblamiento entre el objeto de amor y el objeto del deseo que Freud diagnosticó en los hombres, no parece evitar a las mujeres: la evolución de las costumbres contemporáneas hace aparecer fenómenos nuevos. Hoy, una vez liberadas de la única elección del matrimonio, muchas mujeres aman por un lado y desean o gozan por el otro. Evidentemente, necesitaban escaparse del yugo de la institución, de un lazo exclusivo y definitivo, para que se pueda observar que los diversos *partenaire* de una mujer se sitúan de un lado o del otro: del lado del órgano que satisface el goce sexual, o del lado del amor, y que la convergencia sobre el mismo objeto se realiza como una configuración entre otras. Ahora bien, si la cultura ha cambiado la realidad de las mujeres, el psicoanálisis constata que ello no les ha dado la felicidad y que las acompaña la angustia, la inhibición, la culpa por no poder cumplir 100% en ninguno de los frentes del trabajo y el familiar social.

Que pasa entonces, con la Histérica? Soler desarrolló que histérica y feminidad son distintas, incluso se oponen y que si se crea confusión es porque ambas pasan por la mediación del Otro. Pero la frontera entre ambas debe ser precisada. Distingamos el anhelo de ser el falo, y la posición en la relación sexual que hace la mujer falo. Mujer falo indica un lugar, el del complemento del deseo masculino, es el objeto que responde a la falta fálica del otro. En la relación sexual es necesario que el hombre desee, mientras es necesario que la mujer se deje desear, que consienta, satisfacer la satisfacción de su pareja. La cuestión de saber ¿qué es, más allá del consentimiento: el deseo femenino? La posición de la mujer es distinta. Lacan la define de manera opuesta, estaría relacionada con la pregunta que hizo Freud de que quiere una mujer, Lacan responde quiere gozar, la histérica quiere ser. La mujer quiere gozar y esta sería la diferencia. Es decir que el goce de la mujer también incluye el goce de su *partenaire* como la causa del deseo de ella. La diferencia en el deseo de la histérica con el deseo de la mujer sería que la histérica desea ser el deseo del otro, es decir ella solamente siente que "es", que existe, si es deseada por otro. Es por esto que para la histérica es tan importante el amor, busca completarse a través del otro, necesita al otro. Ella no puede desear, ya que desear la remitiría a su propia castración. En cambio la mujer, como lo menciona Lacan, es lo opuesto, no necesita del otro para vivir, para sentir que "es alguien", al asumir la castración, ella puede gozar la relación desde su propia individualidad ya que hará relaciones por deseo y no por necesidad como la histérica hace.

Hace tiempo que las imágenes y símbolos de la mujer vienen cambiando. "No son los mismos semblantes los que se dibujan en la máscaras, La mujer fatal de otras épocas ha sido reemplazada, hoy en día somos contemporáneos de una legitimación del goce sexual. La satisfacción sexual aparece como una exigencia independiente de las finalidades de la procreación y de los pactos de amor, una situación bien distinta a la de la sociedad victoriana en la que Freud crea el psicoanálisis.

La mujer no es la madre, ciertamente, el hijo, para una mujer, es un posible objeto a, que sólo raras veces satura el deseo sexual, el ser propiamente femenino. Entre la madre y la mujer hay un hiato, muy sensible en la experiencia. El hijo fálico puede, a veces, taponar, hacer callar la exigencia femenina, como se ve en los casos en los que la maternidad modifica totalmente la posición erótica de la madre. Pero, por lo esencial, el don de un niño, sólo raras veces permite clausurar la cuestión del deseo.

En el amor, se dice que el amor es celoso y exclusivo en la mujer, esto es especialmente para las histéricas ya que el amor de ellas sería celoso porque como ya dijimos demanda el ser que borraría temporalmente la castración en una irreal plenitud y la falta de amor tendría un efecto depresivo en el sujeto que cree perder una parte de sí misma, y de no ser ya nada. Para la mujer no histérica, a la falta de ser, La mujer, le queda la posibilidad "ser". Una mujer, elegida por un hombre, es un ser hablante identificada como una mujer elegida que tiene un ser. Se comprende, entonces, por qué las mujeres histéricas o no, más que los hombres aman al amor. Al aceptar la castración la mujer se aleja de la histeria y puede gozar su sexualidad desde su individualidad, ya que tiene un ser que lo sostiene.

Referencias bibliográficas

Soler, C. (2006) *Lo que Lacan dijo de las mujeres. Estudio de Psicoanálisis.* Buenos Aires: Paidós, Psicología Profunda, 2006.

_____(2011) *Los afectos Lacanianos.* Buenos Aires: Letra Viva, 2011.

PARTE V

LAS REPRESENTACIONES SOCIALES Y LA INTOLERANCIA A LO FEMENINO

"La angustia de ser cada mujer" Resignificando lo femenino en grupo

María Amparo De la Vega Morell

Woman is a woman as a result of a certain lack of charachteristics.
Luce Irigaray (1985)

En este escrito me propongo hacer algunas reflexiones sobre las producciones de un colectivo de mujeres en un proceso de psicoterapia grupal de dos años, bajo mi conducción, en la clínica de la Asociación Mexicana de Psicoterapia Analítica de Grupos (AMPAG). El grupo estuvo conformado por seis mujeres de entre 20 y 45 años de edad. Señalaré *el sufrimiento de género* de las participantes, entendido como el "precio psíquico que las mujeres pagan por las limitaciones que les impone la sociedad [patriarcal]" (Fernández, 1996, p. 142). Este fenómeno psíquico central en el proceso psicoanalítico de la cura de estas mujeres me permitirá mostrar el dispositivo grupal como un espacio apropiado para confrontar y elucidar la opresión de género, procesarlo y resignificar su ser como cada mujer única, con la mirada de las pares, construyendo una nueva visión de sí mismas.

Desde una mirada psicoanalítica a lo intrapsíquico y a lo intersubjetivo, y en especial a lo transubjetivo, ilustraré con viñetas cómo fue que lo social-histórico-cultural permeó las producciones ideológicas y míticas de la psique grupal, y cómo se volvió pertinente y relevante la necesidad de hacer una escucha desde la transdisciplina, específicamente desde los cuestionamientos que devela la teoría crítica feminista de lo que es ser mujer en esta sociedad patriarcal y su *intolerancia a lo femenino*. El lugar visible de las mujeres está reducido "a la sexualidad, a la inferioridad y a la minoridad. Por eso, cuando somos subsumidas en lo humano, se nos asigna como condición de género y contenido de vida personal *ser-para-otros-y-de-otros*" (Lagarde, 2012, p. 28), afectando nuestro ser sociocultural y psicológico.

El reconocimiento de esta condición de género femenino en el proceso de resignificación de su subjetividad fue trascendente para ampliar el espacio psíquico de reflexión sobre la reproducción y obediencia consciente e inconsciente de los mandatos culturales; para identificar sus consecuencias en la formación de su personalidad y para preguntarse sobre sus deseos y anhelos, aumentando sus grados de libertad de elección para la construcción de su vida.

La elección de convocar al grupo especial de sólo mujeres dentro del encuadre representó una iniciativa para explorar la creación de un espacio de visibilidad de la dimensión transubjetiva y su relevancia en el proceso de hacer consciente lo inconsciente. Con este dispositivo específico se creó una condición de enunciabilidad del género, posibilitando el trabajo de articular las formaciones inconscientes, las formaciones sociohistóricas y las marcas que han dejado en sus subjetividades. Por otro lado, mi interés de estudiar la experiencia grupal desde su condición de género proviene no sólo de mi propia subjetividad como mujer, sino también como psicoterapeuta, para asumir mi posición analítica frente a la resignificación de la subjetividad de mis pacientes de este grupo, considerando que la percepción de su mundo interno y externo está filtrada por su condición de género.

La angustia de ser cada mujer surge de las contradicciones entre sus deseos y esta realidad civilizatoria, los malestares cotidianos de las exigencias de inferioridad por pertenecer al género femenino y las diferencias que cada mujer en su individualidad desea y necesita construir. "Emanciparse con respecto a su situación de subordinación pasa necesariamente para las mujeres por un proceso en el que pongan en cuestión la diferencia genérica que les ha sido asignada como una construcción —política, cultural, simbólica [y psicológica]— a la que no quieren estar sujetas y de la cual, en esa misma medida se desidentifican" (Amorós, 1997, p. 19).

Los momentos del proceso grupal que mencionaré en este artículo ayudarán a observar cómo los organizadores de la subjetividad, tanto psíquicos como socioculturales, tienen sus modos de operar en retroalimentación uno de otro en la individualidad y en la grupalidad.

La primera que toma la palabra en el grupo es *la que funciona como porta-palabra, es decir, la que propone su malestar que, a su vez, pertenece al grupo*:

Mi: *Vengo a un grupo de mujeres a trabajar un golpe social muy fuerte, pues mi hermana se casó y es menor que yo. Hace seis meses que rompí con mi novio después de tres años. Y hace seis años regresé un anillo de compromiso por una oportunidad de trabajo. Ya tengo 35 años, tengo muchas expectativas y mucha tendencia a la depresión. Le aposté a la parte profesional y no me arrepiento, pues he crecido mucho. Pero ahora tengo dudas.*

Para René Kaës (2000), "el [la] porta-palabra se sitúa en los puntos de anudamiento de tres espacios: de la fantasía, del discurso asociativo y de la estructura intersubjetiva; puntos donde se anudan los emplazamientos subjetivos de varios miembros del grupo, que el [la] porta-palabra representa y cuya palabra el [ella] porta" (p. 120). En este grupo de mujeres fue posible constatar que a partir del análisis del proceso asociativo y de las transferencias en la situación de grupo, la porta-palabra puede reconocerse a través de lo que es enunciado por otras. Este fenómeno psíquico se aprecia en las siguientes intervenciones durante la primera sesión:

I: *Yo quiero aclararme si quiero casarme o no. Antes era muy machorra. No me gustaba la parte femenina. Jugaba fútbol. Puse mi comercio para pagarme la carrera y soy la única de mi familia que ha estudiado una carrera. Tengo muchas peleas con mi novio a causa de mi independencia.*

C: *No sé qué quiero ni quién soy. Quiero encontrarme a mí misma. 33 años de matrimonio, tres hijos y ya salieron de casa. Me casé por embarazarme. Ahora ya no quiero estar con mi marido que ni me habla ni trabaja. No quiero perjudicar a mis hijos, pero ya no aguanto. Tengo gastritis, bronquitis e histerectomía.*

Mi: *¡Uy! Igual a mi mamá que no tiene un plan de vida. Me rehúso a tener hijos y creerme lo de por siempre felices. Con mi madre tengo problemas, pues siempre se la pasa haciendo el quehacer y sirviendo a todos de comer, y eso no lo quiero para mí. Busco una alternativa. Me siento perdida y por eso vengo.*

Ma: *Tengo problemas con mi papá de toda la vida. Tiene preferencia por mi hermano que me lleva cinco años. A él le pagaron toda su carrera. Y a mí no me la quiere pagar. Me cree tonta. A mi madre, la maneja con el dinero... yo no me voy a dejar. Pero ya no quiero estar tan enojada. A veces odio a mi padre por lo que dice mi madre de él. Están divorciados desde hace mucho. Vengo a encontrarme.*

G: *Yo estoy mal en vistas de ¡estar peor! Estoy terminando la carrera, estoy en mi servicio social y mi tesis, pero a veces no tengo ganas ni de levantarme. Así me pasa. ¡Quiero! pero hay algo que me detiene siempre y quiero saber qué es.*

El primer mito de este grupo se relaciona con la convocatoria a las mujeres a que se reúnan a analizar temas de mujeres como parte de los significantes del discurso común y compartido. Así, con francas contradicciones, aparece el "sufrimiento de género" *o la angustia de ser cada mujer* y se presenta desde la sesión uno como parte de la ideología del grupo. Todas se sienten angustiadas y perseguidas. Comparadas con otro u otra mejor que ellas. Esto coincide con lo expuesto por René Käes (1995) al hablar de los mitos fundantes en los grupos que surgen de discursos que están a la vez ya-ahí inscritos en la cultura y que son creados por las contribuciones del grupo. Aquí las pacientes retoman, modifican e integran esos enunciados en su propio discurso asociativo para elaborar su propia demanda; sus conflictos se refieren a comparaciones con ideales internalizados y sus deseos de hacer algo diferente, más satisfactorio que sus propias madres y a su vez contradictorio, pues tampoco se sienten contentas con sus diferencias.

En un primer momento de mi escucha al grupo, puntualicé diferentes aspectos a estas afirmaciones de su vida que vienen acompañadas de una negación de su posición frente a esto. Destaco las siguientes: "Lo que hace y lo que quiso mi madre para su vida, no me gusta. Lo que yo quiero no me hace sentir bien. Dudo". "No tengo recursos para conseguir lo que quiero. Necesito que mi padre me dé una carrera como a mi hermano pero no voy a aceptar que me pida algo a cambio y me controle con el dinero como a mi madre". O desde otra voz del grupo: "Soy incapaz de lograr lo que quiero. Ya estoy terminando mi carrera, pero algo desconocido me detiene".

Al comienzo del proceso planteé algunos cuestionamientos que incluyen sus conflictos inconscientes, pero también los mandatos culturales de obediencia a ser de otros y para otros y no para sí mismas, como parte del mito fundante del grupo: ¿Cómo llegan a aceptar las expectativas de que las mujeres deben casarse para toda la vida, tener hijos y ser abnegadas frente a las necesidades de los otros? Para ustedes, lo que cuenta es casarse y tener hijos. Por lo que cuentan, si una mujer decide dejar su carrera por casarse con un hombre que se niega a moverse de su lugar para que ella también tenga oportunidad de trabajo, ¡mal! Si vive con el hombre, ¡mal! Si decide terminar, ¡mal! "La Mujer", para ustedes, tiene que ser sólo obediente al otro: esposo, familia y sociedad. Ése es su destino, SER SUMISAS.

Después de la aclaración de sus problemáticas comunes, mis primeras intervenciones continuaron en la dirección de hacer la revisión de su vida y la raíz de sus contradicciones: ¿Por qué, cómo, desde cuándo, para qué, con quién les pasa? ¿Qué es lo que no les gusta de ustedes? ¿Qué es lo que no les gusta de sus madres? ¿Qué es lo que sí quisieran rescatar? Observo que se sienten bien con sus ideales pero por dentro sienten que no lo merecen. ¿En qué se basa cada quién para devaluarse? Hice señalamientos sobre sus esfuerzos por cumplir con ideales culturales aprendidos y también internalizados por identificación con la madre y con el padre pero que en sus deseos conscientes no lo están y la realidad las confronta con dificultades de relación consigo mismas y con los otros y otras importantes.

Piera Aulagnier afirma que "el sufrimiento es la experiencia de un sujeto que está enfrentado a la pérdida, al rechazo, a la decepción que le impone un objeto investido [en este caso la madre, en otro momento el padre, la pareja u otros importantes]. [...] El sufrimiento es una necesidad porque obliga a la psique a reconocer la diferencia entre realidad y fantasía" (Hornstein, 2006, p. 81). Al percatarse de su realidad y las diferencias con sus fantasías mediante el proceso analítico, ellas pudieron trabajar hacia un narcisismo positivo, *resignificando lo femenino,* que las llevó a cohesionar su yo, invistiendo, remodelando e interpretando su psique, su cuerpo y su mundo. Por otro lado, el sufrimiento heredado, elegido consciente e inconscientemente por ellas, emergió como tema en el grupo con esa "potencia del impulso hacia la continuidad o hacia la interrupción que se expresa según modalidades variables y con apuestas diferentes: depósitos, enquistamientos, proyección o rechazo de lo no reprimido" (Kaës, 2006, p. 21). Así, descubrir diferentes huellas de las vidas de sus ancestras en sus síntomas ayudó a esclarecer un poco más su sufrimiento como algo que incluye esa dimensión de trasmisión intergeneracional. Por ejemplo, el sentimiento general en el grupo de sentirse rechazables y mi invitación a explorar de dónde viene, permitió a cada una definir su problemática narcisista que siempre estuvo al centro de su análisis: conflictos del sentimiento de sí y de estima de sí, además de depresión, melancolía, angustia de separación, culpa y castigo.

El trabajo de revisión de su identificación con la madre fue uno de los temas recurrentes y centrales de su proceso: desde "yo no quiero ser como ella" hasta "estoy haciendo lo mismo". "Quiero ayudarla, pues quiero que ella cambie para ser más feliz". "Si ella no es feliz, yo tampoco puedo serlo". Silvia Bleichmar señala que en la "combinación entre la filiación —que se establece sobre la base del amor— y su capacidad crítica —que no implica destrucción sino deconstrucción— reside el futuro de toda herencia" (Hornstein, 2008, p. 2). A partir de su trabajo de conciencia en el grupo, cada mujer identificó su herencia, tomando lo bueno, positivo y funcional de sus identificaciones con las representaciones internalizadas de las vidas de su madres y abuelas, pero al mismo tiempo desechando lo negativo, lo inservible, para construir una vida más satisfactoria en este tiempo que les toca vivir. Esta viñeta ejemplifica cuando una de las participantes reconoce y cuestiona las similitudes de su personalidad con la de su madre:

G: *Me choca que mi mamá se deja en segundo lugar, se hace la mártir. Ya veo de dónde lo aprendí. Se la pasa trabajando para todos en la cocina. ¡Y yo en mi trabajo! Hago hasta lo que a otros supervisores les toca hacer. Estoy cansada.*

En el proceso pudieron esclarecer la problemática con sus identificaciones con los roles y personalidades de su madre por tener un factor de subordinación con el que se sentían condenadas a repetir y con la cual tuvieron que trabajar para desmontarla y descubrir que les servía de defensa contra tomar su responsabilidad y elaborar su separación-individuación respecto de su madre. En este punto, mis intervenciones las confrontaban con estas preguntas y sus consecuentes indagaciones: ¿Entonces si sus mamás son así, también ustedes? ¿Si su madre no es feliz, tampoco ustedes? ¿La solución radica en ser completamente opuestas a ellas? Estas reflexiones demostraron la doble dimensión en su proceso de vida de la que habló Sigmund Freud en 1914: "El individuo lleva realmente una existencia doble, en cuanto es fin para sí mismo y eslabón dentro de una cadena de la cual es tributario contra su voluntad o, al menos, sin que medie esta" (Freud, 2000, p. 76).

Así, la separación-individuación pasaba por diferenciarse de su madre, al mismo tiempo que reconocían similitudes aceptables o no, al menos ya conscientes, y confrontaban su problema de dependencia asociado a su temor de tomar responsabilidad de sus vidas y sus deseos, pero conservaban un enojo proyectado hacia la madre o el padre o la pareja o el trabajo como los responsables de que ellas no consiguieran lo que querían en sus vidas. Para ilustrar este proceso, presento a continuación algunas de sus narrativas:

Mi: *Es más fácil preocuparme por otro que por mí. Por eso me quedo más horas en mi trabajo solucionando problemas de otros. Luego, necesito tiempo extra para lo mío y me siento resentida porque nadie me ayuda a mí.*

Ma: *Si mi novio no quiere hacer nada pues no hacemos. No quiero conflicto.*

G: *Hago lo mismo que mi madre con mi padre. Primero está él y lo que necesita, y luego ella se queja.*

Para continuar trabajando con sus resistencias, mis preguntas fueron: ¿Por qué será que les duele tanto lo que hacen o dejan de hacer los demás y lo suyo prefieren dejarlo de lado, si lo que pueden cambiar es lo suyo? ¿Qué las lleva a sentirse tan culpables? Después de estos cuestionamientos surgen otras temáticas: el miedo a ser criticadas, sentimientos de devaluación, miedo a expresar su enojo y decir no. Y entonces continuamos sobre el trabajo de sus proyecciones puntualizándoles lo siguiente: Colocan lo bueno de ustedes en sus parejas y se sienten carentes. Admiran. Por una dificultad de quedarse con lo bueno que ustedes tienen. Ceder a todo lo que les piden por agradar, se queda en un cumplimiento cultural genérico de lo que debe ser una mujer, con un súper yo con condición de género femenino: No enojarse, no levantar la voz, decir siempre que sí. Ser linda. Aunque no escuchen sus propios deseos.

Mabel Burín (1996) describe que en nuestra sociedad patriarcal el "corte por género [para las mujeres] implicaría, a su vez, una composición subjetiva basada, fundamentalmente, en movimientos pulsionales que orientarían hacia el desarrollo de los deseos amorosos en detrimento de los deseos hostiles y sus derivados (por ejemplo, el deseo de saber y el deseo de poder)" (p. 94). En este sentido, se nos refuerza la fusión en nuestras relaciones, en las que importan más las necesidades de los otros que las nuestras, sancionando comportamientos y posiciones que nos lleven a una diferenciación atravesando los conflictos necesarios para establecer una relación más de iguales con el sexo masculino y sus privilegios.

En una sesión donde hablaban de cómo agradaban a sus hombres, parejas o no, les pregunté: ¿Con tal de cumplir con el rol de mujer hasta hay que mantener al marido? ¿Qué piensan? ¿Cuáles son los costos para cada una? *Es su elección ser ustedes mismas, conocerse y no ser víctimas de su cultura ni su historia.* Eso de *ser la víctima*: yo soy la buena, cumple como defensa y está muy bien soportada por el mandato cultural.

Pasar de este estado de víctima a defender y afirmar lo que quieren y decir lo que no les gusta, fue uno de los pasajes más importantes. Saber que todo tiene un precio y que pueden decidir, no pagar precios tan altos en sus relaciones, como perderse a sí mismas. Por lo que, en su momento, interpreté ciertas implicaciones de sus supuestos: Cuando se quedan en "ser buenas" los otros quedan como insuficientes y aprovechados y ustedes frustradas. Si quieres a alguien tienes que soportarle todo, parece que así lo plantean. Y si lo soportas todo tienen que darte todo a cambio. La necesidad de proteger al ser amado incluso de su rabia y crueldad. Si yo hago enojar a los demás *no* me van a dar lo que quiero, *no* me van a querer. Para que no se enojen los demás hay que hacer lo que ellos quieren. Si hago lo que yo quiero me da *culpa.*

La aparición de este tema alrededor de la expresión de su enojo, culpa y castigo, representó un momento de regresión del grupo. El análisis de su miedo a crecer y tomar responsabilidad de ellas mismas posibilitó hacer un reencuentro con recuerdos y actitudes del pasado, así como lealtades inconscientes con su madre y a veces con su padre. La elaboración de estos contenidos permitió esclarecer sus conflictos, ansiedades y temores desde sus fantasías infantiles y significó un avance cualitativo en el proceso grupal e individual.

Para finalizar esta breve exposición, quisiera decir que el trabajo de psicoterapia analítica con este grupo me permitió mostrar la experiencia de las mujeres, entre mujeres, como una condición que posibilita la expresión y elaboración del *sufrimiento de género*. Conocer y confrontar las maneras en que los mandatos culturales de obediencia-sanción están tejidos consciente e inconscientemente en sus discursos y ampliar la comprensión de una psicopatología "propia de las mujeres" en nuestra cultura urbana, patriarcal, mexicana. Reconocer la relevancia de una aproximación con enfoque de género para el tratamiento de las demandas de cura de cada paciente y de cada grupalidad.

Por lo tanto, postulo que este tipo de dispositivo constituye un espacio idóneo para que las mujeres puedan cuestionarse y descubrirse deseantes; rescaten su deseo de saber y de ser ellas mismas; den un paso más en su afirmación de su deseo de poder; acepten su deseo hostil y sus maneras de manejarlo; desarrollen su juicio crítico que les permitirá construir la vida que ellas desean.

Por último, destaco la experiencia de las mujeres y la resignificación de lo femenino de forma colectiva, como objeto de estudio en nuestra ciencia psicoanalítica y como un medio para aclarar y proponer nuevas formas de relación consigo mismas, con sus hombres y sus mujeres. Reitero mi interés de continuar en la investigación y escucha de *lo que quieren las mujeres*, las causas y efectos de *nuestra intolerancia a lo femenino* y la imperante necesidad de transformarla en conciencia, *amor y trabajo* en nuestras vidas.

Referencias Bibliográficas

Amorós, C. (1997). *Tiempo de feminismo. Sobre feminismo, proyecto ilustrado y postmodernidad*. Madrid: Cátedra.

Burín, M. (1996). Género y psicoanálisis. Subjetividades femeninas vulnerables. En *Género, psicoanálisis y subjetividad*, M. Burín y E. Dio Bleichmar (comps.), Buenos Aires: Paidós, pp. 61-99.

Fernández, A. M. (1996). De eso no se escucha: el género en psicoanálisis. En *Género, psicoanálisis y subjetividad*, M. Burín y E. Dio Bleichmar (comps.), Buenos Aires: Paidós, pp. 140-175.

Freud, S. (1911). Introducción al narcisismo. En *Obras Completas, XIV. Contribución a la historia del movimiento psicoanalítico. Trabajos sobre Metapsicología y otras obras (1914-1916)*. Buenos Aires: Amorrortu, pp. 67-97.

Hornstein, L. (2000). *Narcisismo. Autoestima, identidad, alteridad*. Buenos Aires: Paidós.

Hornstein, L. (2008). Silvia Bleichmar. "Trabajo de filiación". En *Extensión Digital*, núm. 1. Universidad Nacional de Rosario. Disponible en http://extensiondigital.fpsico.unr.edu.ar/print/hornstein-n1-2008

Irigaray, L. (1985). *Speculum of the Other Woman*. Ithaca: Cornell University Press.

Kaës, R. (1995). *El grupo y el sujeto del grupo. Elementos para una teoría psicoanalítica de grupo*. Buenos Aires: Amorrortu.

_____(2000). *Las teorías psicoanalíticas del grupo*. Buenos Aires: Amorrortu.

_____(2006). Introducción: el sujeto de la herencia. En R. Kaës, H. Faimberg, M. Enriquez y J. J. Baranes. *Transmisión de la vida psíquica entre generaciones*. Buenos Aires: Amorrortu, pp. 13-29.

Lagarde, M. (2012). *El feminismo en mi vida. Hitos, claves y topías*. México: Gobierno de la Ciudad de México, Instituto de las Mujeres del Distrito Federal.

Intolerancia a lo femenino: génesis y mantenimiento de estados depresivos en la gestación

Teresa Lartigue, Catalina Harrsch,
Ma. Isabel Rodríguez, Patricia Dávila

> Este capítulo está dedicado a Alcira Mariam Alizade quien, a lo largo de su vasta obra nos ha compartido el cómo simbolizar "lo femenino y la feminidad", desde su libro sobre la Sensualidad femenina (1992) hasta su artículo sobre La feminidad y la dimensión humana (2010), en los que señala que lo más importante es visualizar al hombre y a la mujer siendo un ser humano -más allá de la diferencia sexual, la elección de objeto y el efecto de los factores socio-culturales- y que en la salud y la psicopatología es fundamental tener siempre presente la dimensión humana.

Introducción

De acuerdo con Hugo Bleichmar (1997), el núcleo central de la depresión está constituido por cuatro dimensiones: la irrealizabilidad de un deseo, un sentimiento de impotencia/desesperanza para alcanzarlo, uno o varios afectos displacenteros y la inhibición psicomotriz que en algunas ocasiones se sustituye por hiperexcitación. Propone el autor siete vías de entrada para la génesis y mantenimiento de los estados depresivos: realidad externa traumática –siempre significada por la fantasía-, identificación con figuras parentales, culpa, agresividad, déficits yoicos, trastornos narcisistas y angustias persecutorias, a las que se le puede añadir una octava, propuesta por Dio Bleichmar (1990), relativa a la presencia de los estereotipos negativos de género, y una novena -que añadimos por las características particulares del Instituto Nacional de Perinatología (INPer)- es la de sufrir una pérdida (Freud, 1917), en este caso particular, la pérdida de la salud física (esto es, padecer una enfermedad médica).

Por otra parte, entendemos la "intolerancia a lo femenino" como una manifestación más de la violencia de género, que se define como: "todo acto de fuerza física o verbal, coerción o privación amenazadora para la vida, dirigida al individuo mujer y niña, que cause daño físico o psicológico, humillación o privación arbitraria de la libertad y que perpetúe la subordinación femenina" (Heise, Pitanguy y German, 1994, p.69). Y de las múltiples modalidades de esta violencia hacia las mujeres y las niñas, se encuentra en primer término el ser testigo de violencia conyugal: observar cómo el padre o figura paterna golpea o maltrata a la madre, que además del profundo sufrimiento y dolor psíquico que conlleva, infringe una herida, una cicatriz invisible que se inscribe en el psiquismo femenino (Lartigue, 1999). Esta forma de violencia de género es parte de "una realidad externa traumática" -junto con otras formas de abuso o exposición a personas crueles o tiranas-[1]. Es así como se puede articular la intolerancia a lo femenino con un trastorno depresivo.

Esta realidad externa traumática está en íntima relación con otra vía de entrada a los estados depresivos, la de los estereotipos negativos de género, que se inscriben en los sistemas sexo-género (De Barbieri, 1996) que organizan las creencias que rigen y norman tanto para los hombres como para las mujeres, en los cuales se inscriben las relaciones de dominación masculina y subordinación femenina, el machismo y la misoginia.

Es relevante subrayar también lo que ha señalado Blanck de Cereijido (2011) respecto del prejuicio, que se ubica en estos sistemas sexo-género y cuyos efectos en el psiquismo a través de generaciones parecen tener mayor fuerza que las pulsiones de vida y de muerte. Basta señalar, por ejemplo, los prejuicios hacia los diferentes, ya sea de raza, clase social, religión, edad, cultura, etc. Las representaciones mentales de estos sistemas de creencias son difícilmente modificables en un tratamiento psicoanalítico, incluso de larga duración. Impresionan por su rigidez, recursividad, fijación, como si fuesen la roca dura, lo in-analizable.

Es importante destacar que de 158 embarazadas que participaron (de manera libre e informada) en la investigación sobre depresión materna, llevada a cabo en el Instituto Nacional de Perinatología (INPer), ubicado en la ciudad de México (Lartigue *et al.*, 2007), 33 manifestaron en el Inventario de Experiencias Adversas en la Infancia y/o Adolescencia (Vincent *et al.*, 1998) haber presenciado el abuso físico y emocional de la figura paterna hacia su madre. Además, 59 de ellas fueron víctimas de abuso sexual en la infancia y/o adolescencia, 49 sufrieron maltrato emocional y 46 abuso físico -siempre en mayor proporción las gestantes que padecían un trastorno depresivo. Cabe señalar que 90 embarazadas estuvieron expuestas a dos o

---

1 Ver al respecto la tesis de Rosa Ma. Macías (2012).

más modalidades de abuso por parte de un adulto significativo, generalmente el padre o padrastro (González, en proceso).

Al mundo subjetivo de las embarazadas nos aproximamos a través de una entrevista profunda, audiograbada, construida por Lartigue (2005), denominada GEPED: Guía para la Entrevista Psicodinámica de los Estados Depresivos, con base en el modelo de Hugo Bleichmar, la cual fue aplicada por Patricia Dávila a cerca de cien gestantes diagnosticadas por el equipo de investigación del INPer con un trastorno depresivo (acompañado o no, de un trastorno de personalidad).

A continuación presentamos cuatro viñetas clínicas, analizadas a profundidad por Dávila en su disertación doctoral (2011, pp. 96-234), con objeto de ilustrar cómo se articula la intolerancia a lo femenino, con las diversas vías de entrada que están en el origen de la depresión en la gestación y los mecanismos por los cuales se mantienen.

Viñetas Clínicas

1. Federica (folio 114) es una joven de 22 años de edad, que estudió hasta el último semestre de bachillerato, pero no lo concluyó porque se embarazó. Tiene aproximadamente 28 semanas de gestación de su primer embarazo, no deseado ni planeado. Desde el día que le dio la noticia de su embarazo a Héctor, su pareja, no ha vuelto a hablar con él. Su padre la corrió de la casa y tanto él como la madre no le dirigen la palabra. Desde hace dos meses vive con una amiga, depende económicamente de ella, quien le paga por realizar los quehaceres domésticos de su casa y cuidar a su hija. Ingresó al INPer por su situación económica y porque el padre de su bebé es adicto a la cocaína.

La **vía de entrada** a los estados depresivos fue su embarazo no planeado ni deseado, por el cual sufrió la pérdida real de la familia **(realidad externa traumática)** que se articula con la pérdida de su pareja y la pérdida sobre el ideal del yo y de su autoestima, lo que la coloca en una posición de indefensión, soledad y sin preparación ante el mundo. Perdió todo, no tiene a nadie. De entrada, sintió que le había fallado a su padre y que no iba a realizar sus metas. Éste es uno de los puntos más importantes del **trastorno narcisista**, el cual disminuye la percepción que Federica tiene de ella misma, de manera que se distorsiona su *self* y se deteriora, aún más, su autoestima. Además, no está preparada para ser vista como una mujer embarazada, ni expuesta al crecimiento de su abdomen (los cambios físicos y corporales le ocasionan sentimientos de vergüenza), que ya es muy visible. A lo mejor, Federica quisiera poder obligar a los otros a no mirarla, a no observar su falla, a no ver qué tan pequeña es. La pérdida del novio es secundaria ya que se da cuenta del tipo de elección de objeto que había hecho para el padre de su bebé y se arrepintió, además que estaba consciente del tipo de relación que tenían desde hacía mucho tiempo. Ella dejó que su pareja, Héctor, la limitara en las amistades que tenía con los hombres. Se fue aislando paulatinamente de sus amigos hasta que dejó de hablarles. Esto es considerado una forma de **estereotipo negativo de género**, probablemente precedida de una identificación con la figura materna, con la posición de sumisión que tiene la madre en su hogar; el silencio y/o la ley del hielo que emplea cuando se siente enojada, si bien Federica no tiene conciencia de ello.

El enojo, la **agresividad** que pudo haber despertado en ella la articulación de las pérdidas en su vida, todavía no han sido descargadas ni elaboradas como tal, lo que a su vez le genera sentimientos de **culpa,** debido a que identifica el sufrimiento que le ha causado a su padre, el fracaso del cual ella es responsable y por lo tanto, de la pérdida del objeto de amor por haber quebrado los mandatos superyoicos de la familia que había internalizado, y la autocrítica que hace, deteriora el *self* y su funcionamiento.

Lo que resalta hasta el momento actual es que ella todavía no puede ver al padre sin sentir culpa, que es una expresión del conflicto de ambivalencia, en el cual Federica ama a su padre y al mismo tiempo lo odia por haberla abandonado. Ahora bien, al "infringir la ley", salió a la luz el amor que sentía a su padre y por **identificación** con éste, se incrementó la severidad del superyó, quien dictó un castigo por la infracción cometida, por ejercer la sexualidad sin estar casada.

2. Gisela (folio 173) es una mujer de 34 años, con preparatoria terminada; su último trabajo fue como encargada de tiempo completo, de un restaurante. Está casada desde hace 16 años y depende económicamente del esposo. Él es empleado de una pollería en un mercado zonal; actualmente tienen problemas económicos. Ha tenido tres embarazos: tiene dos hijas, la más grande de 16 años y la segunda de 10 años; cursa su tercer embarazo, el cual es considerado de alto riesgo porque en el segundo tuvo amenaza de aborto, motivo por el cual ingresó al INPer.

A la edad de 10 años recuerda que un tío materno hacía que lo tocara y que lo acariciara, esto sucedió aproximadamente cinco veces; cuando lo veía se espantaba, sentía miedo y lo evitaba. En otra ocasión, ella iba caminando y un hombre dentro de un carro le hizo una pregunta para que se acercara, cuando se aproximó a él, se dio cuenta que se estaba masturbando.

Comenta que ambas situaciones la acomplejaron, la traumaron porque cualquier conversación con algún tema sexual, a ella le daba asco.

A los 18 años se embarazó, pero no dijo nada a sus padres durante casi toda la gestación; refiere que no fue por miedo, sino por pena y vergüenza. Gisela tenía 19 años y una hijita de cuatro meses, cuando murió su padre de un paro cardíaco. Su esposo, la bebé y ella estaban viviendo en la casa de sus padres cuando él murió. Así fue como, a partir de la pérdida del padre, se generaron pérdidas secuenciales: de la figura materna, de la familia en cuanto a los roles tradicionales, de ser hijos (su hermana dejó de estudiar y empezó a trabajar). Gisela ejerció un rol parental con sus hermanos menores, además de con su propia hija.

La **vía de entrada** a los estados depresivos de Gisela es a través de una **realidad externa traumática**, que comenzó con el abuso sexual por parte de su tío paterno; seguido, a los 18 años, con una doble pérdida: del ideal del yo por su embarazo y por la de su esposo (temporal). Lo anterior, aunado a la muerte real de la figura paterna, que desencadenó en una pérdida imaginaria (debido a que ella creyó que había ocasionado la muerte del padre), y al yo frágil de Gisela, ocasionó que ésta se derrumbara.

Después de lo ocurrido, aunque tiene una adaptación funcional, el yo débil se encuentra latente y ante una infidelidad del cónyuge, reedita la pérdida imaginaria del ideal del esposo y presenta otra vez **síntomas depresivos**. En la actualidad, se reedita la pérdida original del padre que, junto con los cambios propios del embarazo y la dificultad de ser una figura de autoridad con sus hijas, generan otra vez un estado depresivo. Ante cada crisis de la vida que está acompañada de angustia flotante, Gisela reacciona con episodios depresivos con ideación suicida.

Esta **angustia persecutoria,** en otro momento, se convierte en desesperación. De desesperación pasa a **agresividad**, que se refleja en gritos y golpes hacia su hija mayor y hacia el esposo: *"Cuando me enojo grito, lo primero es gritar. A veces tiendo a pegar. Cuando discuto con mi esposo me da por empujarlo y lo aviento o de repente le pego en el brazo, si yo grito y pataleo por lo regular es con mi esposo".* Pero también expresa: *"Cuando lo llego a ver así de enojado, sí me da miedo que llegara a reaccionar de otra manera, que fuera violento, sí me da miedo".* Ésta es una familia que se encuentra bajo el efecto de la presión, que responde con conductas que sólo ocasionan más agresión. En un nivel, se puede observar que, ya sea por identificación con su madre o por código de relación de la pareja que pasa a la familia, en Gisela existen, en un grado, **estereotipos negativos de**

género, sólo que hay una variación. A diferencia de su madre, ella responde con agresión al marido, no hay pasividad ni tampoco es permisiva; se podría pensar que se identificó con su padre en este aspecto, pero sabe que hay la posibilidad de que su esposo también reaccione de esa forma.

3. Helena (folio 021) es una mujer de 34 años, estudió ingeniería industrial y está casada hace nueve años. Su esposo trabaja en el área administrativa de una empresa telefónica y depende económicamente de él, aunque vende velas en su tiempo libre. Cursa su cuarto embarazo. Tuvo un legrado a los 24 años. Tiene dos hijos: uno de ocho años, otro de cinco y un embarazo actual con 28 semanas, el cual es considerado de alto riesgo por haber presentado amenaza de aborto desde la primera gestación, por lo que está en reposo. Antes de embarazarse, había sido diagnosticada con un trastorno depresivo y estaba tomando Altruline y Rivotril.

La **vía de entrada** principal a los estados depresivos fue el ser testigo de violencia conyugal (**realidad externa traumática**), observar desde los cinco años cómo su padre golpeaba a su madre. En secuencia, su madre se dedicaba a él y a la relación de codependencia. Helena estaba sola, hubo negligencia y abuso emocional por parte de la madre y abandono por parte del padre. Ambos la abandonaron y abusaron de ella de diferente manera: *"Siento que debieron cuidarme más. A los 11 años yo decidía si llegaba a las tres de la mañana o a las cinco de la mañana. Yo sentí negligencia por parte de mi mamá. A mi papá le daba igual, mucho descuido, mucha desprotección. Yo sentía la necesidad de que él me apapachara o recibir cariño, él nunca estaba ahí... no puedes cargar a un hijo con emociones que no le corresponde vivir, no puedes cargar a un hijo con tanta tristeza o con tantos problemas"*.

Cuando aceptó el rol de hija parental, las jerarquías familiares cambiaron. Helena se encontró en el mismo nivel que sus padres, se convirtió en confidente de su madre, quien bajó al nivel de los hermanos/hijos, adquirió el rol de hija mayor y proveedora ante la falta de un padre suficientemente bueno. Pasó de ser niña a adolescente y de adolescente a adulta joven en poco tiempo. Su realidad cambió, sus fantasías cambiaron. A los 24 años se embarazó de un amigo de trabajo, en una noche de "copas", donde ella sintió que él puso algo en la bebida. Se hizo un legrado, lo que activó la **culpa** propiamente dicha y no el acto sexual que originó el embarazo: *"Siempre me siento culpable por eso, todo el tiempo. Yo no he hecho algo tan malo como para merecer esto. No sé si me castigaba, empecé a cambiar todo lo que yo tenía por todo lo contrario, una mala vida, como deprimente. Esta* culpa está adherida a todo lo relacionado con la sexualidad, lo erógeno, lo femenino, y se desplaza a sus embarazos.

En su pensamiento infantil omnipotente, las fantasías se vuelven realidad y conllevan peligro. Por una parte fantasías, por otra el proceso de **identificación con figuras parentales**; como ella la llama, *"una mala identificación con mi mamá"*, la correspondiente identificación con el agresor y aceptación del rol de proveedora: *"como si yo hubiera tomado la carga de mi papá y mi mamá la aceptó, yo trabajaba mucho, yo veía cómo le hacía"*.

Helena, al renunciar a su parte pasiva, sumisa y observadora como mujer e hija, aceptó el rol activo, fuerte y masculino. Se identifica con el padre: *"Yo me sentía que yo dominaba, como si yo tuviera el control, yo fuera la que pusiera las pautas de cómo se iban a hacer las cosas... usaba ropa tosca, muy poco femenina, no tenía bien identificada mi feminidad, yo era muy agresiva, yo me identificaba con la parte masculina, justificaba mi forma de vestir"*.

La identificación psicosexual fue trastornada, y la identificación con la figura femenina y los embarazos sufrieron consecuencias. No quiso parecerse a su madre, lo que significó no ser pasiva, no ser sumisa, no aceptar el maltrato de los hombres, no ser femenina: *"Ha sido muy frustrante ser ama de casa, muy molesto, es una sensación muy extraña porque no tengo parámetro para decir lo estoy haciendo bien o lo estoy haciendo mal. Sensación que yo no estaba hecha para tener hijos, yo en ese aspecto nunca me hubiese imaginado teniendo un hijo... No me miraba en ese papel, como que me miraba en la industria o en otra parte, pero no siendo mamá... yo era muy tajante en eso, yo no quiero tener un hijo"*.

La combinación de identificación con las figuras parentales, la agresividad, los trastornos narcisistas y la realidad externa traumática desde su infancia, la condujeron a **estereotipos negativos de género** que se concretaron en la pubertad, cuando enfrentó a su padre: *"Lo que aprendí cuando era niña, todos los hombres son iguales, todos los hombres son unos malditos y no vale la pena que te involucres... Radicalmente cambié, en defensa de mi mamá y en defensa de las mujeres oprimidas, empiezo a tomar clasecitas muy feministas. Todas las mujeres me caen gordas. Yo era tan agresiva, yo era el típico macho mexicano en mujer, yo podía tener diez novios al mismo tiempo, yo les ponía el cuerno a uno y a otro, no era algo que me doliera, yo me estaba desquitando de los hombres... estar a la defensiva todo el tiempo. Era una lucha de poder entre mi papá y yo, era* *como un choque entre los dos... yo no quería pasar todo lo que yo veía que pasaban mi mamá o las mujeres de esa época... yo prefiero estar sola, yo soy autosuficiente, yo tengo con qué valerme, yo no necesito un hombre, yo no necesito que me quieran".*

4. Inés (folio 066) es una mujer de 35 años. Estudió una carrera comercial de secretaria, que actualmente no ejerce; es comerciante en un tianguis desde hace mucho tiempo. Estuvo casada durante siete años, hace cinco, se divorció. Cursa su tercer embarazo: el primer embarazo con ocho meses de gestación terminó en aborto durante su matrimonio; el segundo embarazo fue con su pareja actual, el cual fue anembriónico. Actualmente cursa su tercer embarazo con 30 semanas de gestación, y es considerado de alto riesgo porque desarrolló diabetes desde su primer embarazo. Hace un mes y medio su pareja desapareció, por lo que también tiene problemas económicos. Desde su segundo embarazo se atiende en el INPer. Renta un cuarto en el cual vive sola. No tiene amigos, sus hermanos saben que está embarazada, pero su padre no sabe porque tiene miedo de la forma en que podría reaccionar ante la noticia.

La **vía de entrada** a los estados depresivos de Inés es a través de la **realidad externa traumática.** Comenzó a los cinco años con la pérdida de las facultades mentales de su madre y la desaparición de ésta, la ausencia de la figura paterna, a lo que se sumó el abuso sexual por parte de los primos, que después se repitió en la adolescencia propiamente dicha. Durante su infancia también estuvo expuesta a maltrato físico y explotación infantil. En la vida adulta tuvo dos abortos, se divorció y actualmente fue abandonada por su pareja.

El sentimiento de indefensión que fue provocado por la enfermedad de su madre quien, ante la pérdida de la realidad, no le proporcionó alimento, vestido, protección y a quien también, junto con su hermano recién nacido, tuvo que cuidar desde muy temprana edad, generó probablemente en Inés impresiones fuertes que tuvo que sobreponer para funcionar ante una realidad externa demandante. Al mismo tiempo, desarrolló mecanismos defensivos que le permitieron sobrevivir.

Cabe destacar que Inés vivió la **agresividad** y los **estereotipos negativos de género** desde muy temprano. No desarrolló herramientas que le permitieran manejar el mundo en el que había logrado incluirse (al haber contraído matrimonio), y ahora, en su condición actual iba a ser diferente al resto de su familia: "*Yo era la que más o menos iba bien de la casa y todo* *eso, ahora que ya tengo más años, ahora sí voy a salir embarazada sin estar casada ni nada de eso, me han dicho que yo soy más orgullosa que mis hermanos"*. Su necesidad de no ser excluida del clan, le llevó a trabajar en lo mismo que su familia.

Para Inés, las pérdidas vienen acompañadas de consecuencias: pérdida de la madre–abandono del padre-abuso sexual; pérdida del primer bebé–pérdida de la pareja-divorcio; embarazo–pérdida de confianza-desaparición de la pareja actual y desde el primer embarazo, pérdida de la salud. Todas estas pérdidas ocasionan la disminución del *self* aunadas a angustia y disminución de la autoestima, que la deprimen, pero ella no lo conecta a sus experiencias de vida, está escindida.

Discusión

Se han presentado cuatro viñetas que ilustran algunos de los múltiples factores que originan y mantienen a los estados depresivos durante el embarazo. Son las historias de cuatro mujeres cuyo padecimiento psíquico es consecuente a una educación que impone ideas, valores, limitaciones y prohibiciones, congruentes con una dimensión sociocultural enraizada en el rechazo de lo femenino, que a su vez es fuente de violencia y maltrato hacia las mujeres (Lartigue, 1995). Esta dimensión socio cultural de la depresión, que se comunica a través de la educación, comprende muchos factores determinantes del daño a la autoestima y al *self* de muchas mujeres. Abarca múltiples aspectos dañinos como son los "estereotipos negativos de género", la "feminización excesiva", "las exigencias culturales de género", "la estimulación masoquista", "la constatación traumatógena de la hegemonía masculina-fálica" que, inoculadas vía la educación, forman la trama del superyó y la mayoría de las veces generan el "no deseo de hija" en muchas madres que no quieren que sus niñas padezcan aquello que ellas han sufrido (Alizade, 2002).

Es importante consignar que la intolerancia a lo femenino forma parte de la vida en estas cuatro mujeres desde una edad muy temprana. Son varias las articulaciones de dimensiones del pasado que se transforman/mantienen en el presente y que pueden llegar a definir su futuro. Se ligan principalmente con la reedición de las pérdidas del pasado, y/o con las diferentes realidades que han vivido desde la primera infancia. Las cuatro mujeres son conscientes de que tuvieron una pérdida en el presente, la refieren y definen como tal: pérdida de la familia, pérdida de la pareja, pérdida de las figuras parentales, pérdida de la identidad; en todas ellas, la pérdida se originó con el embarazo. Saben cuál fue su pérdida, pero no lo que perdieron en ella.

Federica impresiona como una joven con una falla básica en la estructura de su personalidad; con un frágil control yóico que le impulsa a actuar sin prever las consecuencias de sus actos, lo que desemboca en un embarazo no deseado. Aun cuando se enfrenta a su nueva realidad, paga un alto precio por las múltiples pérdidas: tanto externas, como su familia y su pareja, como internas, como su baja autoestima, dando por resultado un duelo coagulado, que la instala en una depresión en pleno proceso de gestación.

A Gisela, por su parte, el haber sido víctima de abuso sexual siendo una niña de 10 años, le dejó un traumatismo que le impidió consolidar su identidad como mujer autónoma, organizando una personalidad dependiente con la que, frente a tantas pérdidas, en especial la muerte del padre, la condujo a una depresión suicida que manifiesta en violencia hacia su bebé en gestación, hacia su hija y hacia su esposo, provocando que la violencia se pueda volver en contra de ella misma y así haga que se cumpla o se cumplan sus fantasías suicidas.

Respecto de Helena, su estigma fue presenciar la violencia entre sus padres desde los cinco años, con la consecuente violencia psicológica hacia ella. Sus amenazas de aborto aluden a su gestación depresiva, a su no deseo de tener hijos, a la pulsión de muerte que desemboca en una intolerancia a lo femenino y a su feminidad, trastocando su significado de ser mujer. Se convirtió en madre de su madre y en padre proveedor de su familia, generando así una confusión de su identidad de género.

En el caso de Inés, resaltan sus pérdidas tanto de la figura materna, del padre, del esposo, así como de la posterior pareja. En especial, la pérdida de la madre, situación que puede considerarse -dado su trastorno mental- como el complejo de una madre muerta emocionalmente hablando, que no pudo vincular a su bebé Inés. La repercusión de lo anterior es una depresión desde su temprana infancia y una deficiente estructuración de su identidad de género y su feminidad, como para realizarse como madre. De aquí que los dos abortos reflejen un conflicto intrapsíquico e intersubjetivo, que a su vez se manifiesta en su dificultad para vincularse, así como en su no deseo de ser madre. Los abortos suelen ser experiencias des-estructurantes para el funcionamiento simbólico de la mujer, con efectos siniestros en el inconsciente. A pesar de que Inés había logrado superarse, hoy por hoy está sola, abandonada, deprimida y viviendo un embarazo de alto riesgo, que aunado a su diabetes la colocan en peligro, no solamente de volver a abortar, sino también de agravar su depresión.

Cabe destacar que Federica y Helena tuvieron una figura materna presente físicamente, pero ausente emocionalmente; en ambos casos, tanto la autoestima como el rol materno están disminuidos, la figura femenina no tiene "voz" ni voto en la familia y ellas viven las consecuencias de la ausencia. Para Gisela, la pérdida de la figura materna ocurrió como consecuencia de la pérdida paterna, es decir, fue física con cambio de roles por el fallecimiento del padre. La madre se convirtió en rol proveedor y ella en rol materno para su propio hijo y hermanos. Inés tiene las dos pérdidas de la figura materna, la física y emocional, está indefensa y sola.

De esta forma, las cuatro gestantes introyectaron la pérdida de la figura materna como parte de su identidad femenina transformada. Federica es pasiva y también responde de la misma forma ante la pérdida de su familia por el embarazo; le resulta difícil verbalizar su historia, tampoco tiene voz. Gisela e Inés actúan el rol materno a partir de la pérdida de la figura materna. Gisela tiene tendencias a la autodestrucción e Inés tiene tendencias a la autopreservación, mientras que Helena se vuelve activa en el rol paterno/ masculino ante la parte pasiva y permisiva de su madre.

La intolerancia a lo femenino está en las diferentes dimensiones: en la identidad de la figura materna pasiva/permisiva/sufrida, en no aceptar el embarazo como parte de su feminidad. En los cuatro casos presentados, el embarazo no fue planeado y sólo en el caso de Inés fue deseado; el cambio de roles de profesionista/hija a ama de casa, se vive como frustración y devaluación; la aceptación como parte de la identidad femenina no tener voz ni voto, o si lo quieren tienen que identificarse con lo masculino. De cierta forma, están en la dualidad femenino/masculino y polaridad todo/ nada. Les resulta difícil identificarse en lo femenino con voz. Esta dificultad para verbalizar, también se manifiesta en sus depresiones: Federica, Inés y Gisela presentaron ambigüedad para relatar su historia, mientras que Helena no, ya que ella tiene una identidad masculina con voz.

Ahora bien, no porque la depresión que nos ocupa sea de origen traumático resulta fácil de tratar ni tampoco hay un tratamiento terapéutico normativo. El abordaje tendrá que ser adecuado a las necesidades de la persona particular anteponiendo la dimensión humana, que es asexual y no tiene género y en la que se presenta algo de la índole de la depresión como parte de la existencia. Es necesario, también, ponderar y diagnosticar distintos aspectos como son: las circunstancias actuales de la persona, la psicopatología y sus posibilidades de tratamiento para decidir la indicación más adecuada (Alizade, 2007).

Mariam Alizade recomienda apostar por lo positivo que la misma crisis depresiva desencadena. También se recomienda trabajar en el reforzamiento positivo del *self*. La intervención terapéutica va desde la consideración de medicamentos conjuntamente con psicoterapia psicodinámica breve hasta un psicoanálisis *propium* (ver Lartigue *et al.*, 2008). Así y todo es un largo camino, ya que la cultura, a pesar de los innegables avances en el trato a las mujeres, necesita ir a la dimensión humana del ser (Alizade, 2010) para insertar a la mitad femenina de los seres humanos que habitamos esta tierra como seres con derecho a vivir una propia existencia.

Referencias Bibliográficas

Alizade, M. (1992*). La sensualidad femenina*. Buenos Aires: Amorrortu.

_____(2002). Algunas consideraciones para demarcar el estudio de los sexos y los géneros. En *Escenarios Femeninos*, Brasil: Imago, pp. 59-66.

_____(2007). La depresión en las mujeres: perspectivas psicoanalíticas. En *Cuadernos de Psicoanálisis*, XL (1-2) pp.100-112, México: Asociación Psicoanalítica Mexicana.

_____(2010). Femininity and the human dimension. En *On Freud's "Femininity"*, L. Glocer & G. Abelin-Sas Rose (Eds.*)*, London: Karnac, pp.198-211.

Blanck de Cereijido, F. (2011). Algunos conceptos sobre el prejuicio. En *Cuadernos de Psicoanálisis*, XLIV (1-2) pp. 16-25. México: Asociación Psicoanalítica Mexicana.

Bleichmar, H. (1997). *Avances en psicoterapia psicoanalítica*. México: Paidós

Dávila, P. (2011). Gestantes deprimidas en condiciones de vulnerabilidad social: herramientas intersubjetivas para el diagnóstico temprano. Disertación doctoral, Centro de Estudios de Postgrado. México: Asociación Psicoanalítica Mexicana.

De Barbieri, T. (1996). Certezas y malos entendidos sobre la categoría de género. En *Estudios básicos de Derechos Humanos IV,* S. Guzmán y L.G Pacheco (comps.) San José Costa Rica: Instituto Interamericano de Derechos Humanos, Comisión de la Unión Europea.

Dio Bleichmar, E. (1990). *La depresión en la mujer*. España: Temas de Hoy.

Freud S. (1917). Duelo y melancolía. En *Obras Completas*. Tomo XIV. Buenos Aires: Amorrortu, 1974.

González, I. (en proceso). Experiencias adversas en la infancia y depresión. Un estudio en gestantes mexicanas. Disertación doctoral en proceso, Centro de Estudios de Postgrado. México: Asociación Psicoanalítica Mexicana.

Heise, L., Pitanguy, I., Germain, M. (1994). Para acabar con la violencia contra la mujer. *Population Reports*, XXVII (4). Temas sobre salud mundial Serie L, número 11.

Lartigue, T, (1995). Los retos de la mujer contemporánea desde la perspectiva de las relaciones de género. *Cuadernos de Psicoanálisis*, XXVIII (1-2) pp. 67-77.

_____(1999). Edipo y violencia contra la mujer. La internalización de las asimetrías y desigualdades. En *Violencia social, sexualidad y creatividad*, J. Vives (comp.). México: Plaza y Valdés, Asociación Psicoanalítica Mexicana, pp. 15-34.

_____(2005). Guía para la Entrevista Clínica Psicodinámica de los Estados Depresivos con base en el Modelo de Hugo Bleichmar. En *Aperturas Psicoanalíticas*, No. 21 del cinco de diciembre (España).

Lartigue, T., González, I., Córdova, A., Vázquez, M., Nava Benietz, A.A., Chávez, M., Sánchez, B., Vázquez, G., Domínguez, Y. y Cuenca, J. (2007). La depresión materna. Su efecto en las interacciones madre-hijo en el primer año de vida. En *Cuadernos de Psicoanálisis*, XL (1-2) pp. 131-166.

Lartigue, T. Maldonado-Durán, M. González, I. y Sauceda, J.M. (2008). Depresión en la etapa perinatal. En *Perinatología y Reproducción Humana* 22(2), pp.111-131 (México).

Macías, R. M. (2012). La realidad externa traumática vía de entrada a la depresión pre y postnatal. Estudio de casos. Tesis de Maestría en Psicoterapia General, Centro de Estudios de Postgrado, Asociación Psicoanalítica Mexicana.

Vincent, J., Felitti, V., Anda, F., Nordenberg, D., Williamson, D., Spitz, A., Edwards, V., Koss, M. & Marks, J. (1998). Relationship of Childhood Abuse and Household Dysfunction to Many of the Leading Causes of Death in Adults: The Adverse Childhood Experiences (ACE) Study. *American Journal of Preventive Medicine*, 14 (4) pp 245-258 (USA).

Medusa y Coatlicue:
la representación de los terrores arcaicos

Cecilia Rodríguez

Son múltiples las maneras de pensar en la intolerancia a lo femenino. Yo pretendo exponer en este trabajo una situación en la cual esa intolerancia se refiere al más temprano repudio al cuerpo de mujer. Es decir, el repudio del cuerpo sin pene, que desde la lógica de la castración es uno de los avatares ante la diferencia de los sexos, organizada a partir de un real biológico y los efectos de su simbolización.

La consecuencia de esa forma de repudio fue ampliamente estudiada por Freud (1927) en su artículo sobre el fetichismo, en el cual describió los efectos que tienen en el niño la desmentida de la castración y la escisión psíquica que esta implica, en la que al mismo tiempo se reconoce y se reniega la realidad de la falta percibida. En un trabajo anterior (1925) en el que Freud ya había planteado el impacto de niños y niñas frente a la diferencia sexual anatómica, él ya había mencionado el mecanismo de la denegación o repudio, explicando el hecho de que algunas niñas, ante el descubrimiento de la diferencia anatómica que gira alrededor de la presencia o ausencia del pene, pueden poner en juego este mismo proceso. Dice así:

> "(...puede ponerse en juego cierto proceso que quisiera designar como **denegación**, un proceso que no parece ser raro ni muy peligroso en la infancia, pero que en el adulto significaría el comienzo de una psicosis. Así, la niña rehúsa aceptar el hecho de su castración, empecinándose en la convicción de que sí posee un pene, de modo que en consecuencia, se ve obligada a conducirse como si fuera hombre"

Es así que algunas niñas no solo desmienten la falta, percibida como "castración" en el cuerpo de la madre, sino que de manera especular, esta falta sustenta la desmentida en relación a su propio cuerpo. El repudio a lo femenino alcanza entonces la dimensión de una identidad masculina. De este modo, resulta que en la niña que no puede asimilar la diferencia sexual anatómica en relación a un cuerpo con pene, se propician las condiciones para la construcción de una identidad discordante con lo real biológico de su cuerpo. Es decir, la niña crece con la convicción de ser hombre, desmintiendo la realidad de su propio cuerpo.

El caso que comento en este trabajo, una analizanda a la que llamaré Michelle, reconocía su falta de pene, pero la negaba al mismo tiempo cubriendo dicha falta con diversos desplazamientos muy parecidos a los que usa el fetichista.

Ahora bien, ¿por qué razón Michelle no pudo simplemente reconocer la castración materna? ¿Por qué se originó la denegación de su propio cuerpo, dando origen a la visión de sí misma como un varón? ¿Por qué en su caso, como en el de tantas otras niñas, se establece el repudio a lo femenino, en lugar de los otros caminos planteados por Freud, tales como la aceptación de la castración y transmutación del deseo de pene por el deseo de un hijo, o incluso, el camino de la neurosis y no el de la denegación, más cercana a la perversión y a la psicosis?

Para responder a esto es necesario tener en cuenta las vicisitudes en el proceso de subjetivación, previo a la conflictiva edípica. Proceso en el que se configura la posibilidad de acceso al registro simbólico, a la inclusión de la alteridad y con esto la entrada a la reestructuración psíquica del complejo de Edipo, en la que se ponen en juego las distintas identificaciones y los aspectos simbólicos que conllevan a que cada quien advenga hombre o mujer.

Lo que pretendo focalizar en el presente trabajo, es precisamente el modo en el que en el curso de un proceso analítico, lo transferencial como actualización de los avatares inconscientes ha posibilitado la simbolización de lo que en un plano tan concreto, como la diferencia sexual anatómica, no había podido darse y que estaba en el origen de angustias arcaicas, impensables y por tanto innombrables. Angustias que sin embargo estructuraron un sistema de defensa a partir del cual se organizó la vida psíquica de esta analizanda.

Fue en este contexto analítico que se abrió la posibilidad de atravesar la angustia y las situaciones defensivas ante la diferencia anatómica de los sexos, y en este proceso, las figuras míticas de Coatlicue y Medusa fueron muy significativas como representaciones resignificadas que sirvieron para dar luz al núcleo traumático a partir del cual se organizó un aspecto fundamental de la vida de Michelle: su identidad sexual.

De las figuras en cuestión, la Medusa forma parte de la mitología griega y Coatlicue de la mitología mexica. La cabeza de Medusa está llena de serpientes, mientras que Coatlicue, diosa madre, porta una falda hecha de estas. En el breve artículo que Freud dedicó a Medusa en 1922, interpretó que todas estas serpientes, son una multiplicación de representaciones fálicas y constituyen un intento de denegar la castración. Lo mismo puede decirse entonces de Coatlicue, la cual proviniendo de otra cultura, alude al mismo drama primitivo de la diferencia sexual.

VIÑETA

Michelle, de 34 años, inicio análisis con la convicción de ser hombre. Esto de entrada era solo la punta del iceberg de algo que tendríamos que descubrir tras lo que al inicio parecían ser sus conflictos importantes. Todos ellos del campo del *acting out* y la somatización.

La cuestión de lo masculino y femenino surgió muy poco a poco, abriéndose con esto el camino a un reordenamiento profundo que ha tenido incidencia en cuanto al reconocimiento, ¿o habré de decir construcción? de su propia feminidad.

Como mencioné anteriormente, lo que quisiera recalcar ahora en la exposición de este trabajo, es el modo en el cual, en distintos tiempos de un proceso analítico las figuras de Medusa y Coatlicue fueron surgiendo en el contexto transferencial como representaciones que sostenían denegación sobre la que se había basado la convicción que Michelle tenía de ser hombre.

Las angustias más arcaicas, originarias de la movilización defensiva de la denegación y escisión fueron aflorando en un terror que en sus palabras era *"indescriptible, innombrable, una angustia que no se puede explicar por falta de palabras para ello"*. El núcleo traumático de la diferencia de los sexos, que estaba inscrito en el orden de lo irrepresentable, era sin embargo el fundamento sobre el que basaba su identidad sexuada.

En un cierto tramo de análisis, Michelle trajo el recuerdo de una estampa de Medusa que vio alrededor de los ocho años de edad. Recuerda y revive el terror y la fascinación que la imagen le causó. Por varias sesiones apareció esta imagen con todo el impacto que Freud plasmó en su artículo sobre esta figura mítica. El terror en las narraciones de Michelle transmitía lo que era insuficiente describir con palabras. En una de esas sesiones, mientas lloraba, le extendí la cajita de pañuelos de papel. La cajita era de las que tienen una abertura en la parte de arriba. No me di cuenta de que estaba cerrada y a Michelle le dio miedo abrirla. Fue un gesto espontáneo que sin embargo permitió explorar las fantasías en torno a lo abierto y al interior del agujero, usando la apertura y el interior de la caja como metáfora del cuerpo femenino.

En ese momento, recuerdo que me impresionó mucho que la descripción que Michelle hizo de su recuerdo ante el cuerpo de su madre era exactamente igual a la descripción que hizo Freud en su artículo del fetichismo, donde explica cómo el niño ve el cuerpo de su madre y detiene la mirada ante la percepción imposible. Sólo que en el caso de Michelle, la imagen de la madre que remitía a un doble especular implicó no solo la denegación del pene de aquella, sino de su propio cuerpo.

A partir de Medusa, las sesiones se llenaron de sueños y asociaciones que hacían referencia a cuerpos divididos, a cuerpos con dobles extremidades, y a sitios desconocidos a los que resulta muy angustioso entrar. Medusa y los sueños derivados de estas sesiones me parecen intentos de Michelle por dar figurabilidad a la angustia que en esos días se desencadenó intensamente.

Once meses después de la sesiones con Medusa como centro, Coatlicue "entró" al consultorio. Cuando digo "entró" me refiero a que literalmente entró, a manera de alucinación. La primera vez que Coatlicue irrumpió en la sesión, Michelle se mostró aterrorizada. Decía que sentía que había entrado por la ventana, que estaba entre nosotras. Fueron sesiones muy intensas que Michelle describió posteriormente como si hubiera estado en un viaje con peyote. Yo subrayo esto porque ayuda a entender la intensidad cuasi alucinatoria con la que en la transferencia se fueron presentando esas vivencias que actualizaban el reconocimiento y los intentos de denegación de la castración de la madre fálica y omnipotente. Diosa madre de vida y muerte, representada en las figuras de Medusa y Coatlicue que literalmente condensaban para Michelle su drama íntimo.

Ilustraré el tono de las sesiones con un pequeño fragmento.

Michelle me dice: "*Tengo miedo de abrir la ventana y que entre Coatlicue*".

A lo que yo respondo: yo: "*Está dentro desde hace mucho*".

Michelle: "*Tengo que saber que me vas a cuidar de ella. Siento que me despedaza, que despedaza mi cuerpo*".

Después de unas sesiones, la imagen de Coatlicue se sobrepuso a la mía. En ese entonces me volví terrorífica. Michelle me tenía miedo. A Coatlicue la unió el amor y el terror. De pronto, eso es lo que decía sentir por mí.

La vivencia transferencial actualiza los miedos arcaicos y va encontrando modos de representación para dar figurabilidad a lo que se sitúa del lado de lo impensable. Medusa y Coatlicue, al aparecer en las sesiones analíticas, pudieron ser pensadas, analizadas y comprendidas en cuanto a lo que sin saber habían representado para Michelle a lo largo de su vida, condensando las fantasías primitivas de un tiempo previo a la diferencia de los sexos, en representaciones que en el curso de un análisis permitieron dar figurabilidad a las angustias innombrables que se situaban en el corazón de la identidad sexuada de Michelle, que tenía como base el repudio al cuerpo sin pene.

Quisiera subrayar que la posibilidad del reconocimiento de la castración, en lugar de la escisión defensiva, dependería de la capacidad del individuo para simbolizar la falta. Esta capacidad de simbolización remite a otro tipo de castración, aquella en relación a la madre. Así pues, la castración respecto a la madre, como posibilidad de subjetivación y acceso a la simbolización, interfiere en la capacidad de reconocimiento de la falta de pene y la asimilación de la diferencia de los sexos que posteriormente, en la estructuración edípica adquiere un reordenamiento en la cual se sientan las bases para la orientación del deseo y de las identificaciones que inciden en el modo de ser hombre y mujer.

Es a partir de la elaboración de aspectos primitivos que se posibilita un reordenamiento subjetivo que abre la posibilidad de pensar, en el, muchas experiencias que toman distintos significados a la luz de una nueva comprensión de las mismas. En este nuevo orden, el reconocimiento del cuerpo propio, cuerpo sin pene y el reordenamiento psíquico que esto implica, ha abierto la posibilidad a un camino en el que no solo está implicada la feminidad, sino un aspecto de reconocimiento de la realidad ante la cual, la escisión había tenido un papel fundamental.

COMENTARIO FINAL
Es difícil transmitir la intensidad de los afectos y la complejidad de los movimientos transferenciales que se suscitan en un análisis. Con esta viñetas clínica, traté de exponer no sólo los aspectos relacionados con la vivencia del cuerpo, la construcción de una identidad y los diversos avatares relacionados con la cuestión de lo masculino o lo femenino, sino que también quise transmitir una experiencia clínica en donde queda claro el modo en el que en el campo transferencial se producen vivencias que abren paso a la figurabilidad de los terrores arcaicos que no encuentran otra vía para ser elaborados

En el curso de este periodo de análisis con Michelle, el asombro de lo acontecido en muchas sesiones, fue dando paso al temor, cuando me vi inmersa en una situación en la cual, ya no sólo eran las palabras, ni la repetición o re-edición de una vivencia en el marco transferencial, sino la producción alucinatoria en sesión, lo cual la verdad muy pocas veces se había dado de ese modo en el curso de mi práctica clínica.

El terror de Michelle ante la aparición de Coatlicue yo podía sentirlo, pero también se juntaba con mi inquietud de lo que podía suceder en esos momentos de enfrentar, tan vívidamente, un punto tan fundamental de conflicto. La vivencia alucinatoria abrió un modo muy particular de enfrentar lo que estaba del lado de la dificultad de ser verbalizado y que literalmente, apareció de modo muy siniestro.

Sé que ante lo desconocido o inesperado de las sesiones, siempre pueden movilizarse nuestras resistencias como analistas. En mi caso, creo que eso estaba detrás de todas las explicaciones teóricas que me venían a la cabeza en los momentos de mucha intensidad afectiva.

Hacer a un lado los referentes, para vivir de lleno la experiencia transferencial, sobre todo de este tipo, no resulta sencillo y seguramente es el impacto de lo acontecido en esta experiencia lo que me ha llevado a escribir sobre estas viñetas.

Referencias Bibliográficas

Freud, S. (1922). "La cabeza de Medusa". Vol. XVII. Buenos Aires: Amorrortu.

_____ (1925). "Algunas consecuencias psíquicas de la diferencia sexual anatómica". En AE. Vol. XIX. Buenos Aires: Amorrortu.

_____ (1927). "Fetichismo". En AE. Vol. XXI. Buenos Aires: Amorrortu.

Temor a la mujer

Raquel Tawil Klein

"Esos cuerpos nunca vistos los llamaban, pero los hombres nivakkle no se atrevían a entrar. Habían visto comer a las mujeres: ellas tragaban la carne con la boca de arriba pero antes la mascaban con la boca de abajo. Entre las piernas, tenían dientes. Entonces los hombres encendieron hogueras, llamaron a la música y cantaron y danzaron para las mujeres. Ellas se sentaron alrededor con las piernas cruzadas. Los hombres bailaron durante toda la noche. Ondularon, giraron y volaron como el humo y los pájaros. Cuando llegó el amanecer cayeron desvanecidos. Las mujeres los alzaron suavemente y les dieron agua de beber.
Donde ellas habían estado sentadas, quedó la tierra toda regada de dientes"[1] Galeano (1995)

El inconsciente se expresa a través de metáforas, imágenes, símbolos. Los mitos y leyendas reflejan la profundidad de nuestro inconsciente y, desde ahí, podemos considerar que muchos de los monstruos y bestias de la mitología surgen de nuestros temores y demonios internos que han sido secretamente guardados.

Durante la historia de las civilizaciones se ha simbolizado a la mujer de una forma escindida contradictoria, mujer dadora que cobija bajo su manto, pero al mismo tiempo, mujer peligrosa que puede llegar a destruir.

La diosa hindú Kali, madre del mundo es, sin duda, la representación más impactante que el ser humano haya formado de la mujer. A la vez destructora y creadora, es el principio materno que impulsa al ciclo generativo, provoca la renovación de la vida pero también difunde las pestes, el hambre, las guerras, diosa peligrosa sedienta de la sangre del sacrificio (Bergua, 1999).

O Perséfone, que tras haber sido raptada por su tío Hades se convirtió en la reina de los infiernos; Zeus se compadeció de ella y le permitió estar un tiempo en el Olimpo. Cuando estaba confinada al mundo subterráneo, la tierra se volvía estéril y sobrevenía el invierno, pero las flores renacían de alegría cuando regresaba, y nacía la primavera (Grimaldi, 1991).

---

1 Galeano, E. 1995, p. 7.

Esta ambigüedad de la mujer que, por un lado da la vida pero también condena a la muerte, se ha expresado sobre todo en el culto a las diosas madres. Si nos centramos en su parte oscura, en muchas de éstas se observan representaciones de la mujer, cuyas expresiones monstruosas amenazan con la destrucción y la muerte.

La mitología griega es rica en este tipo de representaciones. La figura femenina está matizada de misterio y peligro. Como ejemplo señalemos a las tres gorgonas: Medusa, Euríale y Esteno, con su aspecto espantoso, y sus garras y colmillos afilados. Las tres están rodeadas por serpientes que se enroscan en su cintura y envuelven sus cabezas de mirada mortal. O la Hidra de Lerna, criatura similar a una serpiente. Esta bestia acuática, guardiana del mundo subterráneo, tenía el soplido de la muerte y era más peligrosa aún por su respiración venenosa (Grimaldi, 1991).

También tenemos a las Parcas, que cortaban el hilo de la vida o las Erinias espantosas, locas y vengadoras, tan terribles que los griegos no se atrevían a pronunciar su nombre. Y no acabamos: Pandora, que trae las desgracias al mundo; Perséfone, diosa del averno que destruye la luz; y la Coatlicue, que irradia amenazante poder.

Walker (1983) refiere que en los mitos de todas las culturas abundan las historias sobre la Madre devoradora, que representan el temor a la muerte y que en la psique masculina a menudo se transforma en temor al sexo.

En algunas culturas se habla más que de poseer a una mujer, de ser absorbido por ella. Aquí reside la idea de que la eyaculación conlleva a una pérdida de la fuerza vital masculina que es bebida por la mujer -recordemos a Sansón y Dalila-. Con esto se entiende por qué los chinos dicen que los genitales de la mujer no sólo son las puertas hacia la inmortalidad sino "las ejecutoras del hombre", y se comprenden los aforismos árabes que advierten: Tres cosas son insaciables: el desierto, la tumba y la vulva de la mujer (Walker, 1983). Freud (1918) también refiere que "El varón teme ser debilitado por la mujer, contagiarse por su feminidad y mostrarse luego incompetente" (p. 194).

Pareciera que en el imaginario masculino, el erotismo femenino es devorador y peligroso, con la fantasía inconsciente del pene cautivo y la entrada a la vagina como una boca. Esta imagen arquetípica de los genitales femeninos devoradores, aún persiste en tiempos contemporáneos tomando la forma de temor al sexo y temor al contacto con el genital femenino. La imagen de la vagina mortífera se refleja en la noción del orgasmo como "*la petit mort*", o también en la imagen de la vagina como precursora de enfermedad a través de sus fluidos y sus infecciones, que son simbólicos de muerte.

Hay un mito que se repite en diversas civilizaciones, el de la "vagina dentada", que tiene sus raíces en el folklore alrededor del mundo. Una muestra es el relato que hace Galeano (1995) sobre los hombres Nivakkle, y puede pensarse que deriva de primitivos temores masculinos sobre los "misterios" de la mujer y la unión sexual. En la mitología griega, la vagina dentada está representada por Gorgón, un monstruo en forma de víbora femenina con enormes y desafiantes colmillos (Grimaldi, 1991). También se ven deidades que representan la vagina dentada en el antiguo Egipto, en el folklore nativo americano y en otros mitos aborígenes.

En el culto a las grandes divinidades andinas, por ejemplo, en el yacimiento arqueológico de Chavin de Huantar en Perú, también encontramos divinidades con vagina dentada, figuras que infunden respeto y terror y ejercen el dominio a través de "la angustia sagrada". Su mirada es fiera, altiva, dominante, tal vez como la imagen de la madre pregenital, poder mortífero. Mujeres fálicas, castradoras, guerreras omnipotentes (Walker, 1983).

Entre los indios de América del Norte hay más de trescientas versiones del mito de la vagina dentada. En la India, el mismo mito aparece con una variante: los dientes de la vagina se transforman en serpientes (Walker, 1983).

¿Por qué en diversas culturas se encuentran los mismos elementos?, ¿tendrán que ver con fantasías filogenéticamente heredadas? o más bien ¿es la manera en que afloran a la conciencia los temores inconscientes más ocultos y negados?

El temor a la mujer en las religiones

Durante la Edad Media, la imagen de la mujer terrorífica se ve reflejada detrás de las acusaciones dirigidas contra "brujas" que se suponía habían matado niños para ofrecerlos a Satán. El temor inconsciente a la mujer durante estos siglos era similar al temor al demonio femenino Lilith, asesina de recién nacidos o a cualquier otro de los súcubos, tan recurridos en aquellos tiempos.

En el *Malleus Malleficarum* (El martillo de las brujas) -compendio sobre brujería que fue escrito por dos monjes durante la Edad Media-, se hizo una demonización de la mujer. La condenación de la mujer reside en la misma etimología: Fémina significa "Fe minus" o sea "sin fe". A partir de las prescripciones de este manual, las supuestas mujeres "brujas" eran quemadas en la hoguera. De acuerdo con el imaginario masculino de esta época, la mujer era un ser inferior, más inclinada que el hombre a las tentaciones de Satán, íntimamente ligada a lo diabólico. La muerte despiadada a la que enviaban a muchas de estas inocentes sólo demuestra, en el fondo, el gran temor que tenían a la mujer y a su sexualidad. Puede pensarse que proyectaban en ellas sus propias bajezas y la necesidad de aniquilarlas era para abatir su miedo.

En las religiones, la mujer tampoco sale bien librada. En el cristianismo, Eva es la traicionera, el darle la palabra provocó el pecado original. Todas son como serpientes. Recordemos a las mujeres malas de la Biblia: Lilith, Judith y Jezabel. Lilith, primera esposa de Adán, fue castigada por Dios porque deseaba copular encima de Adán, es decir, por no someterse a la fuerza masculina. Su destino final fue convertirse en un súcubo infanticida.

En el judaísmo, el practicante reza diariamente: "Gracias, Dios mío, por no haberme hecho mujer".

En el fundamentalismo islámico, el temor a la mujer se aprecia en el terrorismo sexual masculino de los talibanes hacia sus mujeres, a quienes tapan la cara y mutilan el sexo. De acuerdo con Bohleber (2003), este proceder es como la metáfora de la sociedad islámica al temor de ser seducido por la fuerza del diablo. En esta cultura, la sexualidad y el poder de seducción de la mujer pasa a ser peligrosamente amenazante. Esto es común en muchos hombres que están imposibilitados para integrar el peligroso poder que la mujer posee con la necesidad que tiene de ésta. Si el hombre no reconoce la necesidad emocional que tiene de la mujer, entonces no dependerá de ella, ni estará en peligro de ser reengolfado o castrado (Tawil, 2009).

Una perspectiva psiconalítica

Freud se refirió a dos grandes temores del niño en su desarrollo temprano relacionados con el temor de castración: el primero es el terror que experimenta ante la visión de los genitales castrados. Dice así "(...) cuanto menosprecio por la mujer, horror a ella, disposición a la homosexualidad, derivan del convencimiento final acerca de la falta de pene en la mujer. Recientemente Ferenczi, con todo derecho, recondujo el símbolo mitológico del horror, la cabeza de Medusa, a la impresión de los genitales femeninos carentes de pene" (Freud, 1923, p. 148).

Más adelante, en *Análisis terminable e interminable* (1937), Freud señaló que el temor básico del hombre es el temor a la pasividad hacia otro hombre.

Otros autores refieren temores de la etapa pregenital, como Klein (1990) quien postula el temor del niño a la persecución y destrucción maternas o Karen Horney (1991) que señala la existencia de un temor anterior a la castración, que es el temor del hombre a la vagina.

Durante el desarrollo, el niño enfrenta temores referentes a distintas etapas. Se presentan por la amenaza a la integridad narcisística del individuo, y algunos autores (Cooper, 1986) consideran que el de la castración es sólo una fachada que esconde otros mucho más primitivos, como el temor al genital femenino vivido como venenoso, que emite leche y heces, o aquel de la mujer como engolfante. Estas fantasías son atemorizantes porque llevan al hombre al terror de ser absorbido, engolfado, y despiertan la amenaza de regresión, de ser llevado hacia atrás a la pasividad. Esto sería igual a volver a confundirse, a perder los límites, a ser uno con la madre. Se tiene la fantasía de la vagina atrapadora, con el temor de que el pene pequeño y suave pueda ser absorbido, corroído, arrancado por la vagina. Recordemos la fantasía de la vagina dentada.

En la escisión que el varón hace entre sus afectos y su sexualidad, evita este temor al engolfamiento estableciendo vínculos emocionales poco profundos y duraderos y relacionándose con variedad de mujeres, lo que sirve al fin de no sentirse abrumado, atrapado y anulado por la mujer.

Mucho de la modalidad del vínculo que el varón establece con una mujer en este sentido, está íntimamente asociado con el modo como de niño vivió el proceso de separación de la madre. Si el niño tuvo que separarse de una madre simbiótica, con dificultades ella misma en sus procesos de separación, y que vivió con angustia y resistencia el alejamiento del niño, éste puede desarrollar lo que he denominado "angustia retaliativa" que se manifestará, posteriormente, en temor a la mujer, a ser absorbido por ella, temor a su rabia vengativa y acusada androginia.

Pero, como refiere Badinter (1994), si el proceso de desidentificación tiene lugar con la vivencia de una "madre buena", el varón sentirá culpa de desprendimiento con el consiguiente deseo de reparación y esto matizará sus relaciones futuras con la mujer. Es así que vemos hombres reparadores que buscan mujeres débiles y sufrientes para compensar aquello que en su momento creen haber provocado en la madre.

En cuanto a los remanentes del temor a la madre fálica narcisística que confirma o devalúa la masculinidad, Freud atribuyó un papel medular al temor de castración en el desarrollo del varón. Pero para Horney (1991), antes existe un temor a la pérdida del amor propio, que tiene que ver con el sentirse rechazado y menospreciado por la madre.

Ya cuando el niño enfrenta el Edipo, sucede una serie de vicisitudes. El que el niño suponga que la madre lo rechazó en favor del padre debido a la pequeñez de su pene, demasiado poco para complacerla (Freud, 1923; Horney, 1991), será uno de los grandes temores que perseguirá al varón a lo largo de su desarrollo. Muchos hombres nunca llegan a recuperarse de este sentimiento de inadecuación genital, que llevará a la envidia del pene y a la preocupación oculta sobre su potencia y ejercicio sexuales. El temor al rechazo femenino y al empoderamiento superior de sus rivales, siempre estará presente. Finalmente, en algunos varones, la lucha edípica con el padre dejará como remanente el temor al hombre como duro castrante y retaliatorio, con el consecuente temor a exponer su pene en competencias que pierde (Horney, 1991).

Esta autora señala que en este conflicto edípico, el niño renuncia a la madre porque "escoge la catexia narcisista de su pene sobre la catexia libidinal de su madre", de tal forma, que el consuelo que le queda al niño por la renuncia al amor materno es un narcisismo fálico, el cual muchas veces se ve fortalecido por la idealización que hace el niño del pene poderoso, potente y enorme del padre, compensación que de ser exagerada daría lugar al machismo.

Todo esto se suma a frustraciones tempranas pregenitales sufridas con la madre y, de acuerdo con Horney (1991), "el resultado es que sus impulsos fálicos de penetrar se funden con su cólera frente a la frustración y asumen un tinte sádico" (p.162). Si estos impulsos destructivos son fuertes, el genital femenino, por mecanismos proyectivos, se va a convertir en la fuente de ansiedad de castración y de temor a la vagina.

El niño siente temor ante su propia insuficiencia, a ser rechazado y puesto en ridículo. Y esto se traduce en la necesidad del varón de ser aceptado por la mujer sobre todo por aquella atractiva y sexuada. ¿Cómo el hombre lucha contra estas ansiedades con respecto a su desempeño sexual y masculino y al rechazo de la mujer? A través de la sobreestimación de la sexualidad masculina, remanente del narcisismo fálico de la infancia.

Las bromas entre hombres acerca de la dominancia de la mujer esconden una realidad interna. El temor a que la madre de antaño produjera en el niño ante la amenaza de pérdida del objeto y de su amor, aunado a las experiencias de rechazo durante el periodo edípico, surgen en las relaciones adolescentes y adultas tomando la forma de búsqueda de la apreciación femenina, siendo esto un elemento fundamental para el narcisismo del varón. La necesidad de la aprobación de la mujer se niega al través de la devaluación y el control de ésta. El control del objeto sexual, sobre todo cuando se le considera de una posición inferior, sirve como manera compensatoria para defenderse contra el sentimiento del varón de inadecuación e inferioridad, producto de las humillaciones sufridas en la infancia.

Muchas de las fantasías sexuales de los hombres son reparaciones mágicas de los temores sexuales. Las fantasías temerosas son acerca del tamaño del pene, temor a ser dañado por el genital femenino, impotencia, al rechazo femenino y a la homosexualidad. En cambio, las fantasías deseosas se relacionan con destreza sexual, tamaño del pene, dureza, duración y mujeres excitadas (Goldberg, 1976).

Person (1986) se refiere a dos fantasías inconscientes comunes en los hombres: La "fantasía de la mujer siempre deseante" y la "fantasía de sexo lésbico". En la fantasía de la "mujer siempre deseante", hay demandas tempranas de instantánea gratificación. La mujer es totalmente accesible sexualmente, está postrada en el sillón esperando a que el hombre llegue, siempre lubricada, siempre lista y siempre deseante, pero en realidad es el tipo de mujer que los atemoriza ya que puede poner en riesgo su virilidad. Los hombres que buscan a estas mujeres siempre preparadas para el sexo, a menudo camuflajean necesidades orales dependientes intensas y el uso narcisista de la pareja refuerza el narcisismo fálico como una defensa contra un sentimiento de vulnerabilidad.

La fantasía de sexo lésbico aparece en dos modalidades: en la primera, el encuentro sexual es entre mujeres. Aquí la fantasía es tener el control sobre las dos mujeres y creer que solo él puede satisfacerlas. En la segunda modalidad, las mujeres se unen ya sea con un hombre que observa o un hombre que participa. En estas fantasías, nadie es excluido, como en la infancia sí lo fue el niño de la escena marital.

Puede decirse que los temores inconscientes que permean el desempeño del hombre en cuanto a su masculinidad, aunado a la sensación subjetiva de sentir su pene como una parte autónoma de él mismo, que no puede dominar y sobre la cual no tiene control, puede derivar en diversas problemáticas de índole sexual: la aversión hacia la mujer y hacia la actividad sexual; el desagrado por los fluidos y secreciones femeninas; las fobias sexuales producto de fijaciones incestuosas de la infancia; deseos retaliatorios hacia la mujer frustrante; fantasías homosexuales y temor a una inadecuada función sexual. Esto se liga con disfunciones sexuales que esconden temores de castración y engolfamiento, como la disfunción eréctil o la eyaculación precoz, que también pueden ser vistas como un arma vengativa para no satisfacer a la compañera, o un intento de adquirir un sentimiento subjetivo de autonomía ante una pareja controladora. Finalmente, se dan disfunciones como la anorgasmia, que puede derivar del temor a entregarse a la sensación de una pequeña muerte, a la disolución del *self*.

En la actualidad surge un temor concreto a la mujer. La mujer de la posmodernidad, con sus pechos cada vez más grandes y una función intelectual más desarrollada, representa una doble amenaza, ya que en ella se conjugan dos grandes temores del varón: su poder de seducción que remonta al hombre al peligro de la entrega, la pérdida de límites, al engolfamiento; y la inteligencia, que lo descoloca de su lugar de autoridad, poder y control tan largamente mantenido y sobre el cual se ha erigido su autoapreciación. Esto es resultado de una serie de cambios políticos, sociales, económicos y sexuales que han cimbrado las estructuras predominantes y han puesto en jaque el concepto tradicional de masculinidad.

Referencias Bibliográficas

Bergua, J. (1999). *Mitología Universal.* España: Clásicos Bergua.

Bohleber, W. (2003) Collective phantasms, destructiveness and terrorism. En Varvin, S. y Volkan, V. *Violence or dialogue. Psychoanalytic insights on terror and Terrorism.* London: IPA.

Cooper, A. (1986). The facade of castration anxiety. En Fogel, G. y *Cols. The psychology of men.* New York: Basic Books.

Freud, S. (1918). "El tabú de la virginidad". *Obras Completas.* Tomo XI. Buenos Aires: Amorrortu.

_____(1923). "La organización genital infantil". *Obras Completas.* Tomo XIX. Buenos Aires: Amorrortu.

_____(1937). "Análisis terminable e interminable". *Obras completas.* Tomo XXIII. Buenos Aires: Amorrortu.

Galeano, E. (1995). *Mujeres.* Madrid: Alianza.

Goldberg, H. (1976). *The hazards of being male: Surviving the myth of masculine Privilege.* New York: New American Library.

Grimaldi, P. (1991). *Diccionario de mitología griega y romana.* España: French and European Publs.

Horney, K. (1991). *Psicología Femenina.* México: Alianza.

Klein, M. (1990). *Amor, culpa y reparación.* Barcelona: Paidós.

Person, E. (1986). The omni-available woman and lesbian sex. En Fogel, G. y Cols. *The psychology of men.* New York: Basic Books.

Tawil, K. R. (2009). ¿Hay un vínculo entre masculinidad y terrorismo? En Tawil, K. *Masculinidad. Una mirada desde el psicoanálisis.* México: Universum.

Walker, B. G. (1983). *The woman's encyclopedia of myths and secrets.* New York: Harper Collins. Recuperado de: http//www.sintesys.cl/complexuss/revista3/Daniel Malpartida

PARTE VI

TRANSMISIÓN INTERGENERACIONAL Y VIOLENCIA FAMILIAR

Las imagos maternas en la clínica de la intolerancia a lo femenino

María Teresa del Bosque Mellado

El objetivo de este trabajo es describir las imagos maternas que aparecen en los discursos de los pacientes en la clínica, imágenes que se van conformando a partir de las vicisitudes en el vínculo materno infantil, y que van a derivar en lo que denominaré "la clínica de la intolerancia a lo femenino": dificultades para establecer relaciones íntimas; distorsiones en la percepción de la figura femenina que derivan en devaluación hacia la mujer; problemas de identidad tanto en el hombre como en la mujer; dificultades para la resolución de la dependencia primaria con la madre y, por lo mismo, problemas en la separación individuación, inhibiciones de la sexualidad, rechazo a la mujer y, en general, una dificultad en la adquisición de un sentido del *self* valioso y maduro.

¿Qué tipo de imago materna queda representada en la mente del niño y que posteriormente en la vida adulta puede provocar patologías severas? Trataré de responder a esta pregunta.

J. Mc. Dougall (1980) describe a la "madre abismal" para referirse a aquellas madres excesivamente "maternales", no "suficientemente buenas" en el sentido de Winnicott, sino madres que se "preocupan de más", "aman de más", "alimentan de más", etc. En la mente del niño, es experimentado como un abandono psíquico, es ser cuidado por una madre que parece totalmente indiferente a las necesidades del niño y a sus estados afectivos. Estas madres son recordadas en etapas posteriores como preocupadas por los síntomas físicos o dolores corporales del hijo pero no del dolor emocional. Ello va generando en la mente del niño la impresión de que es el complemento sexual y narcisista de la madre, de manera que nada de lo que él haga va a satisfacerla. Es como ese "abismo" que espera ser llenado. La imago de esta madre está generalmente ligada con una imago de la pareja edípica que tiene un lugar secundario con respecto a la importancia de la unidad madre hijo.

Los niños que introyectan dicha imago materna son propensos a desarrollar enfermedades psicosomáticas y problemas de ansiedad severos, su funcionamiento consiste en descargar a través del acto, más que a mentalizar estos estados que generan gran ansiedad.

Veamos el caso de J. Se trata de un hombre de 34 años de edad que ha tenido un proceso analítico prolongado. Uno de sus conflictos centrales ha sido su dificultad para relacionarse íntimamente con las mujeres, cercanía que le genera gran ansiedad que, al no ser tolerada, impide que sus relaciones se consoliden. Su mecanismo consiste en denigrar, devaluar, agredir y finalmente abandonar a sus parejas.

Es el mayor de dos hijos de una pareja disfuncional. J es producto del cuarto embarazo de su madre, los 3 anteriores no se lograron debido a abortos espontáneos, de manera que al nacer J, la madre lo sobreprotege haciéndolo un niño frágil, inseguro, muy dependiente y propenso a enfermarse.

J describe a su madre como "una mujer guapa, usaba minifaldas, era medio histérica, era sobreprotectora y siempre decía no hagas esto porque te puede pasar algo, siempre una catástrofe, pero no era afectuosa sino asfixiante, yo era su paño de lágrimas con respecto a sus problemas con mi papá…"

J se hizo el complemento narcisista de la madre. Sus necesidades y deseos no contaban y se creó una gran dependencia con ella de manera que el solo hecho de pensar en separarse generaba una gran angustia. En la adolescencia se vuelve adicto como una forma de recuperar esa fusión con la madre al no tolerar la angustia de separación y no poder manejar los conflictos que le generan el despertar de las pulsiones sexuales incestuosas y agresivas. Ésta era la forma de descargar y de evitar ideas inaceptables y afectos dolorosos.

En el curso del proceso, J se da cuenta de la dependencia psicológica que tiene con la madre y es capaz de descubrir la profunda relación adictiva que tiene con todos sus objetos y con sustancias o con la comida lo que necesita para sobrevivir. En este contexto de relación narcisista se da un desbalance económico causado por la pérdida de tal objeto.

En la vida adulta, J se angustiaba por temor a convertirse en el instrumento de la voluntad de otro, así como lo fue con su madre sobreprotectora y controladora de la infancia. Tenía un gran temor de ser "colonizado" por personas como su madre, me convertía en la transferencia en alguien que le podría "lavar el cerebro" y así adueñarme de sus ideas y de él. Estas personas protegen sus límites y fronteras con fervor. Pero, por el otro lado, buscaba la fusión y su fantasía era estar en la "comodidad de la panza materna y no tener que lidiar con la vida".

Meltzer en 1975 (citado por Mc Dougall, 1980) menciona que en lugar de una identificación con una madre interna suficientemente buena se puede dar una "identificación adhesiva" a una figura externa, o a una substancia en caso de las adicciones, o a la comida, en caso de los trastornos alimentarios. Se trata de un temor, pero también un deseo de ser engullido o tragado por la madre.

Las imagos de una madre que lo prevenía del peligro de alejarse de ella a expensas de ser destruido, pero al mismo tiempo, el temor a perderse y convertirse en ella, lo paralizaba para poder acceder a una relación íntima con una mujer. En ocasiones tuvo relaciones homosexuales como una forma de huir del atrapamiento de esta imagen de madre voraz.

Bernstein y Warnes (Dahl, 1989) describen a la "madre bruja" que tiene que ver con una imago materna arcaica y omnipotente. Señalan: "La sombra de la madre preedípica cae constantemente sobre el mundo representacional durante el período edípico" (p. 54).

Es el caso de algunas pacientes que nos hablan sobre la dificultad y tenacidad que ha representado la dependencia con sus madres y la dificultad para renunciar a ella generando en la vida adulta problemas para vincularse con un hombre, y nos enfrenta, en los análisis, con la insistencia sobre lo diádico opuesto a situaciones triádicas.

Desde este punto de vista nos enfrentamos con dificultades en la etapa de separación individuación. Se trata de mujeres que describen una relación insatisfactoria con su madre actual, donde la madre es percibida como una figura hostil y destructiva de los intereses de la hija y que no coinciden con los intereses de la madre. Las hijas, ya adultas, se encuentran para su sorpresa aún buscando el amor y la aprobación de la madre y son infelices por su fracaso para capturar la atención de la misma. En la transferencia se percibe al/a la analista como hostil y destructivo/a, lo que funciona como una resistencia, aunque por el otro lado se establece una relación de dependencia donde está el anhelo de "cura" vía la relación con el/ la analista.

En estas pacientes hay un anhelo por la cercanía con el cuerpo de la madre, lo que la hija vive como el riesgo de fundirse para acrecentar el placer de aquella. En la madre se proyectan los aspectos hostiles, celosos y posesivos y se experimenta a la misma como malignamente destructiva de los esfuerzos de la hija para obtener placer genital de otras fuentes. Estas mujeres oscilan entre el deseo de ser el objeto erótico de la madre y el temor que la madre las destruya; si tiene un objeto alternativo, le acosa la imagen de una madre envidiosa y hostil. Diríamos que estas pacientes no aceptan y posponen la realidad edípica y se les dificulta relacionarse con una pareja.

A es una mujer de 30 años que ha tenido relaciones frustradas con dos hombres en diferentes momentos de su vida. Uno fue su esposo, alcohólico, con el que vivió dos años, al cabo de los cuales se divorció por celos y posesividad, sobre todo en momentos en el que estaba alcoholizado. Posteriormente conoce a S, de quien se enamora y con quien se involucra en una relación tormentosa donde predominan las dudas, los celos y la desconfianza, ahora por parte de ella. Su discurso se refería a imágenes de hombres que la explotaban, que la engañaban. Estas imágenes eran un desplazamiento de la imagen del poder destructivo de la madre. A se relacionaba con hombres a imagen y semejanza de su madre.

A es la menor de 4 hermanos. Durante su infancia, la madre alcohólica trabajaba y ella la recuerda como distante y poco afectuosa. El padre era una figura ausente aunque idealizada. La madre era descrita como una mujer narcisista, preocupada por sus necesidades, envidiosa de las hijas mujeres, sobre todo de ella, quien llegó a ser la más exitosa de los hermanos.

A rompe con su segunda pareja en circunstancias que le generan gran temor por la separación que culmina en un intento suicida, hace un duelo patológico y elabora la pérdida. Vemos en este caso una gran problemática para salir de la situación diádica, se relaciona con una amiga que es homosexual a la que considera "un ángel" -desplazamiento de nuevo de la figura materna anhelada, contraria a la imago de la madre bruja- y así evita relacionarse eróticamente con los hombres, los cuales la buscan como la amiga que comparte el juego y la parranda. A rechaza su identidad femenina y continuamente se refiere a la madre como una figura que la denigra, la agrede y con la que no se identifica pero cuya cercanía anhela.

Chasseguet-Smirgel (1986) habla de la fantasía que alberga la hija, la cual proyecta en la madre los aspectos celosos, posesivos y hostiles hacia ella, creando la imagen de la madre bruja que la fascina pero también la aprisiona. La madre, así, es vivida como malignamente destructiva de los esfuerzos de la hija de obtener placer del hombre, como si la hija fuera el objeto erótico de la madre y el hombre, su rival.

Joyce McDougall (1980) describe la imago de la madre idealizada del perverso. Se trata de una particular organización edípica. Las imagos parentales corresponden a una madre idealizada y a un padre que juega un rol curiosamente negativo en el mundo interno objetal.

La madre establece un vínculo de complicidad y seducción con el hijo y el padre representa un modelo no apto con el cual identificarse por la devaluación de que es objeto. Meltzer en 1975 (Citado por Mc. Dougall, 1980) habla de que se da una escisión falsa en donde la madre es un ideal fálico inalcanzable y el padre es un objeto negado o denigrado.

En la contraparte inconsciente, sin embargo, la madre es vivida como mortalmente peligrosa para el hijo; el odio y el peligro ligado a su imagen son desviados hacia otros objetos. Atrás de la imagen denigrada del padre, igualmente escindida, hay un padre idealizado.

En estos pacientes hay una búsqueda por el padre, por algo que se interponga entre el niño y la madre omnipotente.

Tal era el caso de J, el paciente que mencioné al inicio de este trabajo, que somatizaba cuando se encontraba ansioso por la cercanía con alguna mujer, o bien recurría a la descarga sexual a través de relaciones homosexuales. Los afectos y los pensamientos encontraban una salida a través del cuerpo sin mediación de una simbolización en una descarga somática. O bien, recurría a la búsqueda del pene idealizado en otro hombre y proyectaba los aspectos destructivos y peligrosos en el sexo opuesto, en este caso la madre o su representante.

Por otro lado, con respecto a la niña, ¿qué papel juega la madre y las imagos que aquella internaliza para desarrollar un sentido de orgullo en su cuerpo, confianza y una investidura narcisista en su feminidad?

Para algunos autores como Tysson (citado por Bleichmar, 1998), el obstáculo está relacionado con la resolución de la ambivalencia con la madre. Enfatiza que para que una hija pueda obtener un sentido valioso de su feminidad donde se dé un orgullo por su cuerpo y capacidad que derive en placer hacia la sexualidad, ha de resolver el conflicto que implica, por un lado, identificarse con un objeto materno valioso y retener un vínculo con ella y, por el otro, diferenciarse y separarse.

Kulish (2000) señala que la capacidad de la madre para ser representada como sujeto libidinal que aprecie y participe en la estima del cuerpo de la hija, tiene un papel central en conferirle el privilegio de la pasión a la misma.

C es una mujer de 40 años cuya relación con la madre en etapas tempranas la hizo sentirse no querida, no merecedora y no amada, sobre todo en relación con su hermana menor. Su enojo fue derivando en conflictos importantes en etapas posteriores de su desarrollo en relación a su identificación con la figura femenina y asumiendo identificaciones con la figura paterna. En la actualidad vive con su pareja desde hace tres años, un hombre pasivo, muy apegado a su familia de origen y dependiente de C, quien asume el rol de proveedora de su casa en forma predominante, además de ejercer el control y la lucha del poder con su pareja.

La imagen de su madre era presentada como la de una mujer rígida, pasiva que le ofreció un pobre sostén emocional y con la que tenía un vínculo caracterizado por pobre contacto físico, ya que le disgustaba tocar a los hijos y ser tocada. Señalaba que siempre buscó la manera de no parecerse a su madre.

En la vida adulta, C evitaba el contacto sexual y se refugiaba en el trabajo. Acceder a una vida sexual satisfactoria la hacía sentirse vulnerable y frágil, por lo que evitaba la pasión y la intimidad.

La ausencia de una representación materna generadora de libido es un factor poderoso en la inhibición del placer sexual femenino y de la posesión del deseo.

En el trabajo analítico es necesario la elaboración de la internalización del rechazo materno al cuerpo de la hija y a la expresión de su sexualidad a través de la transferencia.

Ha sido mi objetivo en este trabajo mostrar cómo se manifiestan, en la clínica, diferentes configuraciones de imagos maternas que nos hacen entender cómo han sido los vínculos y experiencias con la madre, mediadores en el establecimiento de situaciones donde es clara una intolerancia a lo femenino, por lo que ha sido necesario que a través de la elaboración de los aspectos ambivalentes con la madre en la transferencia, se vayan resolviendo los afectos dolorosos, el odio y el resentimiento, a fin de que se vayan internalizando aspectos de un objeto maternal capaz de dar cabida al desarrollo de un sentido de orgullo del cuerpo y de obtención de mayor satisfacción y placer, en el caso de la mujer. En el caso del hombre, se trata de ir resolviendo en la transferencia el temor a la madre fusional y castradora, de manera que se permita la cercanía con figuras no incestuosas y, en ambos casos, ir favoreciendo la transformación de estas imagos maternas arcaicas, fusionales, agresivas y afectivamente distantes, en las de una madre "suficientemente buena", a la manera de Winnicott (1992), que permita al paciente entrar en contacto con la realidad y en el camino a su subjetividad.

Referencias Bibliográficas

Chasseguet Smirguel, J. (1986). *Female sexuality. New Psychoanalytic Views.* London: Karnack.

Dahl, E.K. (1989). Daughters and Mothers – Oedipal Aspects of the Witch-Mother. En *Psychoanalytic Study of the Child.* 44:267-280.

Mc Dougall, J. (1980). A Child is being Eaten-I: Psychosomatic States, Anxiety Neurosis and Hysteria- a Theoretical Approach II: The Abysmal Mother and the Cork Child – A Clinical Illustration. En: *Contemp. Psychoanal.* 16: 417-459.

Kulish, N. (2000). Primary femininity: Clinical advances and theoretical ambiguities. *J. Amer. Psychoanal. Assn.* 48: 1355-1379.

Meltzer, D. (1975). Adhesive Identification. *Contempt. Psychoanal.* 11:289-310.

Tysson, P. (1994). Citado en Bleichmar, E.D. (1998). *La Sexualidad Femenina De la Niña a la Mujer.* Buenos Aires: Paidós.

Winnicott, D.W. (1992). *Realidad y Juego.* España: Gedisa.

Elena: la carga emocional del maltrato familiar a las mujeres a través de tres generaciones

María Rosa Díaz de Soullard

En las familias donde hay maltrato y, en particular abuso sexual, existe una problemática compleja (Ciba Foundation, 1986) donde los miembros de dicha familia se encuentran comprometidos de una u otra forma. En esta presentación me propongo ejemplificar, a través de un caso clínico, como las relaciones intersubjetivas de ese tipo de familias pueden convertirse en relaciones intrasubjetivas. A lo largo del análisis de tres generaciones de maltrato intrafamiliar, muestro la complejidad de los mecanismos inconscientes que llevan a este grupo a buscar un seudoequilibrio basado en el secreto y apoyado por las severas patologías de los diferentes miembros.

Con frecuencia acuden a nuestros consultorios padres que no consideran que los problemas de sus hijos adolescentes provengan de conflictos emocionales. Tal era el caso de Elena, paciente de 16 años, proveniente de una familia que manifestaba características psicóticas y perversas. Llega conmigo derivada por el pediatra, a quien le preocupa que la chica haya sufrido 8 fracturas en el lapso de cuatro años. Brazo, pie, manos o dedos. A los padres les parecía que era necesario que yo escribiera una carta a la escuela solicitando su exención de las actividades deportivas. Ellos consideraban que de ese modo, Elena estaría en menor riesgo de fracturarse. Sin embargo, a lo largo de la entrevista aparecieron datos significativos de la conflictiva emocional de la paciente a la que los padres notaban triste y ansiosa.

La hija por la que consultan es la mayor de los cuatro hijos. Tiene dos hermanos gemelos 3 años menores que ella, sanos, a diferencia de una hermana, cinco años menor, quien presenta daño neurológico.

El padre proviene de uno de los países más católicos de Europa. Debido a las carencias económicas generadas por la segunda guerra mundial, no pudo realizar una carrera universitaria. Es, sin embargo, por su propio autodidactismo, una persona culta e informada. Es un empresario que ha logrado una muy buena posición económica.

La madre, proveniente de la nobleza, es depresiva, y se medica hace ya bastante tiempo. Preocupada por su aspecto, las cirugías estéticas, la vida social, la elegancia, el arreglo personal y el qué dirán, ocupan gran parte de su interés. Durante su juventud y antes de su matrimonio tuvo un desempeño exitoso en el ámbito laboral, específicamente en el mundo del arte.

Los padres asignaron a la paciente, desde pequeña, una serie de responsabilidades que no correspondían a una hija de esa edad, con lo que generaron en ella una maduración prematura. Destacan diferencias importantes entre las prerrogativas de las que gozan los hermanos varones -favoritos de la madre- y el universo limitado y restrictivo de las hijas. Más precaria aún es la situación de la hermana menor, pues ocupa el lugar de la tonta y la incapaz en la mente de los padres y de toda la familia. Únicamente Elena reconoce la inteligencia y sensibilidad que posee a pesar del daño neurológico que padece dicha hermana.

Cuando Elena llega a mi consultorio, me encuentro a una jovencita agradable y simpática. Contrasta su cuerpo inmóvil y frágil con la fluidez de lenguaje y la capacidad de poner en palabras sus estados afectivos. Está dotada de una gran riqueza y creatividad verbal que le permite escribir poesía desde pequeña. Advierto también en ella una capacidad de *insight* y su brillante inteligencia. No es casual su exitoso desempeño escolar.

A pesar de todo ello, su autoestima es muy baja. Igualmente, es incapaz de decir un *no* a las constantes demandas de los padres, del mismo modo que se somete a las de sus amigos y compañeros de escuela. Así por ejemplo, en su casa, era la responsable de supervisar las tareas de los hermanos. En la escuela hacía trabajos que correspondían a sus condiscípulos. Sabía bien que abusaban de ella y no obstante el enojo que sentía, su reacción era de disculpar e idealizar a los agresores externos. Asumía una posición masoquista y apoyándose en la formación reactiva, trabajaba para los demás hasta quedar agotada. Cito: "Prefiero eso a sentirme profunda e insoportablemente culpable".

Como vemos, Elena funcionaba como madre de sus hermanos, compañeros y de sus propios padres; estaba imposibilitada para relacionarse en condiciones de igualdad con los demás. Su capacidad intelectual y escolar servía de sostén narcisista. Sin embargo, este era insuficiente para lograr la estabilidad emocional, pues en varios aspectos relevantes de su vida, experimentaba mucha culpa ante su propia agresividad, cargada de rencor, irritación y odio, a la que procuraba reprimir. La predisposición a los accidentes es también un medio de castigo a través de su cuerpo. De esta manera se generaba una separación con sus objetos significativos, por ejemplo en la relación con su madre. Al inicio, Elena se encontraba escindida: por momentos funcionaba en un nivel edípico, y en otros aparecían manifestaciones pre edípicas.

Sigmund Freud, en *Inhibición, síntoma y angustia* (1926), dice: *"Le passage de la douleur du corps à la douleur de l'âme correspond au changement de l'investissement narcissique en investissement d'objet."* (p. 101). (El paso del dolor del cuerpo al dolor del alma corresponde al cambio de investidura narcisista en investidura objetal). Siguiendo a Freud, diríamos que el sufrimiento nace de la falta de ligazón o bien del desligamiento de los afectos. Por lo tanto, una de las metas del tratamiento de Elena fue ir recreando las capacidades de ligazón intrapsíquicas, así como con los objetos externos. Poco a poco fue emergiendo del repliegue narcisista, concentrado en el sufrimiento y los síntomas, para lograr las investiduras de objeto a partir de la reconstrucción de las imágenes parentales.

El trabajo analítico fue develando tanto los motivos internos como externos que sobrepasaban la capacidad de las defensas habituales de Elena, al grado de encontrarse obligada a somatizar, dañando seriamente su cuerpo. Fueron apareciendo entonces los secretos de la familia materna, sobre los cuales estaba fundado el equilibrio de la misma, destacando el maltrato a las mujeres a través de tres generaciones: la de la abuela, la de la madre y la de Elena y su hermana.

Al comenzar el tratamiento, Elena había presentado a su abuela como la madre ideal que satisface todas las necesidades biológicas y afectivas, en una fusión idílica y negación de la falta, mientras que la madre verdadera parecía simplemente ausente.

A partir del embarazo de alto riesgo de los hermanos gemelos, la abuela materna se ocupó de Elena en su totalidad y le prometió que no iba a morir, que siempre estaría unida a su nieta. La realidad, traumática para Elena, fue que su abuela murió cuando ella tenía 6 años. Lo anterior provocó el surgimiento de síntomas, fundamentalmente insomnio y alteraciones en la alimentación. Podemos imaginar, por una parte, una importante desinvestidura de la madre para con su hija y, por la otra, la unión fusional entre abuela y nieta, dificultando así el establecimiento de la vivencia de una identidad separada.

Conforme disminuyó la represión de los afectos negativos se fueron desdibujando las imágenes tanto de la madre, como de la abuela, para dar lugar a otras más reales y dejando ver paulatinamente el maltrato en la filiación materna. Paulatinamente aparece el rencor hacia la abuela, debido al maltrato que esta última infringía tanto a la madre como a Elena. Cito: "Mi abuela descalificaba continuamente a mi mamá, yo trataba de defender a mi mamá, porque era mi mamá, pero entonces mi abuela se vengaba de mí y me hacía chantajes terribles. En realidad era una mujer muy enferma que se dejó morir, era flaquita, flaquita. Al final, antes de morir, pesaba un poquito más de 30 kilos". Más avanzado el tratamiento comparte otro secreto. Cito: "Cuando estuve en el hospital con intolerancia a la lactosa, ella prometió a Dios y a la Virgen dar su vida si yo me salvaba, ella se dejó morir porque no comía y me endilgó ese paquete, supuestamente le debo la vida".

Elena presenta a la madre como tonta, infantil, frívola, incapaz de asumir responsabilidades y que únicamente chantajea. Describe la relación padre-madre así: "Mi papá y yo siempre vamos platicando de cosas que nos interesan a los dos y mi mamá se queda siempre atrás sola. Ella parece la hija".

El padre, al igual que la abuela materna, es idealizado para posteriormente confesar que, aunque cercano y cálido con Elena, se autolimita en el acercamiento físico con sus hijos; la máxima expresión de ternura hacia Elena era darle una rápida *cachetadita* como signo de cariño. Es un hombre con accesos de cólera, obsesivo y muy exigente con su esposa e hijos. Cito: "Siempre llegaba enojado del trabajo y sembraba el pánico. Nunca golpeó a nadie, pero golpeaba con palabras". Los cuatro niños se escondían cuando esto sucedía. La madre mandaba a Elena a calmar al padre, ya que se le asignó este rol desde pequeña. Cito a Elena: "Me daba pavor, pero aprendí a negociar, te aseguro que hoy en día podría dedicarme a la negociación para liberar rehenes". Los accesos de cólera del padre denotan su falta de autoridad en la familia: grita, regaña, impone reglas rígidas, las cuales él mismo rompe. Respecto a los gemelos tiene una relación escindida: los amenaza con castigos por su bajo rendimiento escolar y mala conducta, sin embargo no cumple dichos castigos y sí les da todo lo que le piden, con frecuencia objetos caros, convirtiéndolos en verdaderos *juniors* con conductas abiertamente psicopáticas.

Después de un largo tiempo de expresar un gran odio hacia su madre y de que la imagen de la abuela fuera desapareciendo, inició el acercamiento con ella y empezó a hablar de lo no dicho en la familia: que su madre había sido muy brillante en su trabajo antes de casarse, que debería volver a trabajar para salir de la depresión, para depender menos del padre y comprometerse más en el desarrollo de su capacidad artística. Hizo saber que la madre tenía una actividad artística importante. Asimismo, durante este acercamiento, la madre confesó a Elena algo que solamente la abuela y su esposo sabían: que había sufrido abuso sexual en la infancia durante varios años, por parte del marido de una tía. La madre había confesado el hecho a su propia madre, es decir, a la abuela de Elena, pero ésta no le creyó y por ende no la protegió. A partir de ese momento Elena logró ir comprendiendo por una parte que esa madre chantajista, manipuladora e infantil era en realidad, una mujer depresiva y muy frágil, pero por otra, dicha confesión complicó la sexualidad de por sí poco estructurada de Elena.

El tío abusador, muerto algunos años antes, había sido muy querido por todos. Elena no podía imaginar como su padre y su madre habían mantenido una buena relación con esa persona. Así, la estructura perverso-psicótica familiar, oculta tras el secreto del abuso sexual, empezó a desmantelarse, no sin desorientar y perturbar tanto a la paciente como a los padres. El incesto provocó una inversión de roles, tornando incoherentes los intercambios entre las diferentes generaciones.

Elena funcionaba como madre de todos, por lo que le resultaba difícil encontrar su espacio de hija. En cuanto a la difunta abuela, surge la hipótesis de que ella fue a su vez maltratada y probablemente abusada sexualmente, lo que influyó en la dificultad de *maternar* a su hija, maltratándola y dejándola sin protección ante el incesto, además de *raptar* a su nieta, fusionándose con ella como último recurso antes de dejarse morir. En síntesis, el tío abusa de la sobrina durante años, el padre toma un rol pasivo ante el incesto y junto con su esposa se relaciona con el tío abusador como si nada hubiera pasado. La madre siempre deprimida y en búsqueda de una madre que la protegiera, repite a su vez el maltrato a sus hijas.

Al terminar la preparatoria surgió el caos familiar. Elena inició su primera relación de noviazgo y también quería estudiar una carrera humanista. Los padres, constantemente en conflicto, en esta ocasión se unieron en contra de esta decisión, negándose a pagar sus estudios. Elena se inscribió en la universidad pública y a partir de entonces la oposición de los padres se intensificó, reduciendo las sesiones del tratamiento conmigo a una vez por semana. Este fue uno de los momentos más depresivos y con ideas suicidas en Elena. Uno de los *actings* de la madre fue un intento de suicidio, tomando una caja de antidepresivos, porque Elena no aceptó romper con su novio.

El padre dejó de dirigirle la palabra y únicamente le hablaba para negarle cualquier clase de peticiones. Cito: "Al entrar a la Universidad salí de mi burbuja... salí al verdadero mundo, además mi relación con "S"-el novio con quien inició su vida sexual-es tan buena..."

"Al perder a mi padre -se refiere al alejamiento de éste, así como al rechazo a sus estudios y noviazgo- busqué padres sustitutos en la literatura. Así fue como me fasciné con Nietzsche y otros autores y me volví atea..." Más que una ideología o postura filosófica, ser atea en Elena parecía más una defensa para poner distancia. Pero más importante aún es que el intelecto ha sido la fortaleza fundamental por siempre en Elena y el punto de unión edípica con el padre.

La representación más clara de la conflictiva psíquica de Elena, así como del maltrato generacional, se resume en una pesadilla de la paciente al año de tratamiento:

"Soñé que estaba en un lugar abierto, una especie de prado con algunos árboles, pero venía corriendo porque detrás de mí había una nube, como la de la *Historia Sin Fin*, que se tragaba todo, era la nada. Yo huía de la nube y en mi camino me topaba con dos viejitos que estaban sentados en una banca de madera al borde del camino. Les decía que corrieran, que se los iba a tragar la nube, y ellos se reían de mí y me decían que no me preocupara, que nada iba a pasar, que el mundo estaba seguro porque la Virgen nunca iba a dejar de cuidar al niño. Yo me tranquilizaba, porque me parecía que esa afirmación era muy lógica, la imagen cambiaba del escenario en donde estaba en uno completamente oscuro, en el que sólo había una cuna, que tenía una especie de velo, aparecía entonces una Virgen, y se la quedaba viendo. Al principio, la escena me causaba bienestar porque pensaba que era la prueba de que la Virgen estaba cuidando al niño, y el mundo estaba seguro. Pero luego, la Virgen levantaba su brazo para clavarle un cuchillo al niño. Ahí me desperté".

A lo largo del análisis y a través de la elaboración secundaria del sueño fueron surgiendo algunos agregados en cuanto a la Virgen y al niño. Cito: "Un niño Jesús de madera pintada... una Virgen de madera... se le quedaba viendo toda tiesa... la Virgen despegaba su brazo rígido de su cuerpo para clavarle, en la frente, un cuchillo al niño de madera..."

En primer término aparece la gran madre universal mortífera representada por la nube. Esta sería la representación más arcaica posible de la lucha contra el deseo de fusión con esa madre universal. Después surge la contraparte de la madre mortífera, se trata de la máxima representación, en países católicos, de la madre idealizada: la Virgen. Pero, la Virgen se transforma entonces en una madre filicida. Aparece pues la fusión de ambas madres. Al parecer, Elena utiliza ciertos modos de funcionamiento mental adquiridos en los primeros meses de la vida. Siguiendo a Joyce Mc. Dougall (1989), dicho tipo de funcionamiento se origina en una sexualidad primitiva sádica y fusional, como defensa contra vivencias mortíferas; se trata de preservar ya no el sexo o la sexualidad del sujeto, sino su vida, su cuerpo entero. Estas defensas tienen su origen en los vínculos somatopsíquicos preverbales, cuando la diferenciación entre el sujeto y el objeto aún no es estable y crea una angustia que precede a las representaciones de palabra.

Podemos suponer, por lo tanto, que las imágenes de una madre buena y una mala quedan fusionadas, al no haber podido vivir, de manera normal, la escisión que se hace en la infancia, del objeto mortífero y del objeto de vida. Entonces, el síntoma toma el rol de un objeto transicional (Winnicott, 1971) que debería liberarla de la dependencia de la madre. En este sentido, es el tratamiento analítico el que hace las funciones de ese espacio transicional que le va a permitir a Elena pasar de una situación terriblemente regresiva, conflictiva, dolorosa y con peligro de suicidio, a una situación neurótica donde existe la posibilidad de adueñarse psíquicamente de su mente, de su imagen corporal, de sus sentimientos y de su sexualidad.

Elena se vio obligada a madurar prematuramente, alcanzando la *autonomía* demasiado pronto. Siguiendo a Ogden (1986), diremos que en esos casos la imagen mental de la madre, en esta ocasión la abuela, se carga de cualidades omnipotentes e ideas inaccesibles y se acompaña de sentimientos de inadecuación. Cito: "Me siento, gorda, fea e inadecuada".

Por otra parte, la imagen de la Virgen representa la desmentida de la escena primaria y del goce erótico de la madre. Lo anterior ocurre porque las figuras parentales de Elena no permiten la construcción de lo femenino en ella. El padre no es reconocido en su autoridad, ni tampoco deseado como hombre por la madre. Este, a su vez, no muestra deseo por la madre. Así pues, nos encontramos frente a una organización psíquica mínima, que no permite que Elena fantasee con un padre edípico, que pudiera complementar libidinal y narcisísticamente a la madre. Esta carencia impide neutralizar los aspectos persecutorios derivados de la madre mala, pues falta en la paciente constituir una identidad separada de la madre-abuela. En el padre parecería que el fantasma del incesto vivido por su esposa lo aleja corporal y psíquicamente de su hija, desplazando su relación edípica con ella al terreno intelectual.

Elena no había logrado tener una representación mental de una madre con *rêverie*: contenedora que reconforta, consuela y se convierte en el aparato de pensar de su hija (Bion, 1962). Tampoco pudo establecer una organización edípica suficientemente sólida. Contrariamente, la locura parental la ha rodeado de muerte y filicidio.

Ambos padres hicieron todo para regresar al equilibrio perverso-psicótico anterior de la familia, para lo cual era necesario no dejar ser a Elena. La representación onírica de esta posición o locura parental es la de la Virgen clavando el cuchillo en la frente-mente del niño Jesús. Destruir el pensamiento, la identidad y por ende la sexualidad de Elena. La bebé Elena quien, como todo bebé debería ser, en términos de Freud, "su majestad el bebé", es sacrificada, como Jesús, en beneficio de los otros, del pseudo equilibrio perverso-psicótico, dando lo más íntimo de sí: su vida psíquica, su estatus de sujeto y la construcción de un falso *self* para sobrevivir.

Este primer periodo de análisis de 5 años terminó con el hecho de que Elena consiguió una beca y partió al extranjero donde ha hecho estudios de alto nivel. Cuatro años después regresa a tratamiento. Cito: "María Rosa, vengo a que trabajemos algo que tu habías intentado explorar y que yo no quise abordar; es lo relacionado a mi sexualidad, al erotismo, mis relaciones más platónicas que reales con los hombres..." Así fue como iniciamos un segundo periodo de tratamiento.

Podemos concluir que la problemática emocional en este tipo de familias maltratadoras se manifiesta en el momento en que las mujeres de cada generación dan a luz a sus propias hijas y se hace evidente la carencia de una madre interna. La presencia de la bebé resulta más inquietante que aseguradora y pone en peligro la integridad narcisista de la madre y dificulta la asunción de una nueva identidad narcisista como mujer y como madre (Aubert, 2003) lo que favorecerá la aparición de patologías severas tales como psicosis, perversión y falso *self*, entre otras.

Referencias Bibliográficas

Aubert Godard, A. (2003). *Seminario Narcisismo Primario y Traumatismo*. Seminario dictado en la Asociación Mexicana para el Estudio del Retardo Mental y la Psicosis Infantil (AMERPI). Grupo Teseo en México D.F.
Bion, W. (1962). *Aprender de la experiencia*. Buenos Aires: Hormé.

Ciba Foundation. (1986). *Child Sexual Abuse within the Family*. London: Tavistock Publications.

Freud, S. (1926*). "Angoisse, douleur et deuil".* In *Inhibition, symptôme et angoisse*. Paris: PUF, 1973, p. 101.

Mc. Dougall, J. (1989). *Teatros del Cuerpo*. Madrid: Yébenes.

Ogden. (1986) *The Matrix of the Mind: aspects of object relations theory.* New York: Jason Aronson.

Winnicott, D. W. (1971). *Realidad y juego*. Barcelona: Gedisa.

Lo femenino en la anorexia

Catalina Harrsch Bolado

El presente trabajo aborda la temática sobre las comunicaciones inconscientes adversas a lo femenino en la primera infancia, su derivación en la psicopatología de la anorexia, así como de la transmisión transgeneracional del rechazo a la feminidad en el devenir de la relación abuela-madre-hija.

En la viñeta clínica de Sofía se puede apreciar cómo la intolerancia a lo femenino a través de la transmisión transgeneracional entre mujeres se manifiesta en un trastorno de alimentación -la anorexia-.

Sofía es una chica alta, delgada, de facciones finas y de trato muy agradable. Siendo una adolescente de 17 años acude a consulta al presentar síntomas de delgadez corporal por restricción en la alimentación, así como una imagen distorsionada de su cuerpo. En las primeras sesiones relata que siente rechazo por su cuerpo tan gordo, especialmente alrededor de la cintura, "una lonja", como si trajera una "llanta inflada". Con una cinta métrica midió el tamaño de la imagen que tenía de su cuerpo, lo que mostró una distorsión significativa de esa zona de su esquema corporal.

Ha ido restringiendo su alimentación a reducidas porciones de ensalada y ejotes, para adelgazar, ya que le angustia y deprime sentir esa gordura en su panza. La sintomatología aflora en una escisión entre su esquema corporal y su imagen inconsciente del cuerpo. Dice: "la anorexia me partió en dos y tomó el control de mi vida. Son dos Sofías en constante lucha". La sombra de la enfermedad, la defensa para sustituir la falta de control interno de sus emociones.

Es la segunda hija de un matrimonio formado por padres profesionistas. El padre, economista y la madre, nutrióloga. La primera hija que concibieron nació con serios problemas de bajo peso, diagnosticada como desnutrida in útero, y aun cuando después se recuperó, al nacer Sofía, cuatro años después, su madre estuvo sumamente angustiada desde el embarazo porque se fueran a repetir los problemas de salud de la primera hija. Puso un esmero especial en su alimentación y como relata Sofía, fue una niña "chobi", esto es, una niña regordeta, "llenita".

Posteriormente, los padres se volvieron a embarazar, sin embargo la bebé no se logró, fue un aborto. Sofía tenía dos años y dice no recordarlo. El tercer hijo fue varón, quien por cierto goza de buena salud. Después hubo cinco embarazos más que terminaron en abortos. Todos ellos fueron espontáneos, sin embargo, como señala Dolto (2000) a propósito del aborto, las pulsiones de muerte del inconsciente se desencadenan.

Sofía recuerda estos eventos con una sensación de muerte, tristeza, rechazo y abandono, dado que sentía que "a cada rato" su mamá estaba panzona y terminaba en el hospital. La terapeuta le interpretó la relación de estos eventos con el rechazo a su cuerpo de mujer y en especial a la zona de la cintura, su intolerancia a lo femenino, -representación arcaica de su "panza gorda"-, lo que podía estar asociado con los embarazos fallidos de su madre y por ende con la sexualidad. Dice: "en la panza siento la angustia, la ira, la culpa, el coraje, la desesperación, la intolerancia, el abuso, la responsabilidad y el arrepentimiento. Con lo que más relaciono mi trastorno no es tanto con la sexualidad sino con el embarazo y el miedo que le tengo por tantas pérdidas, abortos que ha tenido mi mamá. GOR DURA=PANZA=EMBARAZO=MUERTE=SUFRIMIENTO es lo que asocio en automático". Sofía tenía 17 años cuando su mamá tuvo el último aborto. Fue entonces cuando solicitó ayuda psicoterapéutica, misma que se conjuntó con un trabajo interdisciplinario de supervisión médica y de nutrición.

Cuando se comenzaba a trabajar en el análisis más allá de la comida y de su imagen distorsionada del cuerpo, se agudizó la restricción en su alimentación. Su madre, como nutrióloga, estaba muy al pendiente de lo que comía Sofía, por lo que decidieron internarla en una clínica especializada para el tratamiento de la anorexia. Durante tres meses no se tuvo contacto con la paciente, si bien se sostuvieron entrevistas con los padres y hermanos.

A su regreso a la psicoterapia, Sofía le confirmaba a su terapeuta que mucho de lo que había vivido durante su estancia en la clínica, ya lo había analizado en su terapia, por lo que quería continuar con su tratamiento. Al paso del tiempo, en las sesiones, aparecieron temas sobre el rechazo que su madre sentía hacia su propia madre, la abuela de Sofía. Odiaba su gordura y su manera de comer, por ejemplo, que compulsivamente se atascaba de cacahuates, aún después de haber comido. Esto se reflejaba en la supervisión ansiosa que ejercía la madre de Sofía sobre su alimentación. Si bien fue descubriendo que su madre cuidaba secretamente de su propia forma de comer, como tratando de ocultar a Sofía que ella, su madre, también padecía de un trastorno de la alimentación, al igual que su abuela.

Otro descubrimiento importante que hizo Sofía, fue que todas las mujeres de su familia materna se preocupaban mucho por su cuerpo, por estar delgadas y en buena forma, incluso por hacerse cirugías plásticas, lo cual le generaba mucha angustia, ya que en especial se comparaba constantemente con la delgadez de su madre y de su hermana, que aunque comían lo que deseaban no engordaban. Una herida a su narcisismo corporal (Harrsch y Martínez, 2009).

Actualmente, Sofía de 24 años, continúa en tratamiento. Por un lado, porque recurrentemente volvían a manifestarse algunos de los síntomas de la anorexia, aunque hoy por hoy ya casi han desaparecido. Y por otro lado, el análisis se ha enfocado finalmente a integrar su feminidad y su sexualidad. Siguiendo a Dolto (2000), la libido en femenino adopta la forma de pulsiones de atracción, que procuran seducir a quien se ama. Con anterioridad, Sofía había tenido algunos pretendientes de "tocata y fuga". En estos momentos ha logrado establecer una relación de pareja formal, negando al principio que "andaba" con él, luego lo aceptó como novio y experimentó el deseo sexual. Pero aún continúa con la sensación del no deseo de permanencia en la relación, motivo actual del análisis.

Para el análisis psicodinámico de la viñeta clínica, el marco teórico obliga ser complejo y diverso. En el primer eje teórico se propone diferenciar la feminidad de la sexualidad femenina y de lo femenino. Glocer (2001, p. 49) plantea que en los primeros momentos, en un "antes del acceso a la diferencia de los sexos –en el sentido del deseo y de la elección de objeto– *esas identificaciones imaginarias masculinas o femeninas, coexisten con un femenino primordial, arcaico, ligado a la figura de la madre todopoderosa y omnipotente. Lo femenino* primordial está relacionado con lo difícilmente representable, lo que está más allá del deseo. Tiene que ver con experiencias primarias, pre-especulares, de características cenestésicas, sensoriales, que marcan lo traumático, no representable, de estas primeras vivencias en la relación madre-hijo" -hija.

Es así que lo femenino, es considerado como lo arcaico para ambos sexos, que se relaciona con el orden del deseo, esto es la *–sexualidad femenina–* y con el campo de las identificaciones de género, esto es la *–feminidad–* configurando espacios heterogéneos y coexistentes.

Respecto al tema de la intolerancia a lo femenino, Reyes de Polanco (2004, p. 94) en un trabajo sobre la intolerancia a lo femenino aborda, como objeto de estudio, a la propia persona que ejerce la intolerancia, en este caso, a lo femenino desde una mujer. Define la intolerancia como la aversión, rechazo a aquello que pertenece a algún sistema e investiga aspectos intrapsíquicos de este proceso, que llegan a constituirse como un rasgo de carácter, susceptible de ser transmitido de una generación a otra. Así mismo, Reyes de Polanco, en su artículo (en vías de publicación) sobre este tema, señala que la intolerancia a lo femenino vendría a constituir un elemento de la identidad, gestado en la temprana infancia como un conflicto interno, que actúa en el transcurso del desarrollo.

Por mi parte, considero que la feminidad es un constructo que refiere a la identidad de género, al devenir ser mujer, que conforma en su cuerpo y en su psique, a través del desarrollo de niña a mujer, lo que piensa, siente y actúa. Dicha identidad es una más de las representaciones inconscientes de género, definidas por Lartigue (1998, p. 27) "como la expresión de las pulsiones sexual y tanática (de los deseos, fantasías inconscientes y afectos reprimidos) dirigidos a la mujer y al hombre; las innumerables imágenes de sí en relación con ambos géneros y de los géneros entre ellos, que han sido desfigurados por el trabajo del inconsciente a través de los mecanismos de condensación, desplazamiento, figurabilidad y elaboración secundaria que impelen al individuo a actuar de una u otra manera".

En un trabajo anterior, hago el siguiente planteamiento sobre la feminidad: "Mujer, que vives el devenir de tu identidad de género, con toda la carga pulsional que tu cuerpo y tu psiquismo te confiere. Mujer que deseas ser deseada por tu cuerpo, investido narcisísticamente por la madre, y de la madre al otro que ha de ser el referente de tu feminidad" (Harrsch, 2005, p. 181).

En el segundo eje teórico, se parte de los postulados que hace Dolto (1986) sobre la **distinción entre esquema corporal y la imagen inconsciente del cuerpo**. El esquema corporal no es la imagen del cuerpo. Dolto (1986, p. 21) sostiene que *"en principio, el esquema corporal es el mismo para todos los individuos... de la especie humana, la imagen del cuerpo, por el contrario, es propia de cada uno: está ligada al sujeto y a su historia.* Es específica de una libido en situación, de un tipo de relación libidinal. De ello resulta que el *esquema corporal es en parte inconsciente, pero también preconsciente y consciente, mientras que la imagen del cuerpo es eminentemente inconsciente... La imagen del cuerpo es la síntesis viva de nuestras experiencias emocionales:* interhumanas, repetitivamente vividas a través de las sensaciones erógenas electivas, arcaicas o actuales. Se la puede considerar como *la encarnación simbólica inconsciente del sujeto deseante...* el sujeto inconsciente deseante en relación con el cuerpo existe ya desde la concepción".

Es así que la presencia de la madre no modifica el esquema corporal de su hija; en cambio, sí modifica la imagen inconsciente del cuerpo, lo arcaico, lo femenino y por ende su representación proyectiva, una distorsión de la imagen del cuerpo que remite al narcisismo herido en la relación con su madre.

El tercer eje teórico alude a que la **ANOREXIA refiere a un pacto con la muerte.** Una problemática relacionada con el cuerpo, en la que la paciente cae en repeticiones mortíferas, sin voluntad propia, negándose a la ingesta de alimento, con lo que pone en peligro su vida. "Se manifiesta por un deseo de morir de hambre, de no crecer, de desaparecer y de negar su ser mujer" (Harrsch, 2011, p. 102).

En la patología de las imágenes del cuerpo después de la castración edípica y luego en el período de latencia, las adolescentes presentan, con frecuencia, desde el punto de vista clínico, problemas de anorexia. Como en el caso de Sofía que tenía 12 años, cuando empezó con síntomas, dice: "justo cuando me estiré". Señala Dolto (1986, p. 275) que es preciso comprender este síntoma en relación con la imagen del cuerpo. No se remite a la etapa del Edipo sino mucho antes, entre los tres y seis años.

La anorexia aparece en la etapa puberal, debido a que las pulsiones genitales de la niña retoman una organización económica semejante a la de las pulsiones orales: "sucede que, en el momento del destete, las pulsiones orales relativas al deseo del pecho, pueden haber sido reprimidas, sin que la simbolización en la relación de sujeto a sujeto, para el placer, entre la bebé niña y su madre, haya reemplazado y superado con mucho el interés táctil y gustativo del pecho para la boca de la bebé. El interés por la relación con la madre y el deseo sexual quedan, en estas niñas que se vuelven anoréxicas, totalmente reprimidos, sin mutarse en relaciones interhumanas con la madre y las mujeres" (Dolto, 1986, p. 277).

Estas jóvenes no soportan la idea inconsciente de embarazo. Su obsesión consciente es engordar. La sexualidad se asocia con el horror de ser gorda, de tener esa PANZA. Se trata de una perturbación en las relaciones reales e imaginarias entre la niña y su madre, entre la niña y la comida, entre la niña y su padre, entre su feminidad y su inexperiencia de los varones, entre la niña y su espejo. Engordar, palabra inconscientemente referida a la de embarazo, a la de estar panzona.

¡Escape de la sexualidad! Frente a la irrupción de la sexualidad busca eludirla, bloquea su deseo e incide en su funcionamiento al inhibir la producción de hormonas e interrumpir la menstruación. Así se empeña la anoréxica por mantener el cuerpo de niña, tratando de eliminar los rasgos y curvas del cuerpo femenino maduro.

El hecho de que los problemas de alimentación sean un problema contundentemente femenino, a partir de la pubertad y adolescencia principalmente, sugiere que están vinculados con la experiencia de ser mujer: con lo femenino, la feminidad y la sexualidad femenina.

Como señalan Castañón y Rocha (2005, p. 21) la mayor parte de la literatura psicoanalítica sobre anorexia enfatiza los conflictos acerca de la sexualidad, en especial las angustias hacia el embarazo. Como en el caso de la viñeta clínica que aquí se presenta.

El cuarto eje teórico se refiere a la **transmisión transgeneracional**. En un trabajo previo (Harrsch, 1988, p. 1), aludo a que en México hay un refrán que dice: "No hay mal que dure cien años, ni cuerpo que lo resista. Pero, si del psiquismo se trata, el refrán tendría que decir: Sí hay mal que dura cien años y psiques que lo reeditan".

Uno de los principales postulados de la teoría psicoanalítica es la existencia de una concordancia intergeneracional en los patrones de relación, en donde el vínculo temprano con la madre se internaliza y se activa posteriormente cuando se reedita y revive en otras relaciones significativas; como se aprecia en la relación de pareja y en el vínculo emocional que se establece con los hijos e hijas.

Lebovici (1993), al describir el concepto de la transmisión intergeneracional del vínculo, señala que el foco ha sido puesto sobre los conflictos infantiles de los padres, con su respectiva infancia de los abuelos, constituyéndose así lo que él designa como el Mandato Transgeneracional. Agrega el autor (1994), que la transmisión intergeneracional hace posible comprender los efectos de los conflictos de la infancia de los padres en el desarrollo de sus hijos. La transmisión intergeneracional también introduce a las generaciones de los abuelos dentro de la vida psíquica de los hijos, a través de los conflictos infantiles de los padres, ya sean preconscientes o reprimidos.

Kaës (1996), por su parte, considera que desde el pensamiento freudiano lo que se transmite es el afecto y el representante de la pulsión. La memoria del afecto y de la representación será una huella que podrá seguir un destino en lo inconsciente; se mantendrá viva, más allá de la represión, fuera de la conciencia del sujeto. Así mismo (p. 61) insiste en el hecho de que "nada puede ser abolido que no aparezca algunas generaciones después, como enigma, como impensado, es decir, incluso como signo de lo que no pudo ser transmitido en el orden simbólico".

Como se menciona al principio, la Viñeta Clínica de Sofía muestra cómo la INTOLERANCIA A LO FEMENINO a través de la transmisión transgeneracional entre mujeres (abuela-madre-hija) se manifiesta en un trastorno de la alimentación, la ANOREXIA.

En conclusión, las patologías con predominancia femenina como la anorexia, se relacionan con las angustias hacia lo femenino. Lo femenino remite a la imagen inconsciente del cuerpo, en tanto representa lo arcaico materno, la manifestación de la experiencia primordial con la madre, lo no simbolizable. La anorexia refleja una intolerancia a lo femenino, esto es, una intolerancia a la representación arcaica de la madre. La sintomatología es el resultado de una escisión del esquema corporal de la imagen inconsciente del cuerpo.

Cabe mencionar que al solicitarle a la paciente su autorización para la presentación de la viñeta clínica y la elección de un nombre para resguardar la confidencialidad, eligió el de Sofía, nombre con el que fue nombrada la bebé muerta, producto del último de los seis abortos de su madre.

La psicoanalista le interpretó que la elección del nombre Sofía, desde su inconsciente, podría remitirla a su identificación con la bebé muerta. Dice: "No me había dado cuenta, pero ahora que lo mencionas, sí me he preguntado por qué mis hermanos murieron y yo estoy viva. Yo debería de estar muerta. ¿Será éste el origen de mi anorexia?... ¿me quiero morir porque no me siento con el derecho de vivir?".

Sofía, presa del deseo de morir, hizo desde su inconsciente un pacto con la muerte -la anorexia-. Los abortos de su madre le desencadenaron la pulsión de muerte. Un aborto es una experiencia importante para la mujer, que tiene un efecto en el inconsciente y que puede desestructurar su vida simbólica.

De inconsciente a inconsciente, la huella siguió su destino: la angustia frente a lo femenino, al embarazo, a la "panza gorda", representación arcaica e intolerante de los abortos de su madre, duelos no elaborados.

Así mismo, la transmisión transgeneracional, representación de las interacciones precoces madre-bebé, del afecto y de las pulsiones, se hicieron evidentes. El trabajo psíquico de la transmisión transgeneracional se comprende como un proceso de formación de vínculos psíquicos entre aparatos psíquicos. Un trabajo de transmisión psíquica se realiza por los efectos del inconsciente. El inconsciente se transmite en los signos que componen la comunicación no verbal.

En el proceso psicoterapéutico con Sofía, se analizó y trabajó la posibilidad de elaborar y simbolizar los orígenes y efectos siniestros de su trastorno de alimentación -la anorexia-, su intolerancia a lo femenino, y así poder acceder a sus pulsiones de vida, que representa acceder a su feminidad, a su sexualidad femenina, a su ser mujer.

Referencias Bibliográficas

Castañón, V. y Rocha, S. (2005). *Figuras de la anorexia. Una comprensión psicoanalítica.* México: Textos Mexicanos.

Dolto, F. (1986). *La imagen inconsciente del cuerpo.* Barcelona: Paidós.

_____(2000). *Lo femenino. Artículos y conferencias.* Barcelona: Paidós.

Glocer, L. (2001). *Lo femenino y el pensamiento complejo.* Buenos Aires: Lugar.

Harrsch, C. (1988). Transmisión transgeneracional de un modelo vincular madre-hija: El amor helado en cinco generaciones. Recuperado de: http://www.kaimh.org

_____(2005). Feminidad y Psicosomática: Cáncer de mama o de mamá. En T. Lartigue y M. Ureta (Comps). *Sexualidad y Género: Una visión Psicoanalítica.* Buenos Aires-México: Lumen-COWAP-IPA-APM.

_____(2011). Anorexia: Un pacto con la Muerte. En *Cuadernos de Psicoanálisis*, XLIV, 3-4. pp. 102-109.

Harrsch, C. y Martínez, F. (2009). Mujer de plastilina. En T. Lartigue y O. Varela (Comps). *Género y Psicoanálisis. Contribuciones contemporáneas.* México: Asociación Psicoanalítica de Guadalajara, A. C.

Kaës, R. (1996). Introducción al concepto de transmisión psíquica en el pensamiento de Freud. En R. Kaës, H. Faimberg, M. Enriquez y J.J. Baranes. *Transmisión de la vida psíquica entre generaciones.* Buenos Aires: Amorrortu.

Lartigue, T. (1998). Representaciones inconscientes de género. Su influencia en la contratransferencia. En *Cuadernos de Psicoanálisis*, XXXI, 1-2. pp. 23-42.

Lebovici, S. (1993). On Intergenerational Transmission: From Filiation to Affiliation. En *Infant-Mental-Health Journal.* Win, Vol. 14 (4). pp. 260-272.

_____(1994). *En L'Homme, Le Bébé.* France: Flammarion.

Reyes de Polanco, N. (2004). Intolerancia a lo femenino. En A. M. Alizade, M. de la L. Garza y E. Riojas. (Comps). *Ser y Hacer de las Mujeres: Reflexiones Psicoanalíticas.* Buenos Aires: Lumen. Asociación Psicoanalítica Internacional.

_____(2013). Intolerancia a lo femenino. Desde una perspectiva de género. En prensa.

La pasividad y tolerancia de la mujer ante el maltrato

Laura Mejorada de la Mora

> *Hay que amar con horror para salvarse,*
> *Hay que amar setenciado y sin urgencia*
> *Para salvarse, para guarecerse,*
> *De esa muerte que llueve hielo o fuego.*
> *A ras del sueño.*
> Mario Benedeti

Freud observó la relación entre masoquismo y sexualidad y nos reveló ese lugar de intercambio desde donde emanan las sensaciones erógenas y la voluptuosidad del dolor, mismas que se demoran, se detienen extasiadas y pasivas, adecuando la satisfacción al sufrimiento físico o anímico y son incitadas por la pulsión y el amado objeto sexual.

Sadismo vs masoquismo, territorio fértil para la perversión. La oposición entre pasividad y actividad que está en su base pertenece a las figuras universales de la vida sexual y de sus protagonistas: actividad y sadismo que conllevan la motricidad, el control del cuerpo y la musculatura, predominio del hacer y de lo externo, propios de lo masculino. En cambio, la pasividad es característica de la mujer y de lo femenino receptivo. Es la metáfora de su anatomía, de las sensaciones erógenas y autoeróticas que se desprenden de lo interno y dibujan el contorno femenino.

Recordemos que el yo es una metáfora del cuerpo, de acuerdo con Freud (1924), y el masoquismo ligado a la pasividad es la esencia femenina. Sin embargo, considero que una cosa es el dolor aunado al placer de la desfloración que el convertirse en mujer conlleva, o el dolor y el placer de parir durante la maravillosa experiencia de ser madre, o la menarca tantas veces dolorosa porque anuncia el final de la niñez y su imposible retorno marcado por el cuerpo (vivencias todas que atañen al ser mujer, dolorosas porque implican un límite, y placenteras porque aluden a la vida). En cambio, tolerar el maltrato y permanecer pasiva tiene otra textura.

¿Será acaso condición de lo femenino ser maltratada u ofendida? No lo creo, pero lo cierto es que conlleva un goce. ¿Es esta situación que parte de nuestra cultura y de la época violenta en que vivimos, donde el maltrato a la mujer es un tema cotidiano y forma parte de la vida femenina?

Me lo cuestionaba hace unos días al leer las noticias. Me sorprendió el hecho de que en una ciudad como Guadalajara, el Instituto Jalisciense de la Mujer atendiera, en los últimos cinco años, a 5,723 mujeres víctimas de violencia y que la modalidad que comprende insultos, amenazas, humillaciones, indiferencia y gritos ha sido la de mayor incidencia. Son pocos casos para una ciudad de seis millones de habitantes, lo cual significa que muchas mujeres no denuncian. Es impresionante que la violencia sea un hecho cotidiano en la vida de muchas mujeres. Considero que la mujer que tolera el maltrato pasivamente, callando y sometiéndose, otorga un poder al otro.

Pero, ¿para qué la mujer cede ese derecho?, ¿qué lugar se le otorga a la pasividad ante el maltrato?, ¿bastará con llamarle "masoquismo femenino que no es exclusivo de la mujer"?, ¿es acaso una identificación infantil con la madre, víctima masoquista del padre, según Helen Deutch?, o ¿tendrá que ver con la identificación fálica con el padre, parte del devenir femenino al confrontarse con el *Penisneid*. Tampoco basta con considerar a su pareja misógina y atribuirlo a su carácter obsesivo o a la histeria de la mujer. ¿Estará involucrada la perversión solamente?

El tema del Congreso de COWAP: Intolerancia a lo Femenino, evocó en mí la contraparte, que sería precisamente, la pasividad de la mujer ante el ultraje recibido por sus parejas. He podido observar esta pasividad a lo largo de mi trayectoria como psicoanalista.

Winnicott (1939) refiere al hablar de la agresión, que el ser débil tiene tanta agresividad como un ataque del fuerte contra el débil, que el asesinato y el suicidio son fundamentalmente la misma cosa, y que la posesión es tan agresiva como la adquisición codiciosa, los cuales pueden ser trasladados tanto al que permite el maltrato como al maltratador. Atribuirlo al par sadismo-masoquismo me parece simple, por ello intentaré, a través de un caso clínico, emprender mi búsqueda.

Emilia tiene 43 años, dos carreras inconclusas y una a punto de terminar. Está casada hace 12 años y tiene un hijo pequeño. La relación con su marido, de acuerdo con ella es buena, pues al ser buen proveedor no le falta nada, pero él se burla de ella y la humilla todo el tiempo, diciéndole "eres una loca, hechas todo a perder", o la ignora por días, no le habla, no la toca, la denigra como si fuese un ser inferior y la culpa de todo. Esta situación va desmoronando lentamente a Emilia quien, momentáneamente, manifiesta una gran molestia, pero después de un rato termina responsabilizándose por la situación, pidiendo perdón y enalteciendo a su pareja ya que "él es tan inteligente y tan valioso" que muchas mujeres le han dicho que cuide a su marido. "Todo mundo lo quiere", "es que yo lo provoco, hay veces que sigo y sigo hasta que me grita". Sin embargo, ella ha traído material donde se observa cómo el la agrede utilizando las palabras que la van a lastimar profundamente como: "Oye, Emilia, yo te veo muy mal, ¿por qué mejor no vas con el psiquiatra?, tú ya no tienes remedio y nos vas a enloquecer". A lo que Emilia responde muy enojada: "Pues fíjate que el que está loco eres tú". Y Emilia continúa: "Ya se quedó callado, pero después ya no me habló. Hace muchos días que no me habla y cada vez que no me habla me paso horas intentando averiguar qué he hecho para que no lo haga. Me siento fatal, estoy pegada al teléfono para ver si me llama".

Emilia vive en un arrobamiento, mientras tanto él la corre continuamente de la casa, la ofende, pero tiene que conservar a cualquier precio su relación, aunque sea con un delirio, porque se desmantela sin la mirada del esposo, quien al parecer le provee el hálito indispensable para la vida.

En una ocasión, en esos lapsos en los que el marido la ignora y la desprecia, salió a caminar y se cayó al no fijarse que una alcantarilla estaba abierta y se fracturó 2 costillas, lo cual indica que el radar de Emilia siempre alerta ante los movimientos del esposo, vislumbraba su abandono, pues poco tiempo después él se fue de casa. Emilia intenta sostenerse pero comienza a somatizar: aparecen problemas renales continuos, baja de peso, estrella el auto incesantemente. En estos episodios psicosomáticos y de incidentes de *"actings in y out"*, diría Green (1972), es claro que el precio que paga por liberar sus angustias destructivas y enviarlas al cuerpo, es el bloqueo de su funcionamiento mental que paraliza por medio de la desinvestidura, enclaustrando al cuerpo, que se presenta como una especie de tumba de la carne, pues ningún dolor, ni ningún duelo será sentido ante la impotencia que resuelve con el furor de liberación del cuerpo que logra reducir el sufrimiento psíquico al silencio.

Con gran dificultad y ayuda de su tratamiento consigue salir de esta etapa y, al cabo de unos meses, el esposo le dice que no puede vivir sin ella, que quiere regresar y Emilia accede inmediatamente, en el espejismo del reencuentro, pero en poco tiempo todo vuelve a ser igual. Emilia siente que él la quiere volver loca. Ha llegado a pensar que es homosexual, cosa que no es descabellada teniendo en cuenta las raíces del maltrato.

Emilia sufrió de pequeña la denigración por parte de sus progenitores, presenció los golpes que su padre propiciaba a su madre, quien la descalificaba frente a su familia. La familia materna lo odiaba. El padre abofeteaba y azotaba a Emilia cuando regresaba de las reuniones con amigos, y era, a la vez, generoso al pagarle viajes al extranjero, lo cual le resultaba muy enloquecedor.

Emilia tiene dos años en tratamiento. Me llama la atención cómo gira en torno a su pareja, cómo montada en el mismo corcel de un carrusel retorna al lugar encarnado. Joyce Mc. Dougall (1996), al hablar de los primeros encuentros del bebé con la madre, dice que son imprescindibles y fundantes, pero cuando no son propicios -como en el caso de Emilia- dejan sus estragos obligándola a transformar en juegos erotizados sus angustias de castración, aniquilamiento, de vacío y de muerte interna que experimenta, y se resguarda a costa de su integridad psíquica.

También Winnicott (1991) nos advierte que, cuando en esta fase tan precoz la salud es mala y el medio ambiente es el que lanza los ataques, la fuerza vital se ve absorbida y el yo o no se instaura o no es firme. En estos casos nos encontramos con un desarrollo basado en la experiencia de reacción ante el ataque, y una vida reactiva agresiva que depende de la experiencia de oposición que se puede trasladar a la permisividad, pasividad y no reacción ante el maltrato. Así, el falso *self* que predomina de manera reactiva y no creativa, favorece al autoengaño delirante. Como ocurre con Emilia, quien considera que todo sucede porque ella provoca a su pareja, por eso la maltrata. Pero al justificarlo, Emilia sostiene su integridad narcisista que unifica su yo frágil y la completa.

Por el lado del esposo de Emilia cabe preguntarse: ¿es responsable de dañarla con su discurso ofensivo y con su desprecio? La intención primordial de su palabra injuriosa, ¿es provocar en Emilia un cuestionamiento de su identidad y un sentimiento de inferioridad?, ¿ésa es la respuesta esperada que confirma la identidad y autoridad del esposo quien, en un intento de superar su inseguridad denigra a Emilia, para definirse como parte de una comunidad?, ¿comunidad machista y misógina?, ¿orgullo al pene?, ¿horror a la mujer cabeza de medusa que representa la castración y la falta?, o ¿al orificio y apertura vaginal que forman parte de la receptividad y profundidad femenina? No lo sé, sin embargo pienso que en su locura, la violencia del esposo está dirigida a la destrucción del escenario fantasmático que sostiene las identificaciones de Emilia y la deja sin recursos psíquicos, ni representacionales que contengan y desplacen la pulsión. El blanco es el núcleo no simbolizable de Emilia. Ahí donde ella no es, se ataca su existencia psíquica, su espacio de completud provisional, imaginaria e identitaria, y queda momentáneamente despedazada debido a su indefensión estructural.

Las palabras sólo pueden herir cuando la impresión que causan la dejan muda, incapaz de reflexionar o sólo capaz de responder con violencia. Así, Emilia al quedar lastimada, humillada y devastada, justifica y sostiene el fantasma perverso del esposo de servir al goce del Otro, "el padre de la horda primitiva". En esta relación circular entre Emilia y su esposo es el goce el que los mantiene atados. ¿Cuál es la recompensa que obtiene Emilia siendo la víctima eterna de las circunstancias?

Julia Kristeva (1991), en su libro *El sol negro de la depresión*, considera que la depresión femenina se oculta tras una actividad expectante y atormentada, que le da la apariencia de una mujer práctica, satisfecha y que sólo piensa en ser abnegada. Esta descripción me recuerda a Emilia, quien prefiere limpiar su casa para ahorrar el dinero de la muchacha y ayudar al esposo con la economía. No se compra ropa y la mayor parte de lo que gana lo emplea en el sostenimiento de la casa. Además, ha comenzado a pagar los gastos del marido pues éste recientemente se quedó sin trabajo.

Estar en falta le hace sufrir pero también le hace gozar. La violencia de la pareja le concede un poder fálico que compensa la humillación. El dolor humillante al ser mantenido en secreto -innombrable, indecible- se muda en silencio psíquico y toma el lugar de la herida narcisista, del duelo con tintes melancólicos, raíz de la somatización renal y de los accidentes. La violencia reduplica a Emilia y a su esposo en un juego de espejos sin lugares ni subsistencia. El doble es el fondo inconsciente de la mismidad, que amenaza a Emilia con la desaparición como sujeto pensante, lo que nos remite a las identidades inestables, deshechas por una pulsión que nada pudo diferir ni significar.

El esposo de Emilia sirve al gran Otro y se reafirma al humillarla y dejarla sin existencia ni contención, desmembrada y, por lo tanto, sin pensamiento. Emilia adquiere un poder fálico al encarnar el deseo del marido y validarlo, aunque termine devastada. Estamos en el terreno del juego del poder fálico y la completud o el desmembramiento, donde se funde la recreación perversa y el aniquilamiento, terreno del goce y de la completud ser el deseo del otro a cualquier precio, y es sometiéndose al deseo del marido como Emilia se recompone del despedazamiento.

Eric Laurent (2001) considera que la mujer, al querer ser todo para un hombre, frecuentemente rebasa la zona que conduce a los confines del más allá del principio del placer, senda por la que Emilia transita en esa necesidad de ser. Por eso tiene que "dar todo", "ser todo para él", ser su deseo, completarlo y completarse.

El exceso de privación al que conduce el amor en las mujeres puede ser tomado como masoquismo femenino, pero sufrir por un hombre, como le sucede a Emilia, no es la expresión del masoquismo femenino, es una estrategia frente a la falta, que sostiene la adoración de un "amante castrado o un hombre muerto" y, por lo tanto, imposible.

Cuando el velo se corre y emerge el objeto de goce que mantiene este escenario, la mascarada masoquista desaparece. Para Lacan (2001), no es el masoquismo lo escencial de la mujer, lo escencial es el goce de la privación que define a la castración femenina en la medida que sólo puede faltarle un objeto simbólico. La mujer no tiene nada qué temer, la castración está realizada por identificación y es simbólica. Claro que eso tiene sus efectos, las mujeres en su esfuerzo por hacerse amar, están dispuestas a sacrificarse. Por ello, Lacan (2012) prefiere utilizar el término de "estrago" al del masoquismo para referirse al efecto que un hombre puede tener sobre una mujer. Porque, al no estar amenazada por la castración, puede estar decidida a entregar todo por un hombre. Privarse de todo para ser todo para él y asegurarse el lugar en el Otro, en la fusión con la madre. A falta de ser el falo que le falta a la madre, prefiere ser la mujer que le falta a todos los hombres y sobre todo a su hombre. He aquí el riesgo de la pasión mortífera y el uso perverso del objeto. Esta demanda de ser permite contornear la propia falta, pues el refugio del amor extiende un velo sobre la castración.

La salida de esta trampa, de acuerdo con Lacan, se encuentra en ser el Otro sexo, alteridad que interroga al hombre y divide a una mujer.

A través de este recorrido nos percatamos que más allá del masoquismo hay un "más allá del principio del placer", una compulsión mortífera a la repetición sin salida, por el hechizo que produce a Emilia la completud. También está el conflicto por fortalecer un yo a punto de ser el falo, y la lucha encarnizada por serlo. No es raro entonces, el sueño de esta paciente donde aparece con un pene. Ella se unifica por medio de este juego destructivo de sometimiento ante el maltrato, por el poder que le otorga al marido. Y finalmente, por el poderío que él le cede después del maltrato, compensando así su falla estructural.

Referencias Bibliográficas

Freud, S. (1924). "El problema económico del masoquismo". En *Obras Completas* Volumen XIX. Argentina: Amorrortu. 1984

Green, A., Chiozza, L. (1992). *Diálogo Psicoanalítico sobre psicosomática.* Argentina: Alianza.

Kristeva. J. (1991). *El sol negro, depresión y melancolía.* Venezuela: Monte Ávila.

Lacan, J. (2001). *Seminario 4: La relación de objeto y las estructuras freudianas. 1956/1957.* Buenos Aires: Paidós.

_____ (2012). *Seminario 17. El reverso del psicoanálisis 1969/1970.* Buenos Aires: Paidós.

Laurent, E. (2001). "La disparidad en el amor". En *Virtualia, Revista digital de la Escuela de la Orientación Lacaniana*, Año I, núm. 2, p. 7

Mc Dougall, J. (1996). *Teatros de la Mente. Ilusión y Verdad en escenario psicoanalítico.* Buenos Aires: Julian Yebenes.

Winnicott, D. (1991). *Deprivación y delincuencia.* Argentina: Paidós.

Fantasías filicidas inconscientes observadas en tres casos de psicoterapia madre-bebé

Aurora Romano Mussali

> Imagino una mujer rebosante de salud,
> que sostiene un niño entre sus brazos,
> al que prodiga todos sus cuidados
> y mil veces lo mira absorta. Esta imagen
> es lo que la existencia humana puede ofrecer
> de más amable y mágicamente hermoso,
> es un mito de la naturaleza y, por lo mismo
> no puede ser visto *"in natura"*,
> sino únicamente en el arte.
> **Kierkegaard, S.** (1843)[1]

Introducción

Es deseable, que una madre posea la capacidad de regular y modular sus afectos, de manera que logre sintonizarse emocionalmente con su bebé y sus necesidades (Stern, 1985). De ese modo, dará a su hijo la disponibilidad afectiva que propicie el establecimiento de un vínculo de confianza y seguridad que le ofrecerá la oportunidad de desarrollarse psíquicamente en condiciones favorables. Sin embargo, observamos que una mujer puede, en general, modular sus afectos y desarrollarse en ámbitos diversos sin mayores conflictos, pero no así cuando la tarea consiste en ser madre. En ocasiones, el psiquismo revive afectos amenazantes y abrumadores que resultan difíciles de modular. Las viñetas que presento a continuación muestran lo que he podido observar en consulta en psicoterapia padres-bebés, en relación a cómo es que las fantasías agresivas de los padres se pueden ir inscribiendo en el psiquismo de los hijos, marcando la severidad del superyó y, tal vez, el destino que apuntale la posible psicopatología.

Vives (2013) señala que el cariño de la madre y del padre siempre son ambivalentes: los seres humanos no tenemos un psiquismo unitario, estamos

---

1 Kierkegaard, S. (2013). p.162.

"inundados" de aspectos contradictorios; de tal modo que los progenitores pueden amar de manera profunda a sus hijos y, a la vez, albergar instintos filicidas, inconscientes, que se transmiten transgeneracionalmente. Así lo había señalado Freud en relación con la complementariedad entre el parricidio y el filicidio, que se puede ver en el mito de Sófocles: *Edipo rey*. El filicidio es el acto previo que promueve el parricidio; de ahí vienen los sentimientos de culpa, de los que está plagado el superyó.

Rascovsky (1974) indica que el inconsciente colectivo del hombre ha heredado un mandato filicida ancestral. Si no se reconoce conscientemente esta "pulsión tanática pretotémica", el mandato inconsciente seguirá actuando y la hecatombe filicida, en todas sus variantes, seguirá sacrificando la especie y amenazando la supervivencia.

Lebovici (2006) señala que el amor maternal es ambivalente y comenta que en su experiencia clínica ha podido observar cómo la mujer, tras sufrir durante el embarazo y el parto, con frecuencia se siente decepcionada por la apariencia de su bebé en relación con lo que había imaginado. También está frustrada por su relativa incapacidad para ejercer sus funciones maternales, y nerviosa por el llanto incomprensible del infante. Las madres, a menudo, sueñan con eliminar a su bebé por el deseo de regresarlo al vientre, como un intento de fusión.

Solís-Pontón (2004) cita a Freud, quien ya había señalado que, para acceder a la cultura, el ser humano debe reconocer sus pulsiones arcaicas de crimen e incesto, reprimidas en el inconsciente. Cuando nos convertimos en padres o madres, no resulta fácil reconocer estas fantasías inconscientes. Sin embargo, estas pulsiones reprimidas constituyen una parte central del saber inconsciente de las leyes primordiales que todo padre o madre debe tener en cuenta al intentar asumir su rol parental.

Solís-Pontón, Lartigue, Maldondo y Catz (2006) hablan de cuando los padres no logran afiliar a sus hijos en el espacio simbólico. Logro indispensable para ofrecer a los hijos la oportunidad de "nacer psíquicamente", con su propia individualidad. De no ser así, los hijos quedan atrapados en una no existencia psíquica para sus padres, aprisionados en una parentalidad filicida. Estos autores citan a Lebovici (1995), quien nos señala que la génesis de un superyó precoz está vinculada al proceso de parentalización. Habla de las interacciones impregnadas por el hijo imaginario que está conformado por los deseos de los padres en gran medida como una manera de darle salida a sus propios conflictos infantiles. Los padres hacen una transferencia de sus progenitores (los abuelos) en sus hijos, proyectando así en ellos sus propias imagos parentales. Es frecuente que en el vínculo madre-bebé se den intercambios tempranos, reveladores de fantasmas sadomasoquistas, donde la violencia pregenital y preedípica de la madre aparezcan en primer plano como contenidos inconscientes que van dando forma al super yo precoz del infante.

Marucco (2013) menciona que el niño se encuentra en la posición de denunciar la "incompletud" de los progenitores y así despertar el odio proveniente de la función narcisista parental. Ante la incapacidad del aparato psíquico para tolerar ese odio, se pone en marcha el mecanismo de desmentida. ¿Será entonces que el anidamiento de la pulsión de muerte en el super yo es en realidad una identificación con el yo sádico del objeto primario desmentido? Y añade que esta estructura masoquista tiende más a terminar en patología, en la medida en que no existe una función paterna (ejercida por ambos padres) que promueva y sostenga la denuncia de la castración narcisista parental.

En las viñetas que presento a continuación, comparto algunas de las fantasías filicidas inconscientes que he podido observar en consulta privada, en la psicoterapia padres-bebé, con la intención de reflexionar sobre cómo estos afectos empiezan ya, tal vez, a dejar huella en el psiquismo de estos infantes. Si bien todas las díadas madre-bebé tienen una carga de fantasías filicidas y libidinales, es relevante observar la dinámica en un tratamiento de padres-bebé, donde se encuentra desequilibrada la ambivalencia normal de la parentalidad. Esta resulta más compleja aun cuando haya un mayor predominio de las cargas agresivas, donde las pulsiones destructivas aparecen de manera autónoma, sin la modulación de la libido. Esto aumenta potencialmente el riesgo de que, a lo largo del desarrollo, las agresiones se consoliden como demandas instauradas en el superyó como imposiciones, con las que el hijo o la hija quizá tengan que lidiar para defenderse de la psicopatología el resto de su vida.

En estos tres casos vemos mujeres que desearon ser madres, planearon el nacimiento de sus bebés, viven con sus parejas en matrimonio y todas cuentan con estudios de licenciatura. Asimismo, las tres madres presentan un alto riesgo de transmisión de la psicopatología, ya que dos de ellas están haciendo frente al maternaje con una depresión severa, y otra, con un trastorno de personalidad fronterizo y de alimentación.

Viñetas clínicas
Susana es mamá primeriza. Solicita ayuda porque le es imposible dejar a

su hija de 19 meses, sola, ni por un minuto; hacerlo la llena de angustia. Al venir a consulta, comenta que a lo largo de su vida no recuerda haber tenido ninguna dificultad, "todo estaba muy bien". Nadie le anticipó cómo era ser madre. Me cuenta que "en el día a día, no tiene tiempo para nada", básicamente todo el tiempo se le va en preparar y anticipar cosas para su hija Andrea, y acaba exhausta. Al nacer la niña, Susana se sintió profundamente triste. En la primera sesión que trae a su hija, de dos años, veo a una niña tímida, muy pendiente de las reacciones de su mamá y que, cuando se entretiene con los juguetes del consultorio, me indica con una claridad y una precocidad de lenguaje sorprendentes, lo siguiente: *"¡Mira, no sirven!"*, *"¡están descompuestos!" "¡Se cayó! ¡No puede salir, está atorado!"* A su vez, la mamá le dice a cada momento: *"¡No toques!" "¡Siéntate!" "¡Di gracias!" "¡Ya pórtate bien!"*

Para mí era evidente que Susana depositaba un alto nivel de agresión en su hija, misma que la niña ya estaba representando con desesperanza y negatividad en el juego, antesala de la identificación con la depresión de la madre. Más adelante, durante el tratamiento, Susana fue confesando la agresión que descargaba sobre su hija y, a pesar de que se daba cuenta de la magnitud de sus reacciones desmedidas, no podía parar: sentía la frustración provocada por el hecho de que su hija no cumpliera sus expectativas.

Tales reacciones la sorprendían pues deseaba ser una "muy buena madre" y se sentía defraudada, sin poder controlar su enojo, cuando la conducta de Andrea no correspondía con el alto ideal que había depositado en ella y en sí misma como madre. A medida que avanzaba el tratamiento, Andrea, quien venía con su mamá, disfrutaba jugando a pegarnos, tanto a ella como a mí. Durante la terapia, fue muy importante que Susana aprendiera a contener la agresión de su hija, sin asustarse ni actuar las identificaciones proyectivas de la niña. A la par que tomaba conciencia de la forma en que su agresión afectaba a su hija. Paulatinamente, se fueron disolviendo los altos ideales depositados por Susana en el maternaje y creció su tolerancia a la frustración, aceptando mayormente las dificultades que tenía que enfrentar al interactuar con su hija. Susana dejó de actuar tanto la agresión como la frustración, ya que pudo hablar de ello en la consulta, y de ese modo fueron disminuyendo las angustias persecutorias que presentaba.

A Leonor le resultaba muy difícil estar con sus hijos: se sentía inundada de angustia y, para tranquilizarse, comía en exceso. No toleraba quedarse a solas con ellos en casa. Los estimulaba en demasía, y eso volvía aún más difícil para ella la tarea de regularlos. Lloraban mucho, no comían y no lograban conciliar el sueño. Lo anterior representaba una sobrecarga todavía mayor para ella, por lo que respondía con gritos e insultos dirigidos a los niños. A lo largo del tratamiento, pude identificar que, al parecer, Leonor les gritaba cada vez que entraba en contacto con la frustración que sentía de no poder ofrecerle a sus hijos el maternaje que, inconscientemente, hubiera deseado recibir de su propia madre: una madre narcisista y distante, la cual nunca sintió que cumplió sus expectativas. Ahora ella, "la problemática", tenía hijos "problema". Hubo que ayudarla a identificar lo anterior y a darse cuenta de cómo, en todo momento, ella pensaba en sus hijos como: "malos, enfermos y groseros". Depositaba en ellos, de manera inconsciente, la agresión filicida que, en otro tiempo, sus padres depositaron en ella.

Raquel es mamá de dos hijos. Al iniciar el tratamiento, el mayor tenía dos años y el menor, ocho meses. Buscó ayuda ya que se sentía deprimida. Me cuenta que después del nacimiento de su hijo pequeño, empezó a sentirse triste y sin energía, el ginecólogo le prescribió antidepresivos. Me decía con preocupación lo difícil que le resultaba cuidar la alimentación de sus dos hijos. Describe a la familia de su esposo, como una familia grande, unida, en la cual "todo les sale bien", pero siente que ella "no cumple las expectativas". Tres meses antes de llegar a consulta, su hijo mayor enfermó de un virus y, a partir de ese incidente, se incrementaron sus dudas y temores en relación con sus capacidades maternas. A lo largo del tratamiento de Raquel, pude notar cómo la sobreprotección que ejercía sobre sus hijos era una expresión depositada ahora en ellos; ya que, al sentirse descalificada e incapaz como madre, proyectaba en los niños su propia vulnerabilidad. En consulta, algunas sesiones la vi con sus hijos, a los que noté tímidos y retraídos. Fue importante hacerle notar a Raquel, cómo su actitud hacia sus hijos y lo que verbalizaba sobre ellos, los hacía sentirse indefensos y devaluados. Actualmente, Raquel gracias al tratamiento y a la oportunidad que ha tenido de verbalizar sus sentimientos, está en gran medida, más consciente de la manera en que ella se veía a sí misma devaluada, proyectando sus sentimientos de minusvalía a sus hijos.

Discusión

Como pudimos ver, al convertirse una mujer en madre, es inevitable que tenga que lidiar con el impacto psíquico que le demanda la crianza de su bebé. Lo anterior, difícilmente se puede anticipar, ya que no es sino cuando una mujer es madre, que se ponen a prueba las funciones yoicas y los recursos psíquicos adquiridos a lo largo de la vida.

En las tres viñetas anteriores, vemos madres abrumadas por sentimientos de frustración, inseguridad y agresión, como es normal en cualquier díada madre-hijo. La diferencia es que, en estos casos, podemos ya advertir cómo comienzan a rigidizarse y "des modularse" las agresiones y las fantasías destructivas. La relevancia de estas intervenciones, es la de prevenir que los bebés vayan siendo los depositarios de los sentimientos invasivos, causados por todo aquello que los padres no pueden asumir ni reconocer, para así prevenir que la violencia quede inscrita en el psiquismo de los hijos y se manifieste mediante síntomas y psicopatología. Debido a la sobrecarga emocional de su madre, estos infantes no encuentran la adecuada resonancia emocional a sus necesidades. La agresión encubierta hacia los hijos, queda silenciada e implantada en el inconsciente, dañando el vínculo con sus cuidadores primarios, sobre todo con la madre, algo con lo que se tiene que enfrentar el resto de la vida, perpetuando patrones transgeneracionales de interacciones patológicas. Lo que sucede justo cuando el gozo y las experiencias vitales que nutren el desarrollo, están siendo atrapados por la frustración y el miedo.

Es evidente y de gran relevancia que, cuando las madres logran ponerse en contacto y verbalizan los sentimientos de incapacidad, agresión y frustración que las inundan, frecuentemente se percatan de sus pulsiones destructivas (antes inconscientes) que se manifiestan, a pesar de sus deseos, hacia sus hijos. Lo anterior provoca que disminuyan sus defensas y se dejen ayudar para prevenir la futura enfermedad mental. Observo en estas díadas, lo que mencionan Vives y Lartigue (1994), una gran oportunidad de permeabilidad psíquica para las intervenciones clínicas que da lugar a cambios significativos tanto en la madre como en el bebé y en la pareja. Las madres se dejan acompañar, se cuestionan y, al hacerlo, modifican con mayor facilidad patrones de conducta que resultan difíciles de cambiar cuando se ha cristalizado ya una patología en edades más avanzadas del desarrollo de sus hijos.

Vives (2013) menciona que el superyó, al parecer, no sólo está alimentado por la pulsión de muerte (en gran parte originaria de las fantasías filicidas inconscientes de los padres), sino que también tiene pulsión de vida (constituida por los componentes libidinales que los padres depositan en los hijos). En estas viñetas queda claro cómo la libido, es decir, la pulsión de vida, los trae a la consulta y dentro del tratamiento se intenta lograr que ésta predomine sobre lo tanático y se interrumpa la transmisión transgeneracional de la psicopatología.

Por otra parte, es preciso señalar que el modelo de tratamiento utilizado en estos casos se basa en las propuestas sobre intervenciones en psicoterapia padres-bebé que, ya desde 1994 venía proponiendo la doctora Teresa Lartigue. En éstas intervenciónes nos habla, sobre los trastornos en los vínculos padres-hijos y las vicisitudes patológicas de este tipo de relaciones; vicisitudes en el vínculo materno-infantil, desde la gestación y a lo largo del embarazo; y las influencias que inciden en el triángulo madre-padre-niño desde épocas iniciales. Sugiere la evaluación de la calidad del vínculo materno infantil durante el primer año de la vida (Lartigue, 1994) (Lartigue, Maldonado-Durán y Ávila, 1998).

Solís-Pontón, Lartigue y Maldonado (2006) utilizan el concepto de "yo parental" como aquel que abre el camino para la construcción de la parentalidad en el aparato psíquico, posibilitando la prevención de la violencia. Estos autores favorecen las intervenciones enfocadas en la relevancia de la parentalidad, considerada como el resultado de la ecuación entre el amor hacia el hijo y los elementos conscientes e inconscientes que dificultan la aceptación de las funciones parentales. Ponderan, en todo momento, la importancia que tiene, durante el tratamiento, ayudar a los progenitores a reconocer la complejidad del proceso de ser padres. Y enfatizan el hecho de hacerlo con la intención de ofrecer un acompañamiento que les permita elaborar los elementos agresivos u hostiles en la relaciones con sus hijos, en vez de negarlos o actuarlos.

La meta en dichas intervenciones, de acuerdo con lo señalado por Solís- Pontón (2006), es "ayudar a los padres a recuperar o aprender la capacidad de jugar, de soñar, de amar, del sentido del humor. Crear espacios de creatividad, a través de inventar, soñar, aventurarse, pensar, elaborar y sublimar" (p. 413). Y, de ese modo reparar en vez de repetir, al ofrecer a los padres que buscan ayuda en la consulta de parentalidad, la oportunidad de dar a sus hijos aquello que no recibieron de sus propios progenitores.

Referencias Bibliográficas

Catz, H. (2006). Entre el filicidio y la filiación. La parentalidad en riesgo en el siglo XXI. En Kierkegaard, S. (2013). *Diario de un seductor*. México: Grupo Tomo.

Lartigue, T. (1994). *Guía para la detección de alteraciones en la formación del vínculo materno-infantil durante el primer año de la vida.* México: Universidad Iberoamericana.

Lartigue, T., Maldonado-Durán, M. y Ávila, H. (1998). *La alimentación en la primera infancia y sus efectos en el desarrollo.* México: Asociación Psicoanalítica Mexicana / Plaza y Valdés.

Lebovici, S. y Weil-Halpern, F. (2006). *La psicopatología del bebé.* México: Siglo XXI. .

Marucco, N. (2013). *Enfrentando el sufrimiento: psicoanálisis de la depresión".* Praga (2013). Trabajo inédito, presentado en el Congreso Internacional IPA.

Rascovsky, A. (1974). *El filicidio.* Buenos Aires: Orión.

Solís-Pontón, L. (2004). *La parentalidad: desafío para el tercer milenio; un homenaje internacional a Serge Lebovici.* México: Manual Moderno.

Solís-Pontón, Lartigue, T. y Maldonado, M. (2006). *La cultura de la parentalidad, antídoto contra la violencia y la barbarie.* México: *Manual Moderno.*

Stern, D. N. (1985). *The Interpersonal World of the Infant.* New York: Basic Books.

Vives, J. (2013). *"Lo irreparable y otros ensayos psicoanalíticos".* México: Asociación Psicoanalítica Mexicana, Editores de textos mexicanos.

Vives, J. y Lartigue. (1994). *Apego y vínculo materno-infantil.* México: Universidad de Guadalajara, Asociación Psicoanalítica Jalisciense.

Amuleto, objeto autista, objeto transicional. Entre una coma y tres puntos

Miriam Tawil

La transicionalidad no se logra fácilmente. Se encuentra enraizada en la situación de intentar la conquista y obtención del control sobre la ansiedad de la separación. Los bebés "aprenden a estar solos; lo pueden hacer porque cuentan con un objeto transicional; por ello preservan ese objeto real ausente, que de esta forma no está expuesto a ningún daño peligroso o imaginado" (Goldstein, 1994, p. 152).

Basado en las ideas de Winnicott (1954), sabemos que determinados aspectos de la relación primitiva con nuestras madres pueden experimentarse de nuevo en una situación analítica. El diván que sustenta, el "entorno o *setting*", la cita siempre en el mismo día, y en el mismo horario proveen al paciente esa condición de confianza en la relación. El apoyo de esta situación, es decir, de tener un "analista suficientemente bueno", además de un "entorno facilitador", paulatinamente propicia las condiciones para crear ese espacio transicional que permite disfrutar la vida.

La situación analítica es la historia de la separación que empieza en el primer encuentro y que termina cuando nuestro paciente nos olvida. No debiera ser una forma de vivir, sino más bien, una forma de llevar a nuestros pacientes al "descubrimiento de que el vivir en sí es la terapia que tiene sentido" (Winnicott, 1989, p. 70).

El analista a su paciente –"¿qué objeto es éste?" A partir del diálogo del paciente con la analista surge la interrogante – "¿de qué objeto se trata?"

Acudo a Anna para que me ayude en la investigación. Anna llegó al análisis con enormes expectativas. Temía salir de casa, con una depresión que la llenaba de temor y del deseo de morir. Me convertí, en sus palabras, en un salva-vidas y en su último recurso. Buscó el análisis para "salvar su vida". Usaba fármacos para poder dormir. Se atenía firmemente a nuestro trabajo analítico, cooperaba e intentaba siempre ser muy puntual, jamás perdía una sesión. Para ella, era necesario que encontráramos explicaciones acerca de su estado y hablaba de sus relaciones familiares de forma intelectualizada.

Me contaba que no sentía más abajo de su cintura. Había amarrado cuerdas para no comer mucho, una técnica de adelgazar que le provocó una anestesia. Hacía ejercicios y una técnica de relajamiento para recuperar la sensibilidad. Su depresión se expresaba también por sentirse fea y sin los atractivos de cuando era más joven.

A: Desde mi punto de vista, Ana seguía siendo hermosa, seguía delgada pero se veía gorda. El asombro que me producía el poco valor que otorgaba Anna a sus propias explicaciones era algo concordante con su búsqueda de "círculos de oración".

Un "curandero religioso" oraba por su salud. Al mismo tiempo, ella dependía de un servicio de tarot, el cual consultaba siempre antes de tomar cualquier decisión.

Creo que su círculo de oración y el servicio de tarot eran usados como ficción, eran desplazados y soportaban ideales sobre los cuales, según Anna, dependía su destino. Una vez me contó que había dudado cuán fidedigno sería este servicio telefónico, y que fue invadida por una sensación de pánico. Cuando ocurrió esta situación, su madre entró en la sala para ver lo que sucedía, y le aconsejó: "haz lo que quieras". Así, por primera vez en su vida, ambas se arrodillaron y rezaron para espantar a sus enemigos. Después, según Anna, su madre, de forma profusa, le cubrió la cabeza y el rostro con besos, algo que la llenó de éxtasis, dificultando su sueño posteriormente, "puesto que había sido tan maravilloso".

Este apoyo ficticio fue reemplazado, de forma momentánea, por la presencia real de la madre, quien en el "juego-oración" logró tranquilizarla. Anna, sin embargo, no se sentía tranquilizada, ya que la situación le parecía demasiado atemorizante, *"mujer con mujer da caimán", es decir*, una mujer junto con otra significa problemas.

Su próxima asociación fue la de imaginarse exponiéndome su clítoris, el cual, dijo, estaba cubierto de papel celofán transparente, que yo abría como si fuera un bombón.

Winnicott (1965) nos alerta sobre el hecho de que la excitación "no debe ser demasiado fuerte" para que el fenómeno transicional pueda favorecerse durante todo el proceso. La capacidad de estar sólo puede haber sido afectado por el estímulo excesivo del *id*, que evitó el bienestar, o más bien, un "orgasmo del *ego*." Me parecía que Anna había descrito una situación erotizada con su madre y que sentía que se repetía allí conmigo. En términos de una contra-transferencia, no obstante, yo experimenté algo muy diferente. Me dejé llevar por una fuerte sensación de ternura y después me cuestioné si no era esa la situación que Anna procuraba en ese momento, y que, por algún motivo, no la había experimentado o tenido con su madre.

Después de mucho tiempo, durante el cual pensé mucho acerca de lo que acababa de escuchar, logré crear la siguiente hipótesis: La existencia, por parte de Anna, de una sensación de alivio, así como de temor, de haber encontrado en mí a alguien que pudiera ser cariñosa con ella, sin peligro. Yo había sido considerada, a veces, como un salva-vidas, algo como una grabación de tarot, o como un "curandero religioso." ¿Dónde está esa ternura en su vida? ¿Su madre había sido intrusiva? ¿Le faltaba ese ser abrazada y sentirse amada sin peligro de ser invadida por un exceso de estimulación?

Empecé a hablar con Anna sobre su soledad y sobre los recursos que usaba para luchar contra ella y contrarrestarla. Creo que Anna trató de recuperar la situación de fusión conmigo y trató de establecer una relación no intrusiva, muy distinta a aquella que había descrito y que había sucedido con su familia.

Cierto día, Ana se quitó sus sandalias para acostarse en el diván y me dijo "por primera vez descubro que tengo pies y piernas. Uso sandalias!" Eso le recordó que siempre se sentía una sirena con una cola que espantaba a los hombres y a todos los que la miraban naufragaban. Tenía muchos admiradores, pero difícilmente relaciones de intimidad o pareja.

Entendí algo de su anestesia y de su ocultación de toda la sexualidad. Su soledad también la defendía del contacto con su padre, a su ver muy atractivo, guapo y conservado. Tenía muchas tensiones edípicas.

Anna, gradualmente, me reveló su "falso *self*" Empezó a desplegarse un esfuerzo hacia el re-conocimiento y la desarticulación: "Solo después de un proceso paulatino de reconocimiento y de desarticulación de procesos inútiles, masoquistas y elusivos podrá evolucionar a un estado de desilusión tolerable y eficiente para empezar ese acercamiento a la realidad" (Goldstein, 1994, p.157).

En este momento del análisis, Anna soñaba que tomaba un examen para concurrir a un curso de posgrado en creatividad. Para ello, tenía que enfrentar una larga cola de personas, y la persona delante de ella tenía pulgas. Con alivio, se dio cuenta que había logrado pasar el examen y la aceptaron para el curso. Podríamos hablar de la esperanza que tenía de crecer, de progresar y de administrar los obstáculos que tenía que superar.

Después de algún tiempo, durante una sesión, Anna comentó cuán difícil era dormir. "Había empezado a superar mi insomnio, durmiendo con una piedra de cristal en mi camisón. En medio de la noche, me levanté para ir al baño, y la piedra cayó en el inodoro. Con asco, la saqué y la lavé. Después tuve que enterrarla nuevamente durante veinticuatro horas, colocarla en agua con sal y dejarla secar en el sol. El problema era que había llovido sin parar. No había habido luz del sol durante esos días. Solo puedo dormir con la piedra, fue hecha especialmente para mí y es hecha de un mineral que está de acuerdo a mi personalidad".

¿Sería la piedra un objeto autista? Un objeto experimentado como yo, o un objeto transicional, que incluye dentro de sí una mezcla de "yo" y "no yo", o como lo dijo Winnicott (Tustin, 1975, p. 75), "el primer no-yo del cual se apodera el niño?"

Pensé, si no sería éste el momento adecuado cuando el uso de un objeto transicional podría emerger. Es interesante observar que la piedra recibía cuidados que le insuflaban vida: tierra, agua, sal, sol, como una planta. ¿Ella solicitaba un regalo y un objeto humano?

Anna planteó la pregunta sobre la destrucción del objeto y la necesidad de recuperarlo. El "cómo sí" emerge aquí. Ella explicó que la piedra es "mejor que el Dormonid, porque no es algo químico y la puedo cuidar, es invisible como Dios, además tiene una ventaja adicional: "no gasto dinero en cuentas de teléfono". Habló sobre la envidia de sus amigos, quienes le robaron su "tarjeta de identidad de su bolsa" sin que ella lo notara, y que la piedra la protegía de la desgracia.

Vemos un talismán -un objeto contra el mal de ojo- o un amuleto que se deriva de un objeto transicional. Al revisar la literatura sobre el tema, el espacio transicional puede parecer que contiene todo en un determinado momento, dependiendo de cómo se le use: los sueños, el analista, el "setting", los fetiches, los objetos acompañantes, etc.

La pregunta sobre el uso del objeto es lo que ofrece la naturaleza de la transicionalidad. Después de una separación debido a mis vacaciones, Anna me contó que había comprado un libro sobre la interpretación de sueños. "Puesto que no te tenía a ti para interpretar mis sueños, lo hice sola". El uso del libro por parte de Anna es algo muy complejo, puesto que me pareció ser un amuleto, un objeto acompañante y que tal vez contenía un *quantum* de ese aspecto de transición.

Un día, cambié el horario normal de su sesión y lo olvidé. En la siguiente sesión, Anna apareció con una rabia justificada. No me saludó como solía hacerlo y trajo consigo una tela que colocó encima del diván. Me di cuenta que, en este momento, mi relación con ella tenía el valor de una "contaminación", de influencia, del cual Anna intentaba protegerse al colocar la tela entre ella y el diván. Expresó su rabia de forma abierta y cuestionó sobre la validez de tener que seguir viniendo al análisis. En ese momento, surgió un *impasse*; su odio era sumamente intenso. Mi "error" fue importante y me pregunté si no había sido "necesario". Existía el dolor de la desilusión, y con él la des-idealización de mi persona, que ahora era odiada, antes de que ella pudiera elaborar la situación de "colocarse en el lugar del otro": de verme como un ser humano como ella y por lo tanto, sujeto a fallas. En esta sesión, me enteré que su madre la abandonaba para salir a trabajar, y la dejaba, olvidada, en casa.

Después de algún tiempo, Anna se inscribió en un curso de música y descubrió que tenía la capacidad de componer. Mostró su composición a su padre, quien cambió la música porque le pareció que habían demasiadas notas musicales por medida. Anna tuvo un acceso de rabia y no ha compuesto nada desde entonces. ¿Cómo se había atrevido su padre a alterar su trabajo? La experiencia la desmoronó. Una vez más surgió el tema de la intrusión.

Adicionalmente, Anna describió una clase en la que, en lugar de la música, había habido silencio, y cómo eso había resultado en algo importante y determinante para ella: el poder oír cuán furtivo era el silencio. ¿Será que Anna se preparaba para permanecer conmigo en silencio? Esta situación es distinta a la de aislamiento; es una presencia silenciosa, tal vez anunciando la capacidad de estar sola.

En resumen, el Dormonid, salva-vidas, oración, el servicio telefónico de Tarot, la piedra, la música -todos estos elementos tienen un "*quantum* de transicionalidad".

Un día, Anna anunció: "Canté un dúo con un tipo y fue muy bueno, como hacer el amor. Fue muy propicio poder hablar de la emoción que sentimos. Quería darte un libro de Clarice Lispector, que empieza con una coma y termina con tres puntos. ¿Puedo?"

Junto con el libro, Ana me dio una invitación para su matrimonio, el color de la invitación era del color de mi cuadro, que queda arriba del diván. Me dijo que así se iba acordar siempre de la participación que tuve en su crecimiento y sus logros.

Lentamente, Anna pudo manifestarme cómo era este dúo conmigo y me ayudó a entender nuestra historia, que también es una que empieza con una coma y termina con tres puntos.

Referencias Bibliográficas

Goldstein, R. (1994). "O objeto transicional de Winnicott: uma nova categoria objetal na teoria e na clínica?" In: *Contribuições ao Conceito de Objeto em Psicanálise.* Baranger, W. São Paulo: Casa do Psicólogo.

Tustin, Francis. (1975). *Autismo e Psicose Infantil.* Rio de Janeiro: Imago

Winnicott, D. W. (1965). "The capacity to be alone". En *The Maturation Processes and the Facilitating Environment.* London: Hogarth Press; Toronto: Clarke, Irwin and Co. Ltda.

_____(1954). *Whidrawal and Regression. In (Collected Papers).* New York: Basic Books, pp. 255-262.

_____(1994) "Sobre o uso de um objeto." In *Explorações Psicanalíticas.* Porto Alegre: Artes Médicas.

www.ingramcontent.com/pod-product-compliance
Lightning Source LLC
Chambersburg PA
CBHW062203270326
41930CB00009B/1629